Geschichte im politischen Kampf

Peter Steinbach

Geschichte im politischen Kampf

Wie historische Argumente
die öffentliche Meinung manipulieren

Bibliografische Information der Deutschen Nationalbibliothek

Die Deutsche Nationalbibliothek verzeichnet diese Publikation
in der Deutschen Nationalbibliografie; detaillierte bibliografische
Daten sind im Internet über http://dnb.d-nb.de abrufbar.

978-3-8012-0415-0
1. Auflage 2012

Besuchen Sie uns im Internet: *www.dietz-verlag.de*

Inhalt

»Ein Mensch sah jedesmal noch klar:
Nichts ist geblieben so, wies war. –
Woraus er ziemlich leicht ermisst:
Es bleibt auch nicht so, wies grad ist.
Ja, heut schon denkt er, unbeirrt:
Nichts wird so bleiben, wies sein wird.«
(EUGEN ROTH)

Geschichte im politischen Kampf

Am Freitag vor Pfingsten ging es im Deutschen Bundestag zu wie in Wahlkampfzeiten. Eigentlich wollte der Bundesfinanzminister um die Zustimmung des Hohen Hauses zum zweiten Finanzpaket werben, das Griechenland vor dem Staatsbankrott bewahren sollte. Er vertrat die Position der Koalition, appellierte an das Verantwortungsgefühl der Abgeordneten. Am Ende erhielt Schäuble für seine Rede »staatsmännisch bedächtigen« Applaus. Hoch ging es erst her, als weitere Redner die Geschichte beschworen. In der Süddeutschen Zeitung war zu lesen: »Stimmung, ja Begeisterung unter Liberalen und Unionisten kam erst mit dem röhrenden Brüderle und mit Fraktionschef Volker Kauder auf. Deren rhetorisches Rezept zur Gewinnung unwilliger Fraktionskollegen beschränkte sich darauf, der SPD die Schuld für die europäische Finanzkrise in die Schuhe zu schieben. Die Sozialdemokraten hätten die Griechen aufgenommenen (Brüderle) und die deutsche Einheit abgelehnt (Kauder). Sie hätten den Stabilitätspakt aufgeweicht (Brüderle) und seien überhaupt und schon nach dem Krieg gegen die Westbindung gewesen (Kauder).«[1] Der Rückblick diente der politischen Abrechnung, nicht der Klärung der Probleme. Geschichte wurde zum Instrument in der politischen Auseinandersetzung.

Mit Griechenlands Finanz-Problemen hatte keiner der vehement und gegen lebhaften Widerspruch verfochtenen Streitpunkte etwas zu tun. Sondern nur mit Deutschlands Innenpolitik. Der Streit konzentrierte sich auf den politischen Gegner, Kampfmittel war die polemisch gedeutete Geschichte. Sie sollte Stimmungen wecken und Begründungen ersetzen.

Wer versucht, die Funktion historischer Argumente in politischen Auseinandersetzungen zu bestimmen, wird sehr schnell feststellen, dass sie immer wieder die Behauptung Lügen strafen, historisches Bewusstsein erhöhe die politische Rationalität – daran glauben vielleicht nur noch Sozialkundelehrer, die das bedrängte Schulfach Geschichte verteidigen.

In den politischen Auseinandersetzungen dienen historische Argumente dazu, Stimmungen zu befeuern, Macht auszuüben, Gefühlspolitik zu betreiben – also Voraussetzungen, Folgen und Umstände politischer Entscheidungen zu beeinflussen. Andererseits liegt in der historischen Orientierung politischer Perspektiven durchaus eine Möglichkeit, historische Entwicklungen und anstehende Entscheidungen miteinander in Verbindung zu setzen. Dies erfordert allerdings, dass die Umstände, die Voraussetzungen und Folgen historisch-politischer Argumentationen verstanden werden. Denn es geht nicht nur um Erfahrungen,

1 Guido Bohmsen: Staatsmänner ohne Spielraum, in: Süddeutsche Zeitung Nr. 134, vom 11.–13.6.2011, S. 6.

sondern auch um Unterstützung im politischen Machtkampf, um Meinungen und Emotionen. Historische Erfahrung kann politische Prägungen nach sich ziehen, kann »weise machen« im Sinne von Jacob Burckhardt, sie kann aber auch eine oberflächliche Plausibilität suggerieren und Gefühle an die Stelle von Besonnenheit und Rationalität setzen.

Das zeigte sich bereits kurz nach der parlamentarischen »Griechenland-Debatte«, und zwar auf dem »Tag der Sudetendeutschen« in Augsburg. Ein Redner verwies auf die verbreitete Neigung mancher Politiker, sich für längst vergangene Fehlentwicklungen zu entschuldigen. Allerdings entschuldigte er sich nicht bei den Tschechen, sondern verlangte von der tschechischen Regierung ein Wort des Bedauerns wegen der gewaltsamen Vertreibung der Deutschen aus der Tschechoslowakei nach Kriegsende. Die Reaktion ließ nicht lange auf sich warten: Vaçlav Klaus, der tschechische Staatspräsident, reagierte nicht nur harsch, sondern erinnerte im Gegenzug an die Verbrechen, die SS-Einheiten nach dem Attentat auf den damaligen Reichsprotektor und Gestapo-Chef Heydrich in Lidice verübt hatten.

Die deutsche Vergangenheit hatte und hat bis heute vielfältige Rückwirkungen auf die deutsche und tschechische Innenpolitik. Die Erregung war nun auf beiden Seiten spürbar. Deutlich wurde zugleich, wie sich Aufgeregtheit medial vermittelt. Und dass es um politische Moralität, um Moral und politische Ethik geht, die auf Erfahrungen beruhen. Es geht um Stimmungen und Stimmen, um Selbstbehauptung im politischen Kräftefeld, um Macht.

In der deutschen und in der tschechischen Öffentlichkeit flackerte, publizistisch verstärkt, deshalb eine kurze Diskussion auf. Lager bildeten sich diesseits und jenseits der deutsch-tschechischen Grenze und konfrontierten sich gegenseitig mit ihren jeweiligen Positionen. Der Disput diente nicht dem Austausch, sondern zur Abgrenzung und Mobilisierung der eigenen Anhängerschaft. Er mutete nicht dialogisch, sondern irrational an. Im Zuge der Kontroverse kam es nicht darauf an, sich in die Sichtweise der Kontrahenten einzufühlen, also die Welt mit den Augen des jeweils anderen zu sehen, fremde Emotionen zu verstehen, Gefühle zu vergleichen oder gar auszutauschen, wie es immer wieder in den Diskussionen über die Europäisierung des Geschichtsbewusstseins gefordert wird. Sondern im Zentrum standen innenpolitisch motivierte und an der Innenpolitik orientierte Kontroversen. Es ging darum, die politische Macht historischer Argumente zu beweisen.

Zugleich aber ging es um eine doppelte Frage: Stützt das historische Argument eine Machtposition? Oder vermögen Politiker sogar, Geschichte zu interpretieren?

Damit rücken drei Akteure in den Blick:

- die Politiker, die Stimmungen aufnehmen und historische Argumente in den öffentlichen Raum stellen, um zu überzeugen, für sich einzunehmen, den Gegner zu schwächen;

- die Historiker, die sich darum bemühen, die Vielschichtigkeit der Vergangenheit zu erklären, nicht nur zu konstruieren, sondern zu dekonstruieren, um so den aufklärerischen Auftrag der Geschichtswissenschaft zu erfüllen;
- die Medien, die Debatten aufnehmen, Emotionen spiegeln, Sachverständigen das Wort geben, Politikern eine Bühne, in Talkshows Stimmungen umsetzen, zur Parteinahme auffordern und zunehmend an die Stelle der parlamentarischen Auseinandersetzung treten.

Jeder der Akteure hat seine Rolle zu spielen. Das ist nicht zu beklagen, sondern zu verstehen. Der Politiker hat die Aufgabe, politische Aussagen zuzuspitzen. Er ist kein Intellektueller, der Nachdenklichkeit öffentlich zelebriert, sondern seine Aufgabe ist die Klärung und Scheidung von Positionen. Die Historiker übernehmen eine Doppelfunktion. Zum einen haben sie historische Aussagen kritisch zu beleuchten und zu prüfen, zu »hinterfragen«. Zum anderen sind sie Menschen mit politischen Optionen. Sie ähneln dann Politikern, die sich des Historikers nicht selten bedienen, um ihre Positionen plausibel erscheinen zu lassen.

Historiker, die geschichtspolitisch argumentieren, sind ebenso wie Politiker keineswegs immer in der Lage, historische Ereignisse mit Blick auf ihren Widerhall in der öffentlichen Meinung zu bewerten. Medien sind hingegen ambivalent, sie können verstärken, prüfend abschwächen oder sogar die Absurdität historischer Argumente erweisen, wenn diese zu sehr dem Ziel erliegen, mit historischen Beispielen Emotionen zu wecken. Aber wie halten es Medien und Historiker aus, als Akteure im Spannungsverhältnis von Politik, Geschichte und Macht zu bestehen und ein Gegengewicht zu einer Politik zu bilden, die historische Argumente als ein politisches Instrument der Überzeugung und damit auch des Machterhalts einsetzt?

Darum geht es in diesem Essay. Denn historische Argumente werden oft politisch instrumentalisiert. Sie fördern höchst selten historische Erkenntnis. Sie sollen Vorteile in politischen Auseinandersetzungen schaffen. Sie dienen auch nicht der Aufklärung durch historische Einsicht. Politiker und historisch Interessierte brauchen sich gegenseitig als Resonanzboden, als Kritiker, als Impuls- und Stichwortgeber. Zugleich ist bekannt, in welcher Gefahr beide stehen: Politiker ersetzen notwendige Begründungen nicht selten durch angebliche historische Plausibilität; Historiker begeben sich nicht selten in die Anhängigkeit der Politik, sie werden zu Regierungs- oder Hofhistorikern. Sie klären nicht auf, sondern passen sich Vorurteilen, Stimmungen, Erwartungen an.

Historiker werden so zu Parteigängern, zu Partisanen in der Wissenschaft, zu einer Art von »Hilfskräften« der Politik, ja manchmal sogar zu »Handlangern« von Geschichtspolitiken. Aber Politiker werden durch geschichtspolitische Thesen nicht zu Historikern, sie bleiben Politiker, die historische Kontroversen nutzen, um Macht zu erringen oder zu behaupten.

Wie historische Argumente die öffentliche Meinung manipulieren

Die Geschichte sei Lehrmeisterin des Lebens – dies haben ganze Generationen von Schülern gelernt. Uneingeschränkt galt dieses Motto wohl nur für General-stabsoffiziere, die aus vergangenen und oftmals verlorenen Schlachten lernen sollten, neue siegreich zu führen. Erschüttert wurde die Gewissheit, die sich in dem Bekenntnis *historia magistra vitae* ausdrückt, vor allem durch Politiker. Sie hatten immer wieder behauptet, ihr Handeln stünde im Einklang mit der »Geschichte«, sie hätten den Mantel des Schicksals an seinem Zipfel ergreifen, das Fenster der sich bietenden historischen Gelegenheit öffnen und die Vorsehung erfüllen können.

Die Folgen ihres politischen Handelns mussten andere tragen. Sie durften nicht nur die Geschichtsinterpretation der Politiker über sich ergehen lassen, sondern auch die Folgen der Überzeugungen jener Leute tragen, die die Geschichte immer wieder, und meistens parteiisch, als Rechtfertigungsinstanz bemühten. In his-torischen Dingen fühlen sich Politiker kompetent. Lesen sie doch, wie viele Inter-views belegen, nahezu ausnahmslos Biographien. Geschichtsdarstellungen füllen ihre Buchregale und sollen ihr Dienstzimmer nicht nur bildungsbürgerlich ver-edeln, sondern sichtbar machen, wes Geistes Kind sie sind. Nach dem Einzug von Gerhard Schröder in das von seinem Vorgänger geplante neue Kanzleramt wurden die Bücher vorgestellt, die mit ihm einzogen. Die zweibändige deutsche Geschichte von Heinrich August Winkler erfuhr dabei besondere Aufmerksamkeit und machte deutlich, dass Winkler als ein Historiker geschätzt wurde, der dem geschichtlichen Selbstverständnis der Bundesrepublik Deutschland besonders gut Ausdruck zu verleihen wusste, und dass sich sein Bundeskanzler, wie auch andere Politiker, mit dieser Darstellung identifizierte.

Nach 1945 hatte (West-)Deutschland, so Winklers These, den über Jahrhunderte hinweg sichtbar gemachten und in die doppelte Katastrophe zweier Weltkriege und Niederlagen führenden »Sonderweg« endgültig verlassen und war »im Westen« angekommen.[2] Diese Einschätzung entsprach nach den vehementen Sonderwegs-debatten über die verhängnisvolle Prägung der deutschen Vergangenheit durch Obrigkeit und Untertanengeist exakt dem neuen politischen Verständnis von Bürgerschaft, Bürgertum und Zivilgesellschaft. Deutschland – das war nun nicht mehr eine restaurierte Gesellschaft, sondern nach seiner politischen Neuordnung eine »geglückte Demokratie« (Edgar Wolfrum).

Geschichte regt die Phantasie an und bildet – angeblich. Sie macht politische Erfolge sichtbar, wenn sie als kollektive Lerngeschichte präsentiert wird. Das Lernen

2   Heinrich August Winkler: Der lange Weg nach Westen, 2 Bände, München 2000.

aus der Vergangenheit ersetzt dann das, was früher »Fortschritt« genannt wurde. Die »moderne« deutsche Gesellschaft will eine »Partizipationsgesellschaft« sein und versteht sich als »Zivilgesellschaft«. Ist damit auch und vor allem gemeint, dass sich gesellschaftliche Interessen durch Vermittlung ausgleichen lassen, so gilt der Begriff, der sich seit den Achtzigerjahren durchsetzte und finanziell gut ausgestatteten sozialwissenschaftlichen Forschungsprogrammen zur Grundlage diente, als Ausdruck einer Zivilisierung des Verhältnisses zwischen Staat und Gesellschaft sowie der Bürger untereinander. Negative Tendenzen werden durch historische Beispiele pädagogisch genutzt, indem man an den Gemeinsinn appelliert. Denn die Geschichte zeigt in dieser Lesart immer wieder, wie oftmals töricht Politiker in dem Obrigkeitsstaat, der sich zur Diktatur entwickelte, gehandelt haben. Historische Komplexität reduziert sich auf Chiffren. Zum Beispiel »Preußen«: So lange ein deutsches Verhängnis, bis Brandenburger Politiker und Vertreter des rechten Flügels der CDU Preußen als Vorbild entdeckten. Oder die »Wehrpflicht«: Ein Garant der Verbindung zwischen bewaffneter Macht und Gesellschaft, und nur selten hat man sich bewusst gemacht, dass sich sowohl das Kaiserheer als auch die Wehrmacht und die Nationale Volksarmee auf die allgemeine Wehrpflicht stützten.

Hinzu kam, dass die Mächtigen ihr Bild von der Geschichte durch ihre Erinnerungen in ein milderes Licht tauchen wollten und nicht selten mit ihren Autobiographien sogar Geschichte geschrieben haben. So war es Julius Caesar erstmals erfolgreich gelungen, und viele folgten seinen Spuren. Faktisch aber hatten sie grandiose Hypotheken aufgetürmt, die meist nicht sie, sondern in der Regel die Untertanen und Bürger, die »Menschen draußen im Lande«, zu tragen hatten.

So blieb eine generelle Skepsis zurück: Nicht die Geschichte sei die Lehrmeisterin, sondern diese sei ein Spiegel der »Torheit von Regierenden«[3]– davon waren viele überzeugt, deren Leben die Beschwörer der Vergangenheit mit ihren hypertrophen Aussprüchen belastet hatten. Es ging dabei oft um die Rechtfertigung nicht nur politischer Ansprüche, sondern territorialer, um die Verteidigung von Besitzständen, die in vergangenen Zeiten entstanden sein sollen. Wie verhängnisvoll eine historisch begründete Territorialität sich in der Gegenwart auswirkt, zeigen die Schwierigkeiten, die der Lösung des Nahost-Konflikts entgegenstehen.

Vor allem das 20. Jahrhundert verstärkte dieses Gefühl. Geschichte wurde fragwürdig – als Instanz, vor der sich die Politiker mit schicksalsschweren Entscheidungen rechtfertigten. Das veränderte auch das Selbstbewusstsein der Historiker. Als »Politikhistoriker« hatten sie sich mit politischen Handlungen zu befassen. Als »politische Historiker« nahmen sie »politische Aufgaben« für Interes-

---

3   Barbara Tuchmann: Die Torheit der Regierenden, Frankfurt am Main 1989.

senten und Institutionen wahr[4]. Sie wurden nicht selten zu Parteigängern, deren politische Überzeugungen ihr wissenschaftliches Werk prägten. Dies musste irgendwann Auswirkungen auf die Achtung haben, die dem Fach entgegengebracht wurde. Schon Bismarck hatte sich über einen seiner Hofhistoriker – Heinrich von Sybel – mokiert, der wie ein Wiesel über die Akten hinweggeeilt sei.[5]

Viele historische Studien wurden deshalb auf lange Sicht vor allem als Zeitzeugnisse aufgenommen, als Schlaglichter des Augenblicks, und dies um so öfter, je mehr Historiker sich auf die Positionierung ihrer Gegenwart im Wandel der Zeiten einließen. Nietzsche hätte sie als »Legionäre des Augenblicks« bezeichnet.[6] Und der niederländische Historiker Johan Huizinga hätte zu Recht daran erinnert, dass auch ein Historiker »im Schatten von morgen«[7] lebt und deshalb Distanz wahren muss zu seinen Zeit- und Sogströmungen.

Mit dem Misstrauen gegenüber dem politisch Handelnden, mit der immer wieder spürbaren und keineswegs nur heute zu konstatierenden »Politikverdrossenheit« wuchs die kritische Distanz zu politischen Deutern, Beratern, Sachverständigen und Ghostwritern. Nicht selten hatten sich Historiker als Zuträger politisch motivierter Vergangenheits-Interpretationen betätigt und sich so auf der einen Seite oft den Spott der Politik zugezogen, auf der anderen aber die Anerkennung von Lesern gewonnen, die nicht selten in historiographischen Werken eine Bestätigung ihrer Einstellungen, Wertvorstellungen und Einschätzungen suchten und fanden.

Heute, nach den verwirrenden Erfahrungen der »Nuller-Jahre« des 21. Jahrhunderts, wird die Vergangenheit öffentlich weitaus seltener beschworen als noch in den Achtziger- und Neunzigerjahren. Dies ist eine Folge von tiefgehenden Krisen, die die Gegenwart immer komplexer erscheinen lassen. Galt nationale Politik in den Achtzigerjahren als »unregierbar«, so überfordert die Globalisierung heute die Analyse- und Prognosefähigkeit vollends. Deshalb gilt die Bewältigung der Gegenwart als Voraussetzung für die Bewältigung der Zukunft, und nicht mehr, wie so oft und gern beschworen, die Geschichte.

---

4   Thomas Etzemüller: Sozialgeschichte als politische Geschichte: Werner Conze und die Neuorientierung der westdeutschen Geschichtswissenschaft nach 1945, München 2001, S. 1.

5   So spottete Bismarck nach dem Erscheinen von Sybels großangelegter Geschichte der Reichsgründung, die Bismarck und Kaiser Wilhelm I. verherrlichte, über den Historiker, der sich als Sachwalter Preußen-Deutschlands verstand und mit der Reichsgründung fast das Ende der Geschichte gekommen sah.

6   Friedrich Nietzsche: Unzeitgemäße Betrachtungen II: Vom Nutzen und Nachteil der Historie für das Leben, München 1999, S. 310.

7   Johan Huizinga: Im Schatten von Morgen: Eine Diagnose des kulturellen Leidens unserer Zeit, Bern und Leipzig 1935.

Der »Mauerfall« von 1989 gilt heute als Abschluss einer »friedlichen Revolution«. Gefeiert wurde der Mauernbau am 50. Jahrestag seines Beginns wie ein »Event«, das die Kulturprojekte Berlin GmbH koordinierte. Mittags um 12.00 Uhr vereinigte sich Berlin zu einer Schweigeminute. Sogar die Busse, die S- und U-Bahnen standen still. Ab 0.00 Uhr wurden die Biographien der »Mauertoten« in der »Versöhnungskirche« verlesen, wo sich morgens »die gesamte Staatsspitze« – so Fernsehmoderator Wulf Schmiese – zu einem Gedenkgottesdienst versammelte. Zentrum der Veranstaltungen war die Gedenkstätte Bernauer Straße, die eine Ausstellung mit einem konservierten Stück des ehemaligen Mauerstreifens ebenso einschließt wie die Präsentation dramatischer Fluchten an der Bernauer Straße. Die »Versöhnungskirche« wurde dort errichtet, wo man vor vielen Jahren im Zuge der Grenzsicherung das Gotteshaus der Gemeinde an der Ackerstraße gesprengt hatte. Zeitzeugengespräche, Begegnungen zwischen Fluchthelfern und Flüchtlingen, Ausstellungsprojekte, Diskussionen und Kanu-Touren wurden koordiniert, um ein »emotionales Erinnern« zu ermöglichen – so der Geschäftsführer der Kulturprojekte Berlin GmbH, Moritz van Dülmen. Vergessen scheint, welche Anstrengungen unternommen werden mussten, um diese Gedenkstätte auszubauen und finanziell zu sichern. Es gab eine Demonstration für die Bedeutung von »Gedenken und Erinnern« – dabei war nicht nur die Bewertung des menschlichen Leids in Ost und West umstritten, die Erinnerung musste von Bürgerinitiativen regelrecht erkämpft werden, ehe der Berliner Senat und der Bundesbeauftragte für Kultur und Medien bereit waren, die Millionensummen zur Verfügung zu stellten, die aus dem Projekt erst eine Dauereinrichtung machten.

Bereits 2009 wurde der Mauerfall als geschichtspolitisches Ereignis inszeniert und medial vielfältig umgesetzt. Thomas Gottschalk, bekannt als Moderator von »Wetten dass...«, führte durch eine Veranstaltung, die das Brandenburger Tor als Kulisse nutzte. Die Szenerie hatte etwas von allegorischem Welttheater. Der ehemalige Mauerstreifen war durch Styropor-Mauern angedeutet, die Schulkinder bemalt hatten. Sie waren wie Domino-Steine angeordnet und fielen der Reihe nach um, als ein ungarischer Politiker das erste Mauerstück umstieß. Führende Politiker der Staaten, die der Wiedervereinigung zugestimmt hatten, hielten Reden und deuteten damit an, dass sie es waren, die die entscheidenden Voraussetzungen für jenes gefeierte Ereignis geschaffen hatten.

Auch dieser Begriff ist das Ergebnis einer geschichtspolitischen Beeinflussung historischer Urteilsbildung, die seit den Gedenkveranstaltungen 2009 die Vorstellung prägt und sich in der Begrifflichkeit einer formelhaft anmuteten politischen Sprache niederschlägt. Denn die Vorgeschichte des Ereignisses war komplizierter und verknüpfte den KSZE-Prozess, die Oppositionsgeschichte in Polen, die Veränderungen in der UdSSR unter Gorbatschow mit den weltpolitischen

Konstellationen und wies der Opposition in der DDR selbst eigentlich eine eher marginale Rolle zu. Auch könnte man fragen, ob der Umbruch wirklich »friedlich« war, denn die Ordnungskräfte der DDR hatten vor dem Dresdener Bahnhof und in Ostberlin Demonstranten zusammengeknüppelt.

Heute gilt der »Mauerfall« als Chiffre einer historischen Zäsur und wirft dennoch die Frage auf, welche entscheidenden Ursachen der grundlegende Wandel hatte, der sich im Zusammenbruch des Ostblocks anzudeuten schien, zu großen politischen Hoffnungen Anlass gab, ungewöhnlich schnell in den Bürgerkriegen auf dem Balkan verblutete und dann am 11. September 2001 jäh endete. Und vor allem: Wer trug die Verantwortung? Seither prägt ein völlig verändertes Krisenbewusstsein die Wahrnehmung. Es ist nicht mehr die Furcht vor dem Krieg, die uns umtreibt, sondern die Einsicht in das Ungenügen, politische Entwicklungen steuern zu können.

Der Anschlag vom 11. September 2011 hat die Unfähigkeit noch gesteigert, die Konflikte und Kriege im Irak und in Afghanistan, auf dem Balkan und in Zentralafrika beenden zu können – und die Banken- und Finanzkrisen haben das Gefühl allgemeiner Krisenhaftigkeit weiter verstärkt. Hinzu kommen Umwelt-, Energie-, Klima und Hungerkrisen. Angesichts dieser düsteren Zukunftsaussichten ist es verständlich, dass der Blick »nach vorn« bestimmender wird als der Blick zurück. Es geht um die Beschwörung einer »Verantwortung für die Zukunft« und die »Bewahrung der Schöpfung« und der Lebensbedingungen »zukünftiger Generationen« als eine verpflichtende Aufgabe. Manche Appelle an die »Nachhaltigkeit« lesen sich wie Chiffren der Ratlosigkeit oder Verlegenheit angesichts der unvermeidlichen Aporien des Handelns.

Immer geht es darum, die Nachdenklichkeit von »Entscheidenden« zu fordern und zu fördern, die ihre Fähigkeit zum »leadership« – ein Synonym für das historisch belastete Wort »Führungskraft« – unter Beweis stellen müssen. Es gilt zugleich, die Zweifel an der Weitsicht der Regierenden zu mindern. Geschichtspolitische Debatten haben oft das Ziel, die Perspektiven der Handelnden zu vermitteln und die Rahmenbedingungen politischer Entscheidung sowie die dahinter verborgenen Interessen unkenntlich zu machen – ganz gleich, ob es um die »Agenda 2010« oder um »Stuttgart 21«, um den endgültigen Atomausstieg im Jahre 2022 oder um die verfassungsmäßig abgesicherte Schuldenbegrenzung ab 2016 geht. Immer wird dabei zukünftige Geschichte verhandelt. Der entscheidende Bezugspunkt menschlicher Vorstellungen und politischer Grundstimmungen ist dabei die Gegenwart als Schnittpunkt von Vergangenheit und Zukunft.

Umso überraschender ist, dass kaum ein Politiker in öffentlichen Auseinandersetzungen darauf verzichtet, immer und immer wieder auf »die Geschichte« zu verweisen, Geschichtsbewusstsein zu fordern und Geschichtsbilder zu formen.

Das zeigt sich an der Aufmerksamkeit, die Politiker Filmen, Ausstellungen und Museen zollen. Der Besuch von Filmen wie »Schindlers Liste«, »Der Untergang« oder auch des Stauffenberg-Streifens mit Tom Cruise vereint fast alle Bundestagsabgeordneten und veranlasst Bildungspolitiker dazu, den Besuch von Filmvorführungen im regulären Schulunterricht anzuregen oder vorzuschreiben. Manche Filme stoßen sogar politische Entscheidungen an, etwa die Aufhebung der NS-Strafurteile. Andere befördern kulturpolitische Entscheidungen, wie etwa der Zweiteiler »Die Flucht«.

Die Bedeutung geschichtspolitischer Fragen hat sich gewandelt. Ging es in den Fünfziger- und Sechzigerjahren um die Punkte »Wer war verantwortlich für das Scheitern der Weimarer Republik, wer kann als Hauptnutznießer des NS-Staates gelten? Wir kann man eine streitbare und abwehrbereite Demokratie schaffen?«, so kreisten die Achtzigerjahre vor allem um den Minderheitenschutz und die Würdigung der NS-Opfer. Um Wiedergutmachung ging es vor allem in den Neunzigerjahren, während die Jahrtausendwende angesichts der Beteiligung der Bundeswehr an Interventionen außerhalb des deutschen Staatsgebietes von moralischen Vergleichen beherrscht war.

Die öffentlichen Auseinandersetzungen[8] drehten sich dabei immer wieder um Gefühle der Scham und Schuld: Wer kann als Hauptleidtragender des Zweiten Weltkriegs bezeichnet werden – der Vertriebene, der politisch Verfolgte, das Opfer der nationalsozialistischen Menschenvernichtung? Und wer ist verantwortlich für deutschlandpolitische Fehleinschätzungen, mit denen sich die Fehlentwicklungen erklären lassen? Wer für die Teilung, für die Toten an der Mauer und für Milliardenkredite für die DDR-Regierung?

Immer wieder wurden diese Fragen ganz konkret mit geschichtspolitischen Plänen verknüpft und somit niemals im kontextlosen Raum gestellt: »Wer ist für, wer gegen eine Museum für deutsche Geschichte? Wie sieht er die deutsche Geschichte, als Niedergang, als Katastrophe, als Fortschritt oder gar als erfolgreiche Lerngeschichte?« Zuzuspitzen schienen sich diese Überlegungen in der Auseinandersetzung um die Einrichtung eines »Dokumentationszentrums für die Geschichte der Vertreibung«. Hinzu kamen Probleme, die einen Bruch mit der bedingungslos Israel-freundlichen Grundposition der deutschen Politik während der gesamten Sechzigerjahre nach sich zogen: Wie halten es die Deutschen heute mit Israel? Wie bewerten sie die Politik gegenüber den Palästinensern in den besetzten Gebieten? Wie beurteilen Sie die Errichtung der Schutzmauer? Welche Rolle spielt dabei der explizite oder der stillschweigende Vergleich mit der nationalsozialistischen

---

8 Aleida Assmann/Ute Frevert: Geschichtsvergessenheit – Geschichtsversessenheit: Vom Umgang mit deutschen Vergangenheiten nach 1945, Stuttgart 1999. Peter Reichel u. a. (Hg.): Der Nationalsozialismus – die zweite Geschichte, München 2009.

Rassenpolitik oder der Berliner Mauer? Rechtfertigt man weiterhin die aus historischer Verantwortung als »besonders« empfundenen Beziehungen zwischen der Bundesrepublik und Israel? Wie bewertet man das Schicksal der Palästinenser?

Geschichtliche Vergleiche haben schon so manche politische Karriere abrupt beendet. Bush als eine Art Hitler zu bezeichnen, führte zum Rücktritt einer deutschen Bundesjustizministerin. Die Frage, ob Staatsoberhäupter gemeinsam einen Soldatenfriedhof besuchen dürfen, auf dem auch ehemalige Mitglieder der Waffen-SS bestattet sind, entfachte erbitterte innenpolitische Debatten und zog sogar international geschichtspolitische Verwicklungen nach sich, die ihrerseits massiv auf das innenpolitische Klima in Deutschland zurückwirkten. Sehr oft wurde dann lebensgeschichtlich argumentiert, wurden weit zurückliegende Gefühle, Stimmungen, Ängste und Traumata beschworen, nicht selten, nachdem Filme sie neu belebt hatten.

Historische Erfahrungen von Menschen erscheinen oft nicht nur gegenwärtig, vital, konkret, anschaulich, handfest – anders als die vielen vagen Prognosen, mit denen wir heutzutage überschüttet werden und die zunehmend verunsichern und skeptisch beurteilt werden. Historische Argumente in politischen Debatten regen die eigne Erinnerung an und stimulieren Debatten. Prognosen hingegen überfordern uns oft wegen der wachsenden Komplexität der Welt, die wir Zeitgenossen immer auf ihren Kern reduzieren müssen, um die Orientierung zu behalten. Wer könnte Klimawandel, Finanz- und Bankenkrise, Umweltkatastrophen und die unerwarteten politischen Reaktionen nachvollziehen und schlüssig erklären?

Ein Laie, der sich in der Auseinandersetzung mit der Geschichte auf seine eigene Lebensgeschichte bezieht, scheint stets auf sicherem Boden zu stehen. Als Zeitgenosse stellt er selbstbewusst sogar eine letzte Instanz in der geschichtlichen Beurteilung dar und beharrt als »Zeitzeuge« auf seiner Autorität gegenüber Historikern, die sich doch nur auf Quellen zweiter Hand und nicht auf ihre »Augenzeugenschaft« berufen können. Zeitzeugen erinnern sich in der Regel nicht an chronologisch exakt bestimmbare Einzelheiten, stattdessen an Gefühle und Stimmungen. Empfindungen und Erfahrungen markieren so Wahrnehmungen, aber auch deren Grenzen. Gefühle, die im Rückblick wiederbelebt werden, machen die Vergangenheit zur Projektionsfläche ganz aktueller politisch-kultureller[9] Auseinandersetzungen und Erwartungen, die sich aus lebensgeschichtlichen Erfahrungen ableiten.

---

9 Vgl. dazu Hans-Georg Wehling: Politische Kultur, in: Michael Eilfort (Hg.), Parteien in Baden-Württemberg, Stuttgart 2004, S. 201–218, besonders S. 204: »Unter politischer Kultur verstehen wir Glaubenssysteme, Wertvorstellungen, Einstellungen, Denkweisen sowie die Wissensvorräte, die Individuen als Mitglieder einer Gruppe teilen. Dadurch wird ihr Verhalten konditioniert, wenn nicht determiniert.«

Die Bedeutung dieser Auseinandersetzungen über die Geschichte scheint sogar zu wachsen, wenn Gegenwart in ihrer immer größeren Komplexität kaum noch zu durchschauen ist[10] und in der Erinnerung aktuelle Veränderungen kompensiert werden. Besondere Bedeutung kommt dabei dem Nachdenken über »historische Schlüsselereignisse« zu, die Deutungen der Mit- und Nachlebenden geradezu reflexartig nach sich ziehen und deshalb in politischen Kontroversen berechenbare Reaktionen der angesprochenen Zeitgenossen nahe legen.

Vor allem Spielfilme können zurückliegende Ereignisse wieder vors innere Auge rücken und geradezu retraumatisierend wirken. Manchmal werden durch Filme Erinnerungen und Lebensstile neu belebt. Dies machte den Erfolg der Filmstaffel »Heimat« von Edgar Reitz aus. Auch eine kulturgeschichtlich außerordentlich wichtige Serie wie die »Lindenstraße« würde bei einer Wiederholung viele Erinnerungsreflexe auslösen, weshalb sie längst das Interesse von Medien- und Kulturhistorikern findet. Der Film »Das weiße Band«, der die »schwarzen« Erziehungsgrundsätze der wilhelminischen Zeit in Erinnerung rief und mit einer Untertanengesinnung verband, die den Nationalsozialismus mit erklärt, ließ eine vergangene Welt wiedererstehen und wollte zugleich die historischen Verwerfungen deutscher Geschichte erklären. Wie die erfolgreichen historischen Ausstellungen zur Kulturgeschichte der Bundesrepublik und der DDR, die inzwischen im Bonner Haus der Geschichte, im zeitgeschichtlichen Forum in Leipzig und im umgestalteten »Tränenpalast« der DDR zu sehen sind, machen auch kulturhistorische Spielfilme deutlich, dass Reiz und Macht historischer Argumente in den politischen Auseinandersetzungen nicht ab-, sondern zunehmen.

Zugleich werden Erinnerungen geformt, denn an die Stelle der authentischen Erlebnisse treten Bilder und Eindrücke – irgendwann sind die Ebenen nicht mehr zu trennen. Das viel später Gelesene und Erinnerte überlagert das Geschehene, Erlebte, Durchlittene und wird auf eine ebenso rätselhafte wie wandelbare Weise zu einem Bild von Geschichte, das durch nachträgliche Deutungen gestaltbar wird. Geschichte wird zu einer erzählten Geschichte, die der Zeitgenosse nicht selten sogar selbst formt und so stets verändert. Sie sei wie ein Hund, schrieb der niederländische Schriftsteller Cees Nooteboom, der sich hinlege, wohin er wolle. Wer aber befiehlt dem Hund, wer richtet ihn ab?

---

10 Niels Bohr, »Prognosen sind schwierig – vor allem, wenn sie die Zukunft betreffen«, zitiert nach Laurence C. Smith: Die Welt im Jahr 2050 – Die Zukunft unserer Zivilisation, München 2011, S. 16.

Geschichte als Kritik der Gegenwart

Mag von Politikern in politischen Debatten auch immer wieder behauptet werden, ihre Entscheidungen seien »alternativlos«, so zeigt jeder Blick auf die Geschichte, dass es niemals nur eine einzige Chance, nur eine Entscheidungsmöglichkeit und eine einzige Zukunft gab. Vergangenes Handeln und Verhalten wird deshalb immer auf Alternativen und Spielräume bezogen werden müssen, die alle zu bewältigen oder zu durchdenken haben, die Entscheidungen fällen oder fällen wollen. Wer entscheidet, übernimmt Verantwortung für die Folgewirkungen und wird so rückblickend an seinen Taten und ihren Nebenwirkungen gemessen. Zur Verantwortung kann man stehen, man kann sie schmälern oder abstreiten.

So auch in den jüngsten energiepolitischen Entscheidungen. Dies war der Grund, warum der sozialdemokratische Fraktionsvorsitzende Frank-Walter Steinmeier in der Bundestagsdebatte, in der der endgültige und sogar zu einer ethischen Grundentscheidung aufgewertete Atomausstieg noch einmal besiegelt und der leichtfertig preisgegebene *Status quo* aus dem Jahre 1998 bekräftigt werden sollte, von einem »Irrtum-Verhinderungsgesetz« der schwarz-gelben Koalition sprach und im selben Atemzug an den Beschluss zum Atomausstieg der rot-grünen Koalition am Ende des vergangenen Jahrhunderts erinnerte.

Aktuelle Politik ist stets Politikfolgenbewältigung und hat deshalb die Auseinandersetzung mit der Vergangenheit zur Voraussetzung. Insoweit gehört es zur Normalität politischer Debatten, den Blick auf vergangene Entscheidungen zu lenken und Reformen zu fordern, zu begründen oder einzuleiten, die vergangene Entscheidungen korrigieren können. Bei einer Auseinandersetzung mit der Geschichte geht es aber um mehr als lediglich um politische Korrekturen. Denn politisch emotionalisierend wirken vor allem wertbeladene Kontroversen, die das Meinungsklima beeinflussen und sich deshalb politisch benutzen lassen.

Weil vergangene politische Entscheidungen niemals folgenlos bleiben und immer Fehler gemacht werden können, bleiben vergangene Entscheidungen und deren Folgewirkungen auch stets umstritten. Dies gilt für die Renten- und Bildungspolitik ebenso wie für die Sicherheitspolitik. Denn im Zuge des sozialen, wirtschaftlichen und demographischen Wandels verändern sich unausweichlich die Rahmenbedingungen vergangener Entscheidungen und verlangen politische Interventionen. Bei sachlich gebotenen Korrekturen kommt es deshalb selten zu heftigen parlamentarischen Auseinandersetzungen, sondern eher zur Beschwörung gemeinsamer Verantwortung. Wenn Blüm als Sozialminister verkündete, die Renten seien sicher, so wurde er nicht in seine Schranken verwiesen, als sich dieses Versprechen als falsch erwies, sondern dies galt als ein Fehler, der dem politischen Entscheidungsprozess inhärent zu sein schien.

Geschichtspolitische Gegensätze werden immer dann mit großer Heftigkeit ausgetragen, wenn dabei Wertvorstellungen berührt werden. Wenn ein Generalsekretär der CDU die SPD als kollektivistische Partei bezeichnet, kommt es zum Schlagabtausch, weil die Konsequenzen dieser Behauptung die Identität der angegriffenen Partei berühren – Kollektivismus sollte die SPD in die Nähe totalitärer Parteien und damit der SED und der NSDAP rücken, denen menschenverachtende Irrwege deutscher Geschichte anzulasten sind. Kritik überlagert sich mit geschichtspolitisch brisanten moralischen Bewertungen, wenn der politische Gegner damit belastet werden kann, dass politische Entscheidungen menschliche Opfer nach sich zogen oder gar Menschenleben forderten. In einer Gesellschaft, die sich im ersten Satz ihrer Verfassung zur »Würde des Menschen« bekennt, gilt auch im Rückblick, dass Leiden niemals alternativlos sein darf. Immer hätten, so die Prämisse, Menschen die Möglichkeit, individuelles Leid zu vermeiden.

Wenn politisch Handelnde das Ziel, Leiden zu vermeiden, in zurückliegenden Epochen nicht angemessen gefördert haben, werden heutige Maßstäbe auch rückwirkend angewandt. Das gilt für die katholische Kirche und Papst Pius XII. ebenso wie für den Freikauf politischer Gefangener aus der DDR – entscheidend bleibt dabei, dass Geschichte moralisch betrachtet und bewertet wird. Im Nachhinein werden deshalb Fehlentscheidungen nicht kontrovers erörtert oder erklärt, sondern auch bewertet, unerbittlich mit Blick auf ihre Folgen. Moralischer Rigorismus charakterisiert politische Debatte über die »Vergangenheitsbewältigung« und erklärt die politisch-emotionale Erregung, die diese Debatten verursachen.

Vor allem in den Fünfziger- und Sechzigerjahren wurden Politiker – egal, ob sie Globke, Oberländer, Kiesinger oder Filbinger hießen – danach bewertet, ob sie die notwendige Distanz gegenüber dem NS-Staat gewahrt hatten, den sie in seinen rassenideologischen Voraussetzung und menschenvernichtenden Folgen hätten früh genug durchschauen können. Heute wird deutlich, dass viele dieser Diskussionen durch die Aufklärungsabteilungen des Ministeriums für Staatssicherheit gesteuert wurden, um die Legitimität der Bundesrepublik zu erschüttern und der Welt deutlich zu machen, dass »bürgerliche Ordnung« nicht nur kapitalistische, sondern auch faschistische Herrschaft bedeutete. Die Angegriffenen reagierten in der Regel hilflos und lenkten den Blick auf die Nähe sozialdemokratischer Politiker zum Stalinismus und Kommunismus, wie Herbert Wehner leidvoll erfahren musste.

Nach dem Mauerfall 1989 und der Vereinigung der beiden deutschen Staaten wurde auch die Frage leidenschaftlich erörtert, ob westdeutsche Politiker, Unternehmer und Vertreter der Kirchen gegenüber der »zweiten deutschen Diktatur« kritisch genug gewesen seien und immer die gebotene Distanz gegenüber den Machthabern gewahrt hätten. Auch hier wurden keine Unterschiede gemacht. Helmut Schmidt lastete man seinen Besuch in Güstrow, Strauß die Vermittlung eines Milliardenkredits an, Dietrich Genscher wurde getadelt, weil er die Solidarność-Bewegung zu spät in ihrer Bedeutung erkannt hätte, Helmut Kohl lastete man an, dass er in Gesprächen mit SED-Politikern in der Umbruchphase den als verharmlosend bezeichneten Begriff der »Wende« hingenommen hatte und sich gegen die Veröffentlichung der ihn betreffenden Abhörprotokolle der Staatssicherheit verwahrt hatte.

Insgesamt wurden keine Unterschiede gemacht, wenn die Diskreditierung des politischen Gegners Vorteile versprach. Was dem einen Stolpe, waren dem anderen Gysi oder Lothar de Maizière. Dabei hätte die selbstkritische Auseinandersetzung mit den Gefahren und Umständen der »totalitären Versuchung« selbstaufklärerisch wirken können. Die tiefgehenden geschichtspolitischen Skandale, die sich auf die NS-Zeit bezogen, betrafen in der Regel führende Berufsgruppen wie Ärzte, Juristen, hohe Verwaltungsbeamte, Minister und Wehrmachtsoffiziere, und dies ohne Unterscheidung der politischen Systeme – sei es nun der NS- oder SED-Staat.

Große geschichtspolitische Brisanz entwickelte schließlich die Debatte über die Vorgeschichte der PDS und »Die Linke« sowie die Zusammenarbeit ehemaliger DDR-Bürger mit dem Ministerium für Staatssicherheit. Sie kam den Vorurteilen mancher Westdeutscher gegenüber ihren Ostdeutschen Landsleuten entgegen. Als die CDU diese Gefühle offen bediente und eine Kampagne gegen »rote Socken« initiierte, war bald deutlich, dass dies als kollektive Verletzung der ehemaligen DDR-Bürger empfunden werden konnte. Abwehrende Reaktionen ließen nicht auf sich warten. Vielleicht macht ein solcher Vorfall verständlicher, warum sich die Ostdeutschen in ihrem Wahlverhalten als Gruppe mit gemeinsamen Erfahrungen verstanden, die den Westdeutschen fehlten.

Mental gesehen, schälten sich Regionalkulturen[11] heraus, die geschichtspolitisch greifbar waren und an die man vor allem politisch appellieren konnte. Persönliche politische Fehleinschätzungen wurden dabei oft als Versagen und Ausdruck politischer Unzuverlässigkeit gedeutet, was nicht selten zu einem heftigen geschichtspolitischen Schlagabtausch führte. Dabei ging es nicht immer um das konkrete Verhalten, sondern um medial aufbereitete Einschätzungen, und nicht selten führten solche Kontroversen zu erbitterten innergesellschaftlichen Abgrenzungen und Frontstellungen. Aber auch hier zeigte sich die Ambivalenz der Geschichte. Bayerisches Regionalbewusstsein galt als Anzeichen für politische Stabilität, das sich in der ehemaligen DDR niederschlagende Sonderbewusstsein hingegen als eines für politischen Trotz. Im Westen eiferten Landesregierungen dem bayerischen

---

11 Vgl. zum Konzept der Regionalkultur Hans-Georg Wehling: Regionale politische Kultur in der Bundesrepublik Deutschland, in: ders. (Hg.), Regionale politische Kultur, Stuttgart u. a. 1985, S. 7–14, bes. S. 10.

Beispiel nach. Im Osten wurde ein Ministerpräsident wie Manfred Stolpe verehrt, weil er mit simplen geschichtspolitischen Thesen Zusammenhalt und sichere Mehrheiten garantierte. Brandenburg sei eine »kleine DDR«, hatte er betont und so ein Bekenntnis zu einer Epoche abgelehnt, die manche Wähler verklärten, in der sie sich in einer Nische behauptet und in der sie den belastenden politischen Alltag bewältigt hatten.

Historische Wahrheit, politische Gegensätze und die Aufklärung der Vergangenheit

Wer nach unterschiedlichen Handlungsoptionen und Verlaufsmöglichkeiten fragt, die sich im Laufe geschichtlicher Entwicklungen und Entscheidungen ergeben haben, wird immer politische Alternativen in den Blick nehmen. Deshalb bleibt bei der auf angebliche historische »Wahrheit« zielenden Rückbesinnung auf die Geschichte die Suche nach Prinzipien politischen Verhaltens und Urteilens stets spürbar. Diese Suche nach Verhaltensspielräumen begründet Geschichte als eine Art »moralischer Anstalt« und weist ihr damit die Funktion zu, im gedanklichen Reflex auf Ereignisse auch das Verhalten von Menschen zu konditionieren. Die Berufung auf Grundsätze, die geschichtlich gerechtfertigt werden, verbindet sich in der politischen Auseinandersetzung oft mit einem Angriff auf den politischen Gegner, dem Geschichtsvergessenheit und zugleich die Vernachlässigung historisch begründeter Maßstäbe von Handeln und Verhalten attestiert werden sollen.

Geschichtspolitische Kontroversen erstreben deshalb nicht nur die gesellschaftliche oder politische Selbstklärung, sondern zielen auf Beeinflussung von Wählergruppen, auf die Mobilisierung von Interessen und die Beeinflussung der öffentlichen Meinung. Dies macht etwa die Brisanz von Vertriebenentreffen aus, die ihre Spannung nicht nur aus innenpolitischen Gegensätzen ziehen, sondern aus internationalen Verwicklungen, die öffentlich zur Stellungnahme auffordern.

In der Tat erinnert manche politische Rede an einen Handstand auf einer Rasierklinge. Einerseits wollen Redner bei ihren Zuhörern ankommen, suchen Zustimmung, Applaus und Unterstützung und müssen zugleich politische Rahmenbedingungen beachten, die den Rahmen des Auditoriums überschreiten. Andererseits ist wohl jedem Redner bewusst, dass Interpretationen der Vergangenheit anstößig sein können, wenn sie das internationale Verhältnis berühren oder innenpolitische Konflikte anheizen.

Obwohl unbestreitbar ist, dass der amerikanische Präsident Bush jun. sich im Vorfeld des Irak-Krieges heute kaum noch bezweifelte Unwahrhaftigkeiten erlaubt und offensichtliche Menschenrechtsverletzungen in Guantanamo samt der Verhörexzesse gerechtfertigt hatte, wurde er zunächst sehr zurückhaltend kritisiert. Die Weltöffentlichkeit brauchte einige Zeit, bis sie die von einigen republikanischen Völkerrechtlern konstruierte juristische Grundlage der Folter durchschaute und ablehnte, denn zunächst war sie nach dem Anschlag auf das World Trade Center vom 11. September 2001 von vielen für gut befunden worden. Als aber in einem politischen Hinterzimmer auf einer bedeutungslosen Parteiveranstaltung im schwäbischen Hinterland eine deutsche Justizministerin Bush mit Hitler verglich, brach ein Sturm der Ablehnung im Blätterwald los und führte in Kombination mit heiklen diplomatischen Reaktionen rasch zum Rücktritt dieser Ministerin. Dass in Deutschland sehr wohl Relativierungsdebatten geführt werden konnten, hatte zuvor der ehemalige Bundeskanzler Helmut Kohl demonstriert, der seinen Vergleich des sowjetischen Staatschefs Michail Gorbatschow mit dem NS-Reichspropagandaminister Josef Goebbels politisch unbeschadet überstanden hatte.

In der Tat steckt der Teufel nicht im historischen Detail, sondern im Vergleich. Hier wurden Zeithistoriker bald zu gesuchten Mitspielern öffentlicher Kontroversen und damit der Politiker, die versuchten, ihre politischen Optionen und moralischen Beurteilungen in die Diskussionen über historische Vergleiche sowie deren sachliche und geschmackliche Grenzen einzubringen, wohl wissend, dass dies die öffentliche Meinung zuverlässig in Wallung versetzen würden. Denn die Frage nach der Einzigartigkeit und Vergleichbarkeit der NS-Zeit hat nicht nur einen außerordentlichen Erregungs-, sondern auch einen erheblichen Unterhaltungswert. Dies gilt nicht nur, weil seit den Sechzigerjahren immer wieder das Ende der Nachkriegszeit und die Normalität deutscher Geschichte beschworen wurde, sondern weil der Vergleich sich als sehr probates Mittel erwies, die deutsche Geschichte zu relativieren.

Um eine neue Sicht auf die Zeitgeschichte zu entwickeln und durchzusetzen, werden Fachleute und Multiplikatoren benötigt. So kommen Wissenschaft und Medien zusammen. Denn »neue Sichtweisen auf die Vergangenheit« setzen sich niemals »von selbst« durch[12]. Sie werden protegiert und propagiert und weisen Historikern zumindest in den Feuilletons eine wichtige Rolle in der öffentlichen Kommunikation zu, weil sie als Fachleute und Meinungsführer gelten, denen Fachverstand unterstellt und deshalb Vertrauen entgegengebracht wird.

Die Rolle der Politik als eigennützige Stichwortgeberin geschichtspolitischer Kontroversen ist nicht zu unterschätzen. Sie setzt Akzente in einem Umfang, der Historiker geradezu in die Rolle von Mitspielern hineinzwingt. Dass Partei-

---

12 Thomas Etzemüller: Sozialgeschichte als politische Geschichte: Werner Conze und die Neuorientierung der westdeutschen Geschichtswissenschaft nach 1945, München 2001, S. 2.

politiker – um ein Beispiel zu nennen – auf den alljährlichen Pfingsttreffen der Vertriebenen potentielle Wähler für sich einzunehmen versuchen, ist weniger erstaunlich als ihre Bereitschaft, ohne jede Rücksicht auf außenpolitische Komplikationen gesellschaftlich verbreitete und demoskopisch bestätigte Stimmungslagen zu bedienen. Das war in den Fünfzigerjahren anders, als außenpolitische Berater wie Richard Löwenthal einem Politiker wie Willy Brandt dabei halfen, mit Unterstützung der Wochenzeitung »Die Zeit« der deutschen Öffentlichkeit die historischen Dimensionen einer neuen Außenpolitik zu vermitteln, die sich aus den geistigen Gräben des Kalten Kriegs erheben wollte.

Die fachwissenschaftliche Debatte über die Vergangenheit beeinflusst hingegen nur selten politische Entscheidungen. Politische Auseinandersetzungen können Historiker zu einer Stellungnahme herausfordern und so ihre publizistische Präsenz vergrößern. In der Regel zielen geschichtspolitische Diskussionen dabei nicht auf die Stärkung kultureller Empathie, sondern auf ein interessenpolitisch gut begründetes, abgewogenes Urteil. Historiker verkörpern dann eine der Sache angemessene Nachdenklichkeit, vor allem, wenn sie das politische Geschäft kennen gelernt haben. Dies erklärt den Einfluss historisch kompetenter Diplomaten wie George F. Kennan und Henry Kissinger, die wir so wohl nur in den Vereinigten Staaten finden. In Deutschland gibt es sie zuweilen in den Instituten zur Politikberatung, wo sie sich allerdings auf dem Markt der Meinungen nicht immer behaupten können. Sie stimulieren Wechselwirkungen zwischen Politik und Öffentlichkeit, zwischen Politik und Wissenschaft und schließlich zwischen Wissenschaft und Öffentlichkeit.

Beobachter geschichtspolitischer Diskussionen, also die »Öffentlichkeit«, das »Publikum« oder, wie es oft heißt, »die Menschen draußen im Lande« können durch geschichtspolitische Herausforderungen vielschichtig beeinflusst und beeindruckt werden. Dies belegt die Rolle, die ein Historiker wie Michael Stürmer als diplomatischer Korrespondent der Tageszeitung »Die Welt« spielt. Gelingt es den Kontrahenten, sich im Verlaufe der Debatte gegenseitig zu überzeugen oder gar, in der Öffentlichkeit vertretene und erfahrungsgeschichtlich geprägte Meinungen zu ändern, so haben die Politiker oftmals das Gefühl, durch ihre Interventionen und Diskussionsbeiträge »die Menschen« veranlasst zu haben, Positionen zu überdenken. Diese Korrekturen haben in der Regel politische Konsequenzen. So werden die Rezipienten der Debatten regelrecht zum politischen Handeln aufgefordert.

In der Tat kann Sprechen Verhalten beeinflussen, ist Reden Handeln. Denn das Reden über die Vergangenheit beeinflusst stets die Weltsicht und das Weltverständnis anderer und bestimmt damit auch deren politische Verhaltensweise. Warum aber wird überhaupt über geschehene Vergangenheit, also faktisch abgeschlossene und unbeeinflussbare Vergangenheit, die nicht selten kaum mehr in einem unmittelbaren Verhältnis zur Gegenwart steht, gestritten? Geschehene Geschichte ist doch unveränderlich, eine endgültige Tatsache, die nur noch von den Nachlebenden hingenommen werden kann!

Viele Menschen, die sich über die Vergangenheit streiten, scheinen davon nicht überzeugt zu sein. Sie erregt der Gedanke, Geschichte hätte zumindest anders verlaufen können. An Stammtischen werden überall derartige Diskussionen geführt. Manchmal geht es nur um vergangene Fußballspiele. Manchmal um Schlachten, um Entscheidungen zur Sozial-, Renten- und Wirtschaftspolitik, und immer leben die Kontroversen davon, dass die Komplexität der Verhältnisse extrem reduziert wird. Deshalb fragte ein ebenso verschmitzter wie selbstkritischer Geschichtswissenschaftler nach dem Unterschied zwischen dem Herrgott und einem Historiker. Die Antwort lautete, Gott glaube nicht, Geschichte rückwirkend ändern zu können.

Natürlich kann das auch kein Historiker. Aber er kann Einfluss nehmen auf die Einschätzungen seiner Zeitgenossen, kann Erbfeindschaften, den Zusammenprall von Kulturen, Nationaleigenschaften als Tatsache der Geschichte behaupten und so nicht nur das kollektive Weltbild, sondern auch das historische Urteilsvermögen prägen. Er weiß, dass Ereignisse nicht korrigiert werden können. Umso eifriger ist er bemüht, sie neu zu deuten oder umzuinterpretieren.

Politische Entscheidungen sind in der Regel das Ergebnis von Überlegungen, von Abwägungen und Überzeugungen. Partikulare Interessen wirken sich auf Einschätzungen aus, aber auch Erfahrungen tun dies. Deshalb liegt es nahe, mit Hilfe von Vergangenheitsdeutungen das Verhalten politischer Akteure, auch der Wählerinnen und Wähler, beeinflussen zu wollen. Das kann heißen, vergangene Erfahrungen zu aktualisieren – zu »vitalisieren« – sie auf fühlbare, jedem Bürger vertraute politische Interessengegensätze zu beziehen oder nationale Gegensätze und Eigenheiten zu betonen, um Fremdes und Eigenes zu scheiden.

In den Sechzigerjahren etwa wurde das Bild, das man sich in der Bundesrepublik von »den Sowjets« machte, durch die Nachkriegszeit, die Berlin-Krisen, die Interventionen der Roten Armee und ihrer Verbündeten in Polen, Ungarn und der Tschechoslowakei bestimmt. Es war das Weltbild des Kalten Krieges, das sogar die Deutung des Russlandfeldzuges der deutschen Wehrmacht und das Bild des Widerstands bestimmte. Hatten die deutschen Soldaten nicht schon 1941 gegen den Bolschewismus gekämpft und sich dadurch einen Platz an der Seite der westlichen Alliierten verdienen können? Sogar der als »Verrat« lange verächtlich gemachte Widerstand gegen Hitler wurde mit dem Argument gerechtfertig, an der Westfront Frieden zu schließen und so die Voraussetzung für ein gemeinsames Vorgehen der westalliierten Armeen und der deutschen Wehrmacht im Kampf gegen den Stalinismus schaffen zu können.

Nach dem Mauerfall wurde das Urteil über die SED und die DDR durch Erfahrungen geprägt, die Millionen von Flüchtlingen in der DDR gesammelt hatten. Untergegangen ist hingegen die Leistung derjenigen, die nicht geflohen und dem Aufruf des Kirchenhistorikers Karlheinz Blaschke, einem der aufrechten Gegner des SED-Staates, im Sommer 1989 gefolgt waren, der sagte: »Wir bleiben hier!« Ebenso verdrängte man im Westen, dass die »Landsleute im Osten« 1950 mit flammenden Appellen bewegt werden sollten, »Mitteldeutschland« nicht durch ihre Flucht den Russen zu überlassen, sondern auszuhalten und auszuharren, bis Deutschland wieder vereinigt sei.

Seit den Neunzigerjahren bestimmten neue Bilder das Verständnis von Geschichte – und gerade Bilder erweisen sich als ein die Wahrnehmung bestimmender Zugang zur Vergangenheit.[13] Immer wieder wurde die Notwendigkeit beschworen, Kulturen nebeneinander bestehen zu lassen und sie in ihrer Eigenart, ihren Werten, ihrer Traditionsprägung und auch in ihrem Zukunftsverständnis zu begreifen. Von diesem Ansatz war das multikulturelle Selbstverständnis der jüngeren bundesdeutschen Gesellschaft geprägt, die insofern eine Lehre aus der Geschichte zog, als sie Toleranz praktizieren und kulturelle Gräben überwinden wollte. Dies funktionierte so lange, bis neue Islambilder das Urteil über die mit Terroristen ebenso schlicht wie verantwortungslos gleichgesetzten Islamisten bestimmten – dabei handelte es sich in der Regel um medial vermittelte angebliche Erfahrungen, die sich immer auf die Vergangenheit als Instanz beriefen.

Schließlich beeinflussten diese Deutungen ganz anders gelagerte Probleme wie etwa den Beitritt der Türkei zur Europäischen Union. Es begann eine neue Phase der historischen Diskussion, denn nun ging es um Identität, um die Prägungen des abendländischen Selbstverständnisses, und überraschend war dabei vor allem, dass mit Hans-Ulrich Wehler ein ehedem liberaldemokratisch argumentierender Historiker in den Feuilletons zum Warner vor dem EU-Beitritt der Türkei wurde. Er betonte vor allem kulturelle Differenzen und begründete so mentale Unterschiede, die nicht überbrückbar seien. Was seine Adressaten damit verbanden, umspannte den breiten Rahmen, der durch Furcht vor dem Islam auf der einen und Beschwörung abendländisch-europäischer Traditionen auf der anderen gebildet wurde. Historische Traditionen sollten angebliche unüberbrückbare Unterschiede erklären und politische Optionen begründen, die nicht zuletzt reflektierten, dass der Islam in den europäischen Wertekanon nicht integriert werden könnte – oder sollte.

In der Regel wirken sich historische Beurteilungen gegenwärtiger Herausforderungen als argumentative Kettenreaktionen aus und zeitigen reflexartige

13 Vgl. dazu das Interview mit Julia Voss, in: Alexander Kraus / Birte Kohtz (Hg.), Geschichte als Passion – Über das Entdecken und Erzählen der Vergangenheit, Frankfurt am Main 2011, S. 39–67, bes. S. 47 ff.

Nebeneffekte. Als bald nach der Jahrtausendwende über die Frage gestritten wurde, ob denn der Islam als Teil der europäischen oder der deutschen Kultur anerkannt werden könne, ging es zunächst nur um die Türkei. Versucht wurde nicht, die gemeinsame Geschichte unterschiedlicher Religionen zu verstehen oder Formen früheren interreligiösen Zusammenlebens wahrzunehmen. Man betonte in der Regel das eigene Leid, die eigenen Ängste und Bedürfnisse, ohne Mitempfinden für Leid, Ängste oder Bedürfnisse anderer. Man relativierte, verabsolutierte und spitzte bewusst missverständliche und interpretierbare Standpunkte zu. Hätte sich die aufklärende, abwägende Mission des Historikers nicht gerade in der Kritik an vielen dieser emotionalisierenden politischen Argumente zu beweisen? Dies versuchte wenige Monate nach seinem Amtsantritt Bundespräsident Wulff, als er den Islam zu einem Bestandteil europäischer Identität und als Bezugspunkt politisch-kultureller Integration erklärte – womit er eine ganz andere Position als der linksliberal orientierte Historiker Hans-Ulrich Wehler einnahm. Hätte Wehler die Vergangenheit bemüht, um grundsätzlich lösbare Probleme interkonfessioneller Integration zu erörtern, so hätte er historische Erfahrungen ansprechen können, um mit den von ihm befürchteten Schwierigkeiten eines Beitritts auch mögliche Problemlösungen anzudeuten. Aber vielleicht ist es in öffentlichen Debatten letztlich reizvoller und erregender, die Vergangenheit als Arsenal gegenwartorientierter Auseinandersetzungen zu nutzen?

Von der If-History zum politischen Small Talk

Die Beeinflussung der Weltsicht von Zeitgenossen durch geschichtspolitische Deutungen ist nicht zu verwechseln mit der beliebten Suche von Historikern nach den Möglichkeiten, die sich im Lauf der Geschichte geboten *hätten*. Die »Was-wäre-wenn-Geschichte« mündet in die Suche nach der Fiktion, der »ungeschehenen« (Alexander Demandt) oder der »If-History« (Ferguson). Sie ist nicht nur beim Smalltalk, in Talk-Shows oder in den Feuilletons von Bedeutung, sondern spielt auch in der politischen Auseinandersetzung eine große Rolle. Bei kontrovers beurteilten politischen Bewertungen vergangener Ereignisse geht es vor allem um Spielräume und Alternativen, um die nicht selten verhängnisvollen und oftmals fragwürdigen Folgen politischen Handelns mancher »großen Männer« und deren Wahrnehmung bei den Nachlebenden.

Natürlich mag es reizvoll sein, die provozierende Frage zu stellen, ob Hitler Größe besessen und »Leistungen« aufzuweisen gehabt hätte[14] oder wie das heutige

14 Sebastian Haffner: Anmerkungen zu Hitler, München 1978, S. 34.

Urteil über ihn ausfiele, wenn er bereits 1940, nach dem Sieg der deutschen Wehrmacht über Frankreich, verstorben wäre.[15] Die in dieser Frage verborgene angeblich intellektuelle Spannung hat allerdings zur Voraussetzung, dass weder die Verfolgung Andersdenkender nach 1933, noch die Nürnberger Rassen-Gesetze oder Ausschreitungen gegen Juden beim Novemberpogrom von 1938 das Urteil bestimmen würden – das aber wäre abwegig. Indem solche Ereignisse in kritische Urteile einbezogen werden, brechen mögliche Verkrustungen nationalstaatlicher Bewertungsperspektiven auf, die eine Folge konventioneller Deutungen der Vergangenheit sind: So zum Beispiel Bismarcks Reichsgründung, die lange als Endpunkt einer sich über Jahrhunderte erstreckenden Entwicklung zum »Zweiten Deutschen Reich« gefeiert worden war – sie erwies sich als kurzlebig. Die von Bismarck angeblich genutzten historischen Chancen hallten keineswegs lange nach, sodass Bismarck auf lange Sicht zwar zum Mythos der Deutschen[16] taugte, aber politikgeschichtlich von einem seiner ärgsten Widersacher, dem sozialdemokratischen Parteivorsitzenden August Bebel, dessen berühmte goldene Uhr Parteikontinuität symbolisierte, in den Schatten gestellt wurde. Wenn Hitler die »Vorsehung« beschwor, um sich zu legitimieren, dann lähmte dieser Anspruch keineswegs alle seine Zeitgenossen, wie Regimegegnerschaft und Widerstand zeigten. Die meisten Deutschen aber hielten ihn erst nach dem »Zusammenbruch« vollends für ein »deutsches Verhängnis«[17], für den »Antichrist«[18], für das Unglück schlechthin.

Sprach man nach 1945 von Hitler, dachte man an den verlorenen Weltkrieg und seine Folgen, an individuelles Leid und an die Kriegsfolgen, die Europa viele Jahrzehnte zu tragen hatte. Sogar die europäische Integration wurde gerechtfertigt mit den überwundenen Schrecken kriegerischer Konflikte, die Europa seit dem Ersten Weltkrieg beutelten und das Ende des europäischen Zeitalters beschleunigt hatten. Eine Doktrin, wie sie Adenauers Staatssekretär Hallstein formulierte, um trotz der deutschen Teilung den Alleinvertretungsanspruch der Bundesrepublik Deutschland zu betonen, schwand im Zuge der Ostpolitik der sozialliberalen Koalition dahin, die als Zäsur der Nachkriegsgeschichte von ihren Gegnern auf eine Weise wahrgenommen wurde, die sich eher an fragwürdigen Befindlichkeiten als an der Realität orientiert hatte.

Selbst bei der Berliner Mauer, die am 13. August 1961 errichtet worden war, stellt sich die Frage, ob sie als Zäsur zur nationalstaatlichen Geschichtswertung

15 Joachim C. Fest: Hitler, Berlin und Wien 1973, S. 17.
16 Robert Gerwarth: Der Bismarck-Mythos – Die deutschen und der Eiserne Kanzler, Berlin 2007.
17 Ernst Niekisch: Hitler – ein deutsches Verhängnis. Zeichnungen von A. Paul Weber, Berlin 1932.
18 Fabian von Schlabrendorff: Offiziere gegen Hitler, Berlin 1989.

taugt, denn sie war, wie der 9. November 1989 bewies, brüchig, ebenso wie die als ehern gedachte Aufteilung der Welt in Blöcke, die Vormachtstellung der westlichen Welt und die Effizienz des kapitalistischen Finanzsystems. Damit gingen viele der Gewissheiten zuschanden, die bis dahin die Weltsicht geprägt hatten. Wenn Egon Bahr noch Mitte der Sechzigerjahre viele Zeitgenossen mit seiner Formel »Wandel durch Annäherung« verstörte, so erwies sich das in ihr zum Ausdruck gebrachte Vertrauen in die Veränderlichkeit und Gestaltbarkeit der politischen Beziehungen spätestens 1989 als eine neue Grundlage europäischer Politik.

Die faktische Bereitschaft zur Anerkennung der deutsch-deutschen Grenze und die Akzeptanz der deutschen Teilung waren die politische Grundlage der Ostverträge, der Aufnahme beider deutscher Staaten in die UNO und des beginnenden Wandels europäischer Strukturen. Das die bisherige Nachkriegsgeschichte Europas geradezu umstürzende Vertragswerk, das eine neue europäische Zusammenarbeit und Sicherheit unter besonderer Hervorhebung der Bedeutung der Menschenrechte blockübergreifend ermöglichte, stärkte auch die mitteleuropäischen Oppositionsbewegungen.

Doch die Ostverträge von Bundeskanzler Willy Brandt zogen heftige geschichtspolitische Kontroversen in Westdeutschland nach sich. Die gegnerischen politischen Positionen mussten schließlich durch das Bundesverfassungsgericht geklärt werden. Rechtsgerichtete Gruppierungen proklamierten den »Widerstand« gegen die Politik der angeblichen nationalen Selbstaufgabe. Willy Brandt wurde als »Verräter« bezeichnet. Sogar die bayerische Landesregierung reichte Klage beim Bundesverfassungsgericht ein, um die Ostpolitik der sozialliberalen Regierung zu korrigieren. Zahlreiche Publikationen »zur deutschen Frage« erschienen, die in der politischen Bildung hohe Konjunktur hatte.

Auch die Vertriebenenverbände machten mobil. Historiker wie Walter Schlesinger erklärten auf dem Braunschweiger Historikertag von 1974, jene Epoche der deutschen Geschichte, die mit der Königskrönung Konrads I. im Jahre 919 begonnen hätte, sei endgültig beendet.[19] So wurden die Ostverträge, welche die Voraussetzung europäischer Zusammenarbeit auf der Grundlage neugeschaffenen politischen Vertrauens über Blockgrenzen hinweg waren, zu einer Zäsur der Geschichte, auf die sich die nationale Geschichtsdeutung seit dem 19. Jahrhundert bezogen hatte. Andere, wie der Erlanger Historiker Ernst Diwald, entwickelten sogar eine spezielle Art der Geschichtsschreibung, die Gegenchronologie[20], die sich

19 Walter Schlesinger: Die Königserhebung Heinrichs I. Der Beginn der deutschen Geschichte und die deutsche Geschichtswissenschaft, in: Historische Zeitschrift 221 (1975), S. 529 f.
20 Hellmut Diwald: Geschichte der Deutschen, Frankfurt am Main 1978.

besonders in der rechtskonservativen Historiographie durchsetzte – als ließe sich rückwirkend die Geschichte in eine andere Bahn zwingen.

Geschichtspolitisch brisant wurden diese Diskussionen dadurch, dass sich mit ihnen parteipolitische Konflikte verschärften, die ihren Ursprung in innenpolitischen Machtkämpfen hatten. Denn mit der sozialliberalen Koalition, die 1969 mit knapper Mehrheit aus den Bundestagswahlen hervorgegangen war, entstanden in der Bundesrepublik Deutschland scharfe innere Frontlinien zwischen dem konservativ-bürgerlichen und dem (damals) fortschrittlich-sozialdemokratischen Lager, die es so in dieser Form nur in den frühen Fünfzigerjahren gegeben hatte und die durch das Godesberger Programm gemildert worden waren. In der ersten Hälfte der Fünfzigerjahre hatte die CDU mit dem Slogan Wahlkampf betrieben, alle Wege (des Marxismus, sprich: der SPD) führten nach Moskau. Zu Beginn der SPD-FDP Regierung war es wieder so: Die Konservativen beschworen erneut den Ausverkauf nationaler Interessen. Die Sozialdemokraten wehrten sich, indem sie auf die historische Verantwortung verwiesen, der sie niemals ausgewichen seien – weder 1918, als sie nach einem verlorenen Krieg die Regierungsverantwortung von denjenigen Führungseliten übernahmen, die Deutschland abgewirtschaftet hatten, noch 1933 oder 1946, als sie sich der »Zwangsvereinigung« mit der KPD zur SED widersetzt hatten.

In den Sechzigerjahren war die Kanzlerkandidatur von Willy Brandt noch mit Methoden bekämpft worden, die als ehrabschneidend gelten müssen. Politiker wie Franz Josef Strauß erinnerten daran, Willy Brandt »alias Frahm« sei in norwegischer Uniform 1945 nach Deutschland zurückgekehrt. Sie fragten unverblümt, was er denn nach 1933 im Ausland gemacht hätte. Damit sollte die nach wie vor umstrittene Deutung der NS-Zeit politisch zugunsten der konservativen Parteien genutzt werden, deren Spitzenpolitiker sich zu ihren Offiziersrängen oder gar – wie der ehemalige FDP-Vorsitzende Erich Mende – zu ihren Tapferkeitsauszeichnungen bekannten. Deutschland, so wurde immer wieder gefordert, solle aus dem Schatten von Auschwitz heraustreten und sich zur Normalität bekennen. Man bekannte, wieder etwas zu sein. Inmitten eines solchen Meinungsklimas gehörte Mut dazu, als Willy Brandt bei seinem Besuch in Warschau vor dem Mahnmal für den Aufstand der Bewohner des jüdischen Gettos niederkniete.

Als Strauß Brandts Integrität bezweifelte, waren lebensgeschichtliche Rechtfertigungsmuster zu hören, die als »moralisch anspruchslos« kritisiert wurden: »Was wir gemacht haben, wissen wir«, verkündete Franz-Josef Strauß im Wahlkampf gegen Willy Brandt so, als wisse jeder, der während des Dritten Reiches in Deutschland war, was jeder andere getan hatte. Seiner Behauptung ließ er die Frage an den ehemaligen Emigranten folgen: »Was haben Sie im Ausland gemacht?« Dass die Frage eine rhetorische war und keiner Antwort bedufte, ist offenkundig.

Sie insinuierte, dass ehemalige Gegner des NS-Regimes per se die Interessen der Deutschen während des Zweiten Weltkrieges verraten hätten.

Tatsächlich trugen zu dieser Zeit noch viele Bundeswehrkasernen, Flugzeug-geschwader und Kriegsschiffe die Namen von Wehrmachtssoldaten, die ihrer »Tapferkeit« wegen geehrt werden sollten und als Vorbilder der Pflichterfüllung galten. Längst war der Satz von Fritz Bauer aus dem Jahr 1953 vergessen, dass »ein verratenes Volk« nicht verraten werden könne. Dies hatte Bauer, damals Braun-schweiger Generalstaatsanwalt, im Prozess gegen jenen Major Otto Ernst Remer festgestellt, der nicht nur das Hitler-Attentat vom 20. Juli 1944 endgültig hatte scheitern lassen, sondern nach dem Krieg eine führende Funktion in der rechts-extremistischen »Sozialistischen Reichs-Partei« (SRP) innehatte, die Nachfahren von NS-Gegnern bedrohte. Der »wahre Verräter«, so Bauer, sei Hitler gewesen, nicht der deutsche Widerstand, der in den Fünfzigerjahren allmählich Anerkennung fand.[21]

Immer ging es bei den zeitgeschichtlichen und geschichtspolitischen Dis-kussionen über die nationalsozialistische Zeit auch um die stillschweigende Recht-fertigung persönlichen Fehlverhaltens während des Dritten Reichs. Polemische Höhepunkte erreichte schließlich die fundamentale Kritik an der deutschen Ost-politik der sozialliberalen Koalition. Von den Vertriebenenverbänden wurde wieder einmal der Vorwurf des »Verrats« erhoben. Versuche der Regierungsfraktionen, unterschiedliche Wahrnehmung der Geschichte bewusst zu machen und außen-politische Interessen abzugleichen, wurden als prosowjetische Interessenwahr-nehmung gedeutet und gipfelten in Angriffen auf Herbert Wehner. Immer wieder griff man ihn wegen seiner kommunistischen Vergangenheit an und ließ durchbli-cken, dass man der Ansicht sei, er habe sich bis heute nicht von ihr gelöst. Wehner, der sichtbar unter der Last litt, die vor allem seine Erfahrungen im stalinistischen System für ihn bedeuteten, musste sich die Unterstellung gefallen lassen, weiterhin von der sowjetischen Regierung beeinflusst zu werden oder gar durch seine frühere Zeit als KPD-Funktionär im Moskauer Exil erpressbar zu sein.

Der Kampf gegen die Anerkennung der deutsch-polnischen Grenze und der Abtretung der deutschen Ostgebiete erhöhte die Brisanz geschichtspolitischer Aus-einandersetzungen in der deutschen Öffentlichkeit und machte nicht einmal vor massiven Zweifeln an der nationalen Zuverlässigkeit der sozialliberalen Regierung

---

21 Bahnbrechend wurde eine Sammlung von Lebensbildern, die Willy Brandt gemein-sam mit Annedore Leber, der Witwe des sozialdemokratischen Widerstandskämpfers Julius Leber, unter dem Titel »Das Gewissen steht auf« und »Das Gewissen ent-scheidet« herausgegeben hatte. Die Deutung des Widerstands im Nachkriegsdeutsch-land wird hier nicht behandelt. Vgl. dazu Peter Steinbach: Der Widerstand im Wider-streit, 2. Auflage, Paderborn 2004.

halt. Die Folge war ein zunehmendes Interesse an der deutschen Geschichte. Dies verstärkte zum einen die parteigeschichtliche Forschung. Historische Leistungen von Sozialdemokratie und Gewerkschaften wurden betont, um Zweifel an der politischen Zuverlässigkeit und Führungsverantwortung der sozialdemokratisch geführten Bundesregierung zu beseitigen. Die SPD verstärkte die Arbeit ihrer Historischen Kommission und unterstützte die Bildung einer »Arbeitsgemeinschaft verfolgter Sozialdemokraten«; die FDP hingegen forcierte die Liberalismusforschung, die CDU baute das Archiv für christliche Demokratie aus.

In der Politikwissenschaft war die historische Perspektive bis weit in die Siebzigerjahre unübersehbar. Sie galt als Grundlage historisch fundierter politischer Bildung und stützte sich auf die Verbindung von Zeitgeschichte und Politikwissenschaft, wofür nicht zuletzt mit ihrer Biographie eine Reihe medial präsenter und zugleich anerkannter Gelehrter wie Waldemar Besson, Ernst Fraenkel, Wolfgang Abendroth, Hans Rothfels und Richard Löwenthal standen. Historische Experten wie sie galten als gesuchte Gesprächspartner der Politik und Autoren der damals äußerst vielfältigen Wochenpresse. Von ihnen wurde erwartet, immer wieder politische Standpunkte historisch zu begründen. Dies machte auch nach außen hin deutlich, dass die moderne Geschichtswissenschaft zu einer politisch offenen Wissenschaft geworden war. Die wissenschaftliche Zeitgeschichte blühte auf und analysierte nicht mehr nur Politik, sondern wollte politisch wirken, Sichtweisen beeinflussen, Debatten anstoßen, Standpunkte einnehmen und argumentative Zuspitzungen reflektieren, vehement vorgetragene Positionen relativieren oder Fehleinschätzungen zurückweisen.[22]

Aus der Frage nach politischen Alternativen, die sich in der Vergangenheit eröffnet hätten, erwuchs so eine offensiv vertretene Rechtfertigung der Geschichtswissenschaft. Dabei ging es keineswegs um richtig oder falsch, sondern es kam auf Begründungen an, die ein Für und Wider erschlossen. Es ging um die Einschätzung langfristiger Folgen politischer Entscheidungen, die nicht als »alternativlos« hingenommen werden sollten. Dazu einige Beispiele: Adenauers Politik der Westintegration, ursprünglich höchst umstritten und Anlass für Parteiaustritte und Parteineugründungen, wurde als Stufe und Voraussetzung der deutschen Vereinigung gedeutet. Die von Kurt Schumacher aufgestellte Theorie, die Bundesrepublik Deutschland könne als freiheitliche Demokratie und Sozialstaat besondere Attraktivität entfalten und sich als politischer Magnet entwickeln, der die DDR bis zur staatlichen Vereinigung anzöge, wurde nicht mehr als politische Metapher, sondern als Ausdruck politischer Krafttheorie von fast physikalisch anmutender

---

22 Konrad H. Jarausch/Martin Sabrow (Hg.): Die historische Meistererzählung – Deutungslinien der deutschen Nationalgeschichte nach 1945, Göttingen 2002.

Evidenz aufgenommen und machte deutlich, dass die Sozialdemokratie nationale Verantwortungsbereitschaft bewies.

Viel folgenreicher als die politisch verwertbaren Argumente war jedoch langfristig die Durchpolitisierung der Geschichtswissenschaft durch die Berufung von Historikern in Gremien, Beiräte und Kommissionen. Unter Leitung des Kölner Historikers Theodor Schieder wurde eine Kommission beauftragt, Lebenszeugnisse zur Vertreibung zu sammeln. Wenig später wurde eine andere Kommission beauftragt, die Geschichte der deutschen Kriegsgefangenen zu erforschen. Auch in den Beiräten, die sich mit den Fragen der deutschen Wiedervereinigung oder mit der Ausgestaltung der »Inneren Führung« der Bundeswehr beschäftigten, spielten Geschichtswissenschaftler eine wichtige Rolle. Ihre Forschungen und Äußerungen wurden zunehmend unter geschichtspolitischen Gesichtspunkten bewertet, das Fach selbst schien zunehmend politisiert zu werden, und nicht zuletzt auf den Historikertagen brachen immer wieder fundamentale Konflikte auf, die keineswegs nur wissenschaftsimmanente Differenzen spiegelten. Wer das Bild beeinflusse, das sich eine Gesellschaft von der Geschichte mache, präge auch die Zukunft.

In den Fünfzigerjahren hatten sich Historiker zunächst weitaus zurückhaltender geäußert, eingedenk des Missbrauchs, den überpolitisierende diktatorische Systeme gerade in der Schule und Publizistik mit Geschichtswissenschaft und Geschichtsunterricht betrieben hatten. Karl Raimund Popper verband die Kritik am »Elend des Historizismus«[23] mit einem Plädoyer für die offene Gesellschaft, in der vorurteilsfrei Hypothesen in Frage gestellt, geprüft und nach Möglichkeit falsifiziert werden sollten, aber jede geschichtsphilosophische Selbstlegitimation zu bekämpfen sei. Als wichtigstes Satzzeichen habe das Fragezeichen, nicht das Ausrufezeichen zu gelten. Das sahen seit den Sechzigerjahren manche Historiker anders und wurden so schließlich selbst zu Geschichtspolitikern, die Gedenktage zum Anlass nahmen, Vergangenheit so zu deuten, dass sie die Gegenwart rechtfertigte.

Historiker als Spielmacher und Mitspieler der Geschichtspolitik

Seit den Sechzigerjahren erschütterten politische Veränderungen, die wenige Jahre zuvor kaum vorstellbar waren, die überkommenen Weltbilder vieler Zeitgenossen und verstärkten das Gefühl hochgradiger Unsicherheit. Hatte es in den Fünfzigerjahren noch geheißen: »Keine Experimente«, so hieß es nun, es gelte, den sozialen Wandel zu forcieren. Mitte der Fünfzigerjahre hatte die Aufstellung der Bundeswehr heftige Diskussionen provoziert und war als gravierende Korrektur eines

23 Karl R. Popper: Das Elend des Historizismus, Tübingen 1965.

geradezu als »historisch« gedeuteten politischen Schwures empfunden worden, dem Militarismus für alle Zeiten abzuschwören – nun stellten sich Historiker, wie der Freiburger Gerhard Ritter, diesem Problem und versuchten, es zu entschärfen, indem sie eine Geschichte des Militärwesens im wilhelminischen Kaiserreich vorlegten.[24]

Wenige Jahre später wandten sich Göttinger Wissenschaftler mit einem Appell an die deutsche Öffentlichkeit und sprachen sich gegen die Atombewaffnung Deutschlands aus. Diese erste deutsche Friedens- und Anti-Atom-Bewegung wurde von der DDR kräftig stimuliert mit der Parole: »Kampf dem Atomtod«. Die Berlin-Krise von 1958 hatte die Deutschen mit der Gefahr eines neuen Krieges konfrontiert, der unausweichlich ihr Staatsgebiet zum Kampffeld machen würde. Mauerbau, Spiegel-Affäre, Kuba-Krise schreckten außen- und innenpolitisch auf. Wenige Jahre später wurden die Deutschen erstmals nach den Boom- und Wirtschaftswunderjahren mit einem verlangsamten Wirtschaftswachstum konfrontiert. Steigende Arbeitslosenzahlen nährten nicht das Gefühl, eine Wirtschaftskrise bewältigen zu müssen, sondern weckten Erinnerungen an die Arbeitslosigkeit nach der Weltwirtschaftskrise von 1929 und die Bereitschaft, extreme politische Positionen zu vertreten und sich so stark zu radikalisieren, dass Hitlers NSDAP als Ausweg erschien.

Anfang der Sechzigerjahre Jahre setzte eine neue Phase der Beschäftigung mit dem NS-Staat ein. Der Politikwissenschaftler Waldemar Besson verantwortete eine zwölfteilige Fernsehserie über das Dritte Reich; der Dokumentarfilmer Erwin Leiser hatte mit dem abendfüllenden Film »Mein Kampf« großes Aufsehen erregt und eine neue Epoche des historischen Dokumentarfilms eingeleitet. Er konnte manche der abwehrenden Debatten korrigieren, die wenige Jahre zuvor noch der Dokumentarfilm »Nacht und Nebel« von Alain Resnais ausgelöst hatte. Offenbar machte sich eine geschichtspolitisch begründete Wachsamkeit bemerkbar und korrigierte manche Äußerungen der Rechtsextremisten, die ihr Sprachrohr in der wöchentlich erscheinenden »Deutschen National- und Soldatenzeitung« sahen.

Mit der steigenden Arbeitslosigkeit verbuchten die Rechtsextremen Wahlerfolge. In einigen deutschen Landtagswahlen errang die NPD seit Mitte der Sechzigerjahre beträchtliche Stimmanteile. Hatte in den Sechzigerjahren ein Berater von Ludwig Erhard noch die These vertreten, »Bonn sei nicht Weimar«, so stieß er damit nun auf skeptische Vorbehalte. Neue Wahlrechtsdiskussionen konzentrierten sich auf die Frage, wie stabile parlamentarische Mehrheiten zu sichern seien – Wahlrechtsänderungen wiesen in Richtung des Mehrheitswahlrechts englischen Typs, um stabile Regierungen bilden zu können.

---

24 Volker R. Berghahn (Hg.): Militarismus, Köln 1975.

Empirische Berechnungen möglicher Auswirkungen von Wahlrechts-änderungen wurden immer wieder mit historischen Reminiszenzen garniert. Ob es um Volksabstimmungen, Demonstrationen, Studentenproteste oder die außer-parlamentarische Opposition ging – immer spielten historische Argumente eine wichtige Rolle. Niemals ging es dabei allein um die politische Nutzanwendung zeit-historischer Erfahrungen. Wenn Bundeskanzler Ludwig Erhard Mitte der Sechziger-jahre erstmals das Ende der Nachkriegszeit proklamierte, so schien er damit eine zeitgeschichtliche Wende vorzubereiten. Allerdings täuschte er sich, weil die seit den frühen Sechzigern zahlreichen NS-Prozesse und die daran anschließenden Verjährungsdebatten gerade das Gegenteil bewirkten: Keine Flucht aus der Ver-gangenheit, sondern ein Bekenntnis zur Geschichte war die Folge. Insofern war nicht das Ende der Nachkriegszeit zu konstatieren, sondern ein einsetzender Generationsbruch, der eine stärkere Hinwendung zur Zeitgeschichte brachte.

Diese Veränderung in der gesellschaftlich verbreiteten neuen Wahrnehmung deutscher Zeitgeschichte schien Willy Brandt zu verkörpern. An ihm schieden sich zwar weiterhin viele Geister. Konservative lehnten ihn ab, Jüngere sahen in ihm ein Vorbild und geradezu die Verkörperung eines Ideals. Unbelastet von der deutschen Zeitgeschichte, verkörperte Brandt mit seiner Berliner Gruppe, zu der Persönlich-keiten wie Heinrich Albertz, Egon Bahr und Klaus Schütz gehörten, einen politischen Neubeginn. In seiner Regierungserklärung 1969 proklamierte er, man müsse und könne »mehr Demokratie wagen«. In den Hochschulen und vielen Betrieben wurde die Mitbestimmung durchgesetzt. Das Geschlechterverhältnis wandelte sich stark. Der Artikel 175 des Strafgesetzbuches wurde aufgehoben; gleichgeschlechtliche Beziehungen waren nicht mehr strafbar. Ein Werte- und Mentalitätswandel war unübersehbar und wurde immer wieder flankiert durch den Hinweis auf den Miss-brauch von Werten in der deutschen Geschichte. Dies verunsicherte viele konser-vativ fühlende Zeitgenossen und beeindruckte sie zugleich, weil die öffentlichen Diskussionen diesen Wandel unterstützten.

Hingegen wurden soziale Interessenkonflikte erbittert ausgefochten. Es gab »wilde Streiks«, wie man spontane Arbeitsniederlegungen von Gewerkschaftern nannte. Auch kleine Funktionsgruppen konnten den Verkehr lahmlegen, wie erst-mals die Fluglotsen 1974 zeigten. Hinzu kamen weltpolitische Veränderungen. Die Entkolonialisierung macht die Weltpolitik unberechenbarer, neue Vor- und Groß-mächte, die mit Indien und China die Bühne betraten, stellten die Blockbildung und die Vorherrschaft des Westens in Frage.

Nach Kuba-Krise, Spiegel-Affäre und dem im Vergleich zu heutigen kon-junkturellen Einbrüchen maßvollen Finanz- und Wirtschaftskrise schienen die Grenzen des Machbaren erreicht. Der Club of Rome veröffentliche düstere Zu-kunftsszenarien und unterschied sich von dem Optimismus mancher Zukunftsforscher. Der Vietnam-Krieg provozierte nicht nur studentische Proteste in vielen Industrienationen, sondern führte zu einer Glaubwürdigkeitskrise im Westen und verstärkte Zweifel an der historisch orientierten Modernisierungstheorie, die in der »Verwestlichung« von Verfassungsstrukturen und Lebensstilen einen historischen Trend erblickte. Einer der kritischsten westdeutschen Historiker, Hans-Ulrich Wehler, wurde ihr entschiedener Vertreter und begründete mit der Sozial- und Gesellschaftsgeschichte nicht nur eine neue Sichtweise, sondern die »Bielefelder Schule« der Geschichtswissenschaft, die sich zu der liberaldemokratischen Aufklärung der Gesellschaft durch »kritische Geschichtswissenschaft« bekannte.

Zweifel an der Modernisierungstheorie, die sich zur *Westernization*[25] der Welt mit Menschenrechten, Gewaltenteilung und kritischer Öffentlichkeit bekannte, entzündeten sich dabei nicht nur an der Kritik, die sich aus der Ablehnung der amerikanischen Außenpolitik speiste, sondern auch, weil sich Historiker dieser politischen Instrumentalisierung der Geschichtswissenschaft widersetzten. Sie betonten die Bedeutung der Politikgeschichte[26] und rechtfertigten Geschichte als Wissenschaft gerade aus der Aufgabe, »Relevanzüberschüsse«[27] zu erarbeiten. Historiker widersetzten sich also der These, ihre Forschungsergebnisse sollten auch in den aktuellen geschichtspolitischen Kontroversen verwertbar sein.[28]

Wichtiger als der Reflex innenpolitischer Gegensätze war die Kritik an der Modernisierungstheorie, die auf globale politische Veränderungen reagierte. Seit den Siebzigerjahren verstärkte sich der Einfluss der chinesischen Außenpolitik. Zwar bekannten sich die Chinesen ebenfalls zur Modernisierung, erklärten aber nicht das Modell des westlichen Verfassungsstaates zur Norm, sondern betonten die Notwendigkeit unterschiedlicher und jeweilige Traditionen respektierender Entwicklungspfade und fanden damit in Afrika bei den revolutionären und antiwestlich orientierten Führungsschichten großen Widerhall. Denn in den Sechziger- und Siebzigerjahren intensivierte sich eine kritische Auseinandersetzung mit dem »amerikanischen Imperialismus«, der vor allem danach strebe, den Einfluss amerikanischer Politik auf »Entwicklungsländer«, die damals »Dritte Welt« genannt

25 Anselm Doering-Manteuffel: Wie westlich sind die Deutschen? Amerikanisierung und Westernisierung im 20. Jahrhundert, Göttingen 1999.

26 Wichtige Vertreter dieser Politikgeschichte waren Andreas Hillgruber, Klaus Hildebrand, Horst Möller.

27 Vor allem Thomas Nipperdey bekannte sich dazu, dass die Relevanz eines Faches und eines wissenschaftlichen Ansatzes niemals zeitlos und zeitübergreifend bestimmt werden könne.

28 Als etwa der sozialdemokratische Finanzminister Alex Möller den rechten Flügel der CDU-Fraktion mit dem »Stahlhelm« verglich, publizierte der Historiker Imanuel Geiss rasch in der Taschenbuchreihe »rororo-aktuell« einen Sammelband, der Möllers Behauptung stützen sollte.

wurden, zu vergrößern. Historiker reagierten darauf, indem sie den Imperialismus zu einem Schwerpunkt ihrer Forschungen machten. Damit konnten zugleich die deutschen Historiker an die Debatte über die deutsche Kriegsschuld 1914 anknüpfen.

Aus diesem Interesse an sozialen Konflikten, die der Soziologe Ralf Dahrendorf geradezu als Motor gesellschaftlicher Veränderung ausmachte, entwickelten sich neue geschichtswissenschaftliche Paradigmen wie das Konzept der deutschen »Klassengesellschaft im Krieg« oder des »Organisierten Kapitalismus«. Neue Schriftenreihen reflektierten diese kritische Sicht, der heftig widersprochen wurde, als es um die Frage nach der Eigenständigkeit und dem Wert von Politik- gegen Sozialgeschichte ging. Innerhalb der universitären Geschichtswissenschaft bildeten sich Arbeitszusammenhänge, Schulen und wissenschaftliche Koalitionen heraus, die auch die Medien beeinflussten und überdies empfänglich waren für politische Annäherungen an politische Parteien und Verbände.

Das Scheitern des Prager Frühlings im August 1968, der internationale Terrorismus, die Nahost-Kriege und ihre Auswirkungen auf die Versorgung mit Öl verstärkten das Gefühl, mit den Grenzen des Wachstums auch an der Schwelle ganz neuer Gefährdungen der Zivilisation zu stehen. Wertefragen wurden immer wichtiger und kulminierten in der Auseinandersetzung um die Hessischen Rahmenrichtlinien, bei denen es nicht nur um die Integration von Politischer Bildung und Geschichtsunterricht ging, sondern die Beschäftigung mit der Vergangenheit präsentistisch begründet wurde. Geschichte sollte Gegenwart erklären und bewerten helfen. Nur dann galt sie als »relevant«. Hinzu kamen weitere bildungspolitische Konflikte, die allerdings nicht das Konfliktpotential wie die Auseinandersetzung um die Bedeutung der Geschichte im Unterricht hatte, etwa der Streit um das Konzept der Gesamtschule und die Gründung von Gesamthochschulen. Damit wurden Wertkonflikte kulturpessimistisch aufgeladen und zu Auseinandersetzungen, die immer auch eine historische Tiefendimension enthielten. Dabei übersahen die Protagonisten jedoch oft, dass es zunächst einmal um die Bewältigung aktueller Herausforderungen ging.

Insgesamt war in den Siebzigerjahren ein Gefühl der Unsicherheit verbreitet. Der Einmarsch sowjetischer Truppen in Afghanistan, der Sturz des Schah-Regimes im Iran, der Rückzug der amerikanischen Truppen aus Vietnam verstärkten dies. In Polen entstand, zunächst in Danzig, Anfang der Achtzigerjahre mit der Gewerkschaft Solidarność erstmals seit dem Prager Frühling wieder eine starke Oppositionsbewegung, die das Stabilitätsgefühl tangierte. Auch in der Tschechoslowakei hatte sich mit der Charta 77 eine neue Reformbewegung gebildet, die sich unverkennbar auf Menschenrechte und politische Wertvorstellungen eines freiheitlichen Verfassungsstaates berief. Selbst wenn die Erosion des Ostblocks durch die mitteleuropäischen Protest- und Oppositionsbewegungen im Westen begrüßt wurde, so verunsicherten die politischen Protestbewegungen und Massenproteste doch die Regierungen, die den *Status quo* verteidigten, weil er politische Berechenbarkeit versprach, die nicht zuletzt durch »Friedensbewegungen« erschüttert wurde.

Hinzu kam ein grundlegender Wandel im Wirtschaftsleben. Er wurde als Globalisierung bezeichnet und gab Rätsel auf, weil er zunächst mit historischen Entwicklungen wie dem Welthandel verglichen wurde. Doch rasch konnte man erkennen, dass das, was sich mit der neuen Informationstechnologie und der internationalen Arbeitsteilung an globalen Veränderungen ankündigte, mit Kolonisierung oder Imperialismus nicht zu vergleichen war. Spätestens mit dem Öl-Schock der Siebzigerjahre standen die überkommenen Vorstellungen von der unerschütterlichen Vormachtstellung der westlichen Hemisphäre zur Disposition.

Nach 1968 hatten sich zwar viele Wertvorstellungen gewandelt und Umgangsformen verändert – auf die Mentalitäten wirkte sich dies in Form einer zunehmenden Verunsicherung im Verhalten aus. Die seit den Achtzigerjahren spürbaren Wandlungen griffen aber tiefer. Weil dieser Wandel erklärt werden sollte, beschworen manche verunsicherten Zeitgenossen die Zeitverhältnisse als Ursache und belasteten vor allem den Umbruch der Jahre 1968 ff. Besonders lautstark meldeten sich Universitätsprofessoren zu Wort, die seit den frühen Siebzigerjahren auf die Änderungen im Universitätswesen und in der Schulbildung reagierten und eine »Notgemeinschaft« von Hochschullehrern, Gymnasiallehrern und Bildungspolitikern gründeten, die sich entschieden gegen die mit dem »Geist von 1968« identifizierten Konzepte der Hochschul- und Bildungsreform wandten. Mit der Gründung dieser »Notgemeinschaft« markierten schul- und bildungspolitische Kontroversen grundsätzlich unvereinbare Positionen und wurden so zum Ausdruck eines lange nachwirkenden kulturpolitischen Lagerdenkens. Auch andere Gruppen, Kreise, Zirkel bildeten sich, links wie rechts des politischen Spektrums, und forcierten die Politisierung von Schule, Forschung und Lehre. Historiker engagierten sich in diesen Zirkeln und prägten sie bald entscheidend.

Friedensbewegung, Atomdebatten über Kraftwerke und die Auseinandersetzung über atomare Endlager verschärften die heftigen kultur- und bildungspolitischen Konflikte. Manche sahen eine Art von Bürgerkrieg heraufziehen. Erst mit dem Ende des achten Jahrzehnts veränderte sich diese stark zivilisationspessimistische Perspektive und wurde durch einen eher programmatischen Zukunftsoptimismus ersetzt, der sich aber bereits wenige Jahre nach dem Mauerfall – einem Synonym für den Zusammenfall des polaren Blocksystems – durch die Bürgerkriege auf dem Balkan und die Massenmorde und Massenvergewaltigungen in Zentralafrika abschwächte.

Epochale Umbrüche verlangen nach Deutungen. Sie fordern zu einer neuen Ortsbestimmung auf, streben eine Festigung von Identitäten an und lenken den

Blick auf Alternativen zur scheinbaren und höchst beunruhigenden Verflüssigung von Gegenwart. Hatten in den Sechziger- und Siebzigerjahren Sozialwissenschaftler viele Diskussionen dominiert und die Soziologie zu einer Art Leitwissenschaft gemacht, so nahm seit dem Ende der Siebzigerjahre die Bedeutung der Historiker wieder zu. Sie sollten helfen, Zäsuren zu bestimmen und Klarheit über den Charakter der unübersichtlichen Epoche geben, in der die überkommenden Milieus[29] die bis dahin die Lebenswelten so rasch und überzeugend gedeutet hatten, schwanden. Damit sollten gemeinsame Wertvorstellungen und Weltdeutungen erklärt werden. Insofern zielte der Begriffs des Milieus zum einen auf die Lebenswelt der Menschen, die ihr Weltverständnis beeinflusste, zum anderen auf ihre Traditionen und Weltsicht, die durch Bildungstraditionen beeinflusst waren, durch Bildungsreformen aber auch verändert werden konnten.

Publizisten, Politiker und Historiker sehen sich in Umbruchzeiten besonders aufgefordert, das »Bewusstsein der Zeit« auf den Begriff zu bringen. Sie formulieren in ihren Studien gern einprägsame Anfangssätze, die suggerieren, dass sie die von ihnen beschriebene Epoche wirklich im Griff hätten. Arnulf Baring hält Adenauer für den Anfang der deutschen Nachkriegsgeschichte[30], Thomas Nipperdey wiederum beginnt seine Geschichte des 19. Jahrhundert mit der Feststellung: »Am Anfang war Napoleon«[31]. Eberhard Jäckel beschreibt das 20. Jahrhundert schlicht als »ein deutsches Jahrhundert«[32]. Ob die genannten Historiker, alle hoch angesehen, mit diesen Sätzen angemessen die Komplexität des Gewebes bezeichnen, das Geschichte ausmacht, wird man bezweifeln dürfen – zugleich lassen sich derartige Sätze als Herausforderung für die eigene Urteilsbildung nutzen. Denn jedes Ausrufezeichen lässt sich in ein Fragezeichen verwandeln. Den Rest bewirkt der Zeit-

29 Mario Rainer Lepsius: Extremer Nationalismus. Strukturbedingungen vor der nationalsozialistischen Machtergreifung, Stuttgart 1966.
30 Arnulf Baring: Im Anfang war Adenauer. Die Entstehung der Kanzlerdemokratie, München 1982. Baring erhielt in den Siebzigerjahren Gelegenheit, die Geschichte des Regierungswechsels (Machtwechsel – Die Ära Brandt-Scheel, Stuttgart 1982) unter sehr privilegierten Umständen zu schreiben, denn er bekam Zugang zu Akten, die der Forschung damals wegen der allgemeinen Sperrregeln nicht zur Verfügung standen. Anschließend kommentiert er vor allem Zeitfragen und begründete einen neuen Stil historisch-politischer Argumentation. Vgl. ders.: Kanzler, Krisen, Koalitionen, Berlin 2002; ders.: Es lebe die Republik, es lebe Deutschland! Stationen demokratischer Erneuerung 1949–1999, Stuttgart 1999; ders.: Scheitert Deutschland? Der schwierige Abschied von unseren Wunschwelten, Stuttgart 1997.
31 Thomas Nipperdey: Deutsche Geschichte 1866–1918, Band 1: Arbeitswelt und Bürgergeist, München 1990.
32 Eberhard Jäckel: Das deutsches Jahrhundert. Eine historische Bilanz, Frankfurt am Main 1999.

ablauf, denn die Charakterisierungen von Epochen durch Historiker und Politiker unterliegen selbst dem Wandel in der Zeit.

Um- und Neubewertungen von Epochen und Zäsuren mahnen wiederum, historische Zäsuren mit gebotener Zurückhaltung zu definieren. Dem abwägenden Urteil steht dabei jedoch das Bedürfnis einer medial genährten Öffentlichkeit nach einer »steilen These«, die weithin Zustimmung findet, entgegen. Vergessen ist schnell, dass es gerade für Wissenschaftler ein Leben ohne Applaus geben muss, weil die Zustimmung einer Mehrheit und die Richtigkeit oder gar »Wahrheit« nicht immer in Deckung zu bringen sind und zuweilen Lenins Ausspruch richtig ist: »Sage mir, wer dich lobt, und ich sage dir, was du falsch gemacht hast!«

Öffentlich akzeptierte Überzeugungen und Images können sich schnell wandeln – das gilt nicht nur für die Bedeutung der Atomkraft. Kurze Zeit galt der wegen des Umgangs mit seiner Dissertation, einem sehr weitgehenden Plagiat, zurückgetretene ehemalige Verteidigungsminister Karl-Theodor von und zu Guttenberg als kommender Stern am Himmel deutscher Politik. Sein Nimbus schwand rasch. Auch die Einschätzung von Kulturen, Religionen, Gesellschaften kann sich über Nacht ändern. Wurde die Türkei lange Zeit als halb-islamistischer Staat bezeichnet und ihr Beitritt zur Europäischen Union abgelehnt, Griechenland hingegen als eine Wiege der europäischen Demokratie geschätzt, schlug diese Einschätzung in der griechischen Finanzkrise um. Dies zeigt, dass Umbrüche und Zäsuren, zunächst deutlich empfunden, oftmals im Rückblick relativiert werden. Denn weil jedes augenblickliche Urteil situationsbedingt und -abhängig ist, zeigt es die engen Grenzen der menschlichen Wahrnehmung auf. In der Tat gilt der grobe Spruch, dass mit einem Brett vorm Kopf niemand weit zu sehen vermag. Zeitgenossenschaft kann das eigene Urteilsvermögen stark einengen. Goethe etwa schrieb dem Artillerieduell, das bei Valmy 1792 den Vormarsch der alliierten Gegner Frankreichs auf Paris stoppte, welthistorische Bedeutung zu: »Von hier und heute geht eine neue Epoche der Weltgeschichte aus, und ihr könnt sagen, ihr seid dabei gewesen.« Wir wissen, dass weitere entscheidende Schlachten folgten und dass die militärische Bedeutung der Kanonade übertrieben war. 90.000 Soldaten standen sich damals auf beiden Seiten gegenüber, von denen etwa 500, eine geringe Zahl, im Laufe der Kampfhandlungen starben. Was bedeutet dies angesichts des Scheiterns von Napoleon vor Moskau oder der Schlacht von Waterloo, die die Preußen stets die Schlacht bei Belle-Alliance nannten?

Die Einschätzung historischer Umbrüche ist in der Regel auch deshalb eingeschränkt, weil das Urteilsvermögen der Zeitgenossen wegen ihrer Fixierung auf nationale Kriterien der Geschichtsschreibung begrenzt ist. Auch Historiker und Politiker neigen dazu, weltgeschichtliche Veränderungen aus den Perspektiven ihres Erfahrungs- und Lebensraumes zu bewerten, in dem sie sich auskennen. Mit der Internationalisierung der Weltbilder und der Globalisierung[33] verändern sich die Perspektiven allerdings grundlegend.

Vor allem politisch argumentierende Historiker werden dann oftmals schnell zu Strategen der Weltpolitik und nähren den Verdacht, an einem historischen Stammtisch Platz genommen zu haben. Sie orientieren sich dann oft an dem, was ihnen, wie Veröffentlichungen von Schwarz, Stürmer und Baring zeigten, als »nationales Interesse« gilt. Fast unbemerkt entwickelten sich gleichzeitig geschichtswissenschaftliche Ansätze, die weniger auf die »große Politik« als auf die Entstehung von Wertvorstellungen, von Kultur und die alltägliche Lebensbewältigung zielten und von den Vertretern der Politikgeschichte als unpolitisch nicht nur abgelehnt, sondern geradezu bekämpft wurden.[34]

Dabei können politische Perspektiven, die Historiker mit einem weiten, nicht auf das »nationale Interesse« beschränkten Blick eröffnen, sogar auf politische Entwicklungen einwirken. Berühmt wurde das Gespräch, das die britische Premierministerin Magie Thatcher wenige Wochen nach dem Mauerfall und im Vorfeld der deutschen Vereinigung mit Historikern – darunter der von den Nationalsozialisten aus Deutschland vertriebene Fritz Stern – über die britische Haltung zur Vereinigung der beiden deutschen Staaten führte. Hier argumentierten Historiker nicht als Vertreter von Nationalstaaten und Interessen, sondern im Bewusstsein der historischen Bedeutung umstürzender Ereignisse.

Am Ende wird aber oftmals auch der Historiker als Zeitgenosse klüger. Das »kurze 20. Jahrhundert« erwies sich rasch als langlebiger, als 1989 behauptet wurde. Denn zwölf Jahre nach dem Mauerfall, dem Symbol des Zusammenbruchs des Ostblocks, wurde am 11. September 2001 eine neue Zäsur erkennbar, die das angeblich so kurze 20. Jahrhundert dehnte. Weitere sieben Jahre später sahen sich viele durch den Zusammenbruch des Bankensystems mit einer weiteren Zäsur konfrontiert, die zunächst mit der Weltwirtschaftskrise von 1929/31 verglichen wurde und sich dann doch als neue Erfahrung entpuppte.

Ging es 1989 um das angebliche Ende der Geschichte, so wurde im Herbst 2001 deutlich, dass sich die Dramatik des Zusammenbruchs des Blocksystems in der Wahrnehmung der Zeitgenossen noch steigerte. Wenige Jahre später wandelte sich der Rahmen von Wahrnehmungen erneut, denn in der Finanz- und Bankenkrise, die sich 2008 zur Krise des Euro-Raumes auszuweiten drohte, ging es nicht mehr um das Ende der Geschichte, sondern um die Bewältigung der Gegenwart und die Überwindung von Zukunftsängsten, die mit dem Finanzsystem andere Lebens- und

---

33 Vgl. Jürgen Osterhammel: Die Verwandlung der Welt – Eine Geschichte des 19. Jahrhunderts, München 2009.

34 Siehe dazu Alexander Kraus / Birthe Kohtz (Hg.): »Geschichte als Passion« – Über das Entdecken und Erzählen der Vergangenheit. Zehn Gespräche, Frankfurt am Main 2011.

Wirtschaftsbereiche in den Strudel zu ziehen drohten. So wurde drastisch bewusst, dass die vielbeschworene »Herkunft« eines Gemeinwesen, seine Vergangenheit, nicht immer die Zukunft bestimmt, sondern dass die Bewältigung der Gegenwart entscheidend für die Selbstbehauptung in der Zukunft ist. Entsprechend selten waren Stimmen von Historikern[35] in den Krisenjahren 2008 bis 2011 zu vernehmen.

Politischer Spagat in der Geschichtspolitik: Analyse oder Sinnstiftung

Die dramatischen Ereignisse nach dem Zusammenbruch großer Banken und der staatlichen Stützungsaktionen globaler Finanzsysteme machten deutlich, dass wirtschaftliche und soziale Veränderungen mit Eruptionen einhergehen können und sich keineswegs immer allmählich entwickeln. Nur im Alltag entwickeln sich Umbrüche allmählich, nicht selten fast unmerklich, und vollends gilt dies in vergangenen Epochen für die »Beschleunigung der Zeit«, wie Reinhard Koselleck[36] konstatiert hat. Rascher Wandel kann den Historiker überfordern. Oft ist er aber auch nur herausgefordert, weil ihn politische Veränderungen elektrisieren.

Die eigentlichen Revolutionen in der Lebenswelt vollzogen sich seit den Siebzigern zunächst fast unbemerkt, obwohl die Fantasie der Futurologen, der Zukunftsforscher, damals gelegentlich überbordete. Nicht einmal Technikhistoriker konnten in der zweiten Hälfte des 20. Jahrhunderts die Konsequenzen der rasanten Entwicklung des Computers und der Informationstechnologie voraussahen, die das Arbeitsleben umstürzte, das Finanzsystem in ein kaum zu beherrschendes Netzwerk von Unternehmen, Börsen und Währungen verwandelte und bewirkte, dass Naturkatastrophen sich in kürzester Zeit auf weit vom Unglücksort befindliche Produktionen auswirken und die Weltwirtschaft berühren konnten.

Hinzu kam nicht nur bei Historikern, sondern auch bei Politikern und Journalisten oftmals eine nur begrenzte Befähigung zur vergleichenden Deutung oder Wahrnehmung von Problemen. In der Tat ist die Befähigung zum »Transfer« die Kernkompetenz der Komparatistik, die über Epochen- und Kulturgrenzen hinweg vergleichen will. Als sich der Begriff der Globalisierung durchsetzte, erinnerten sich Historiker zunächst an die Entstehung eines Weltmarktes im 17. Jahrhundert oder konzentrierten sich auf die Entdeckungsgeschichten des 16. Jahrhunderts, die

---

35 Eine Ausnahme waren die Versuche von Christoph Buchheim, die Weltwirtschaftskrise von 1929 mit der Finanz- und Bankenkrise von 2007/2008 zu vergleichen. Vgl. ders.: Economic Crises in the Thirties and Today, in: Intereconomics. Review of European Economic Policy 44 (2009), S. 226–230.
36 Reinhard Koselleck: Vergangene Zukunft. Zur Semantik geschichtlicher Zeiten, Frankfurt am Main 1979; ders.: Zeitschichten. Studien zur Historik, Frankfurt am Main 2004.

sie als eine Form früher Globalisierung deuteten. Sie waren in ihrer eigenen beschränkten Wahrnehmung befangen. Die informationstechnologisch ermöglichte Globalisierung rückte erstmals als sekundenschnelle Verbindung zwischen Orten und Ereignissen aufgrund elektronischer Kommunikation vor zwanzig Jahren in den Vordergrund. Seitdem kann jedes Ereignis an irgendeinem Ort des Globus innerhalb von Sekunden – »zeitgleich« oder in »Echtzeit« – an jedem anderen Punkt der Erde Wirkungen entfalten.

Diese Beschleunigung verlangte nach Einordnung und weckte einen zunehmenden Bedarf an Weltdeutung. Journalisten vor Ort wurden zu Berichterstattern von Tages-Ereignissen, ältere Journalisten wie Peter Scholl-Latour zu Kommentatoren der Umbrüche und gleichsam zu den Historikern ihrer Gegenwart. Sie waren überzeugt, dass gegenwärtige Politik durch vergangene Ereignisse und Entwicklungen determiniert blieb und politisches Handeln als »Politikfolgenbewältigung« erklärt werden könne. Das galt für die Internationale Politik ebenso wie für die Innenpolitik und setzte voraus, dass jede Entscheidung historisch dimensioniert wurde.

Dabei ging es um sehr unterschiedliche Bereiche von Politik und Gesellschaft, etwa um den Aufbau zivilgesellschaftlicher Strukturen in demokratisch defizitären Systemen wie Afghanistan oder Irak, um die Bewältigung von Unrecht wie in Südafrika oder Chile, um Vergangenheitsbewältigung nach gravierendem Unrecht wie in Argentinien oder um Korrekturen in sozialen Sicherungssystemen wie in Israel. Immer aber blieb das historisch-politische Urteil von Wertvorstellungen und Prämissen abhängig, die keineswegs alle teilten und deshalb kritisierten, korrigierten oder strikt ablehnten. Reformen rechtfertigten sich als Reparatur von Systemen, zunehmend seltener als Ausdruck bewusster politischer Gestaltung. Es ging um Fehlerbeseitigung und deshalb auch um die Benennung oder Bestrafung derjenigen, denen Fehlentwicklungen angelastet werden konnten. Immer aber berührten Reform- und Korrekturdebatten die Interessen von Menschen und waren deshalb umstritten, wie sich etwa an der Reaktion vieler Griechen und Italiener, aber auch Deutscher auf soziale Einschnitte zeigt.

Vergangenheit zu verstehen, bedeutet offenbar auch einzusehen, dass Geschichte durch Verwerfungen, Antagonismen, Aporien und Ungleichzeitigkeiten gekennzeichnet ist, die auf die Vergangenheit verweisen. Deshalb entzieht sich die Geschichte der eindimensionalen Deutung.

Wirrungen und Irrungen, Holzwege und Fehlschläge kennzeichneten vor allem das 20. Jahrhundert, das durch politische Aufklärung und allgemeine Bildung beste Voraussetzungen für eine humane Orientierung hätte bieten können und doch als ein besonders barbarisches Jahrhundert bezeichnet werden muss. Es endete zwar mit der Festigung des freiheitlichen Verfassungsstaates, blieb aber entscheidend geprägt durch Diktaturen, gegen die sich die westlichen Demokratien behaupten mussten. Auch dieser fundamentale Konflikt zwischen Diktaturen und Demokratien prägte Geschichtsbilder, und dies umso mehr, je unausweichlicher postdiktatorische Gesellschaften die Konsequenzen der diktatorischen Regimes zu tragen hatten.

Weil die Geschichte des 20. Jahrhunderts nicht gradlinig verlief, sondern durch viele schwerwiegende zivilisatorische Rückschlage gekennzeichnet war, kam den Historikern nach Systemumbrüchen eine neue Aufgabe zu. Sie hatten den politischen Prozess der Vergangenheitsbewältigung zu flankieren, der nach politischen Systemwechseln einsetzte und sich regelmäßig als ambivalente Herausforderung postdiktatorischer Politik darstellte. Denn die demoskopisch manifestierte öffentliche Meinung forderte in der Regel einen Schlussstrich oder eine Amnestie. Dennoch ist eine die Korrektur der staatlich verantworteten Verbrechen durch Wiedergutmachung und Restitution, um Aufarbeitung, Bestrafung und Bewährung unausweichlich.

Politiker können sich diesen Bestrebungen nicht leicht entziehen. Denn sie haben auf Stimmungen und Erwartungen Rücksicht zu nehmen. Die Vergangenheit wird vielfach von denen, die in Diktaturen politisch-moralisch versagt haben, verklärt. Sie wollen ihr Fehlverhalten entschuldigen. Zugleich macht sich ein Gefühl der Desorientierung bei denen breit, die weniger exponiert die Diktatur überstanden haben. Bisherige Geschichtsbilder, die diktatorische Systeme propagierten, werden in postdiktatorischen Zeitläufen fraglich und müssen durch andere ersetzt werden. Daraus wird oftmals sogar ein neuer Bildungsauftrag für den Geschichtsunterricht abgeleitet, der diesen prägt, aber auch neue Schulfächer wie die Gemeinschaftskunde hervorbrachte, die Bildungspolitiker bereits in den Fünfzigerjahren als Ergebnis der Integration von Geschichts- und Erdkundeunterricht mit der Gemeinschaftskunde etablierten. Lehrpläne werden nicht selten als Reaktion auf angebliche Fehlentwickelungen des Geschichtsunterrichts formuliert und deuteten mit den Unterrichtszielen häufig die Vergangenheit.[37]

Politisch initiierte und Sachverhalte festlegende Deutungen der Vergangenheit müssten eigentlich den heftigen Widerspruch von Historikern hervorrufen. Nach postdiktatorischen Umbrüchen halten sich Historiker, die sich auf das vergangene System eingelassen haben, allerdings oft zurück. Sie fühlen sich ideologisch belastet und neigen dazu, sich den neuen Tendenzen anzupassen. Sie orientieren sich um und nehmen viele Fragestellungen und Interpretationen »der neuen Zeit« auf.

---

37 Dies gilt etwa für Kultusminister-Empfehlungen zur Geschichte, zum Widerstand oder zur Behandlung der NS-Zeit und die Forderung, auch die Kenntnis der DDR-Geschichte zu vermitteln.

Diese schlagen sich vor allem in neuen Schulbüchern und Lehrplänen für das Fach Geschichte nieder, werden aber nicht zuletzt auch durch Befragungen beeinflusst, in denen Defizite in den Geschichtskenntnissen festgestellt werden. Das betraf die NS-Zeit ebenso wie die Geschichte der DDR.

Lehrpläne sind immer ein Politikum. Sie bestimmen die Unterrichtsthemen selbst, legen also nicht nur fest, wie ein Thema didaktisch behandelt werden soll. Seit den Siebzigerjahren wurden die Auseinandersetzungen um die Lehrpläne erstmals als gesellschaftliche Konflikte ausgetragen. Der Streit um die Hessischen Rahmenrichtlinien steigerte sich zu einem erbittert geführten Kulturgefecht, das allerdings – und das war ein von vielen provozierter Effekt – dem Schulfach Geschichte neue Aufmerksamkeit bescherte. In den Auseinandersetzungen ging es auf der einen Seite um die Pragmatik des Unterrichts, auf der anderen aber um weltanschauliche und politische Prägungen des Unterrichtsfaches.

Historiker verteidigten die Eigenständigkeit des Schulfachs Geschichte und lehnten zugleich manche der politisch-kulturellen Zielvorgaben für den Unterricht ab. Sie fanden Unterstützung auf Seiten der hessischen CDU, die sich in der Opposition befand und der sozialdemokratischen Parole »Hessen vorn« endlich etwas entgegensetzen konnte[38]. Durch die Kooperation zwischen der CDU und einigen Historikern, die in den Rahmenrichtlinien den Niederschlag einer Art hessischer Kulturrevolution erblickten, ergaben sich neue Verbindungen zwischen Historikern und konservativen Politikern, die in den hessischen Rahmenrichtlinien zur Gesellschaftslehre die Erosion überkommener Wertvorstellungen ausmachten.

Als Förderer der Gesellschaftslehre galt die SPD, als Kritiker der neuen Unterrichtsmaterialien die hessische CDU – diese mobilisierte die Elternschaft und steigerte den Konflikt zum Kulturstreit, der sich schließlich gegen die »Achtundsechziger« und ihre Einflüsse richtete. So hatten viele Beteiligte den Eindruck, eine Art *roll back* zu befördern – oder zu verhindern. Deshalb schaltete sich auch jene Interessengruppe von Hochschullehrern ein, die mit dem »Bund Freiheit der Wissenschaft« den Konflikt um die Gesellschaftslehre mit dem Kampf gegen Universitätsreformen verband. Historiker wurden wiederum zu Parteigängern und arbeiteten konservativen Politiker sehr bereitwillig zu, wenn sie zu bildungspolitischen Stellungnahmen aufgefordert wurden.

Der hessische Konflikt endete mit der Festigung der Stellung des Schulfaches Geschichte. Dennoch wandelte es sich im Zuge der kulturellen Auseinandersetzungen. Denn eine Bewegung von »Hobby- und Barfuß-Historikern«, die sich zur eine Bewegung »Werkstatt Geschichte« formiert und die Aufforderung »Grabe, wo

---

38 Vgl. Jakob Schissler: Der Mythos ›Hessen vorn‹: Eine moderne Wissensgesellschaft mit eigenem Staatsziel und Symbolen, in: Hans-Georg Wehling (Hg.), Regionale politische Kultur, Stuttgart 1985, S. 166 ff.

du stehst!« formuliert hatten, folgte zugleich dem von Adorno und Horkheimer vorbereiteten Wahlspruch der studentisches Linken, das Private sei politisch.

Die Interessen mancher Historiker richteten sich nun zunehmend auf Themen, die bis dahin als unpolitisch, marginal, ja abseitig gegolten hatten. Auch diese Verlagerung klassischer Interessen hatte gravierende Folgen. Zum einen verband sich die Interpretation der Geschichte wieder viel stärker mit der Philosophie, insbesondere mit der politisch umstrittenen »Frankfurter Schule«. Zum anderen wuchs nun das Interesse an Lebensformen, an Kulturgeschichte und am Alltag. Damit wurde die Verbindung der Geschichte zu einem weiteren politisch sensiblen Fach, der Ethnologie, gefestigt: Familien-, Frauen-, Kindheits-, Sexual- und Generationsgeschichte prägten immer offensichtlicher die geschichtswissenschaftlichen Fragestellungen und verstärkten eine Politisierung der Fragen wie Deutungen – diesmal allerdings als Ausdruck des Kampfes gegen die Politik.

In vielen Städten und Orten entstanden lokale Geschichtswerkstätten und erforschten die Orts- und Landesgeschichte zunächst vor allem mit Blick auf die NS-Zeit, die Ausgrenzung und Deportation der Juden und die Aneignung ihres Besitzes im Zuge der Arisierung oder der amtlich angesetzten Versteigerungen jüdischen Besitzes. Die aufblühende und nicht selten von etablierten Fachvertretern[39] bekämpfte, oft heftig und polemisch abgelehnte Alltags-, Regional- und Geschlechtergeschichte beeinflusste auf lange Sicht das »klassische« Universitätsfach Geschichte[40], das bis dahin in Epochen und wenige Bindestrichdisziplinen wie Zeit-, Technik-, Sozial-, Wirtschafts- und Kunstgeschichte differenziert wurde.

Mit der Regionalgeschichte erwachte das Interesse an der Erforschung geschichtlich verstandener, also im Zeitverlauf entstandener Identitäten. Dies bot die Möglichkeit, die Politikwissenschaft über die Erforschung politischer Kulturen mit der Geschichte zu verbinden. Auch die Geschichte der Arbeiterbewegung fand im Zusammenhang mit der Industrialisierungs- und Verfassungsgeschichte größere Aufmerksamkeit und bereitete den Weg für eine politische Sozialgeschichte vor. *Oral History* betonte die Bedeutung von Zeitzeugen und lenkte den Blick auf Leiden und Wahrnehmungen sowie auf die Mentalitätsgeschichte. Eine neue Sicht auf angebliche Krisen des Bewusstseins und der politischen Wahrnehmung waren die Folgen und verlangten nach Deutungen, die sich oftmals auf die Gegenwart

39 Besonders vehement wandte sich Hans-Ulrich Wehler gegen die theoriefeindlichen und angeblich gefühligen neuen Ansätze und bekam heftigen Widerspruch von Historikern wie Alf Lüdtke und Hans Medick. Vgl. A. Lüdtke: Alltagsgeschichte. Zur Rekonstruktion historischer Erfahrungen und Lebensweisen, Frankfurt am Main 1989.

40 Dabei ging es um Wandlungen, die als »turn« bezeichnet wurden und sich auf Bilder (iconic), die sprachliche Verarbeitung von Wirklichkeit (linguistic) oder durch Wahrnehmungsbedingungen kultureller Art (cultural) bezogen.

bezogen und belegten, dass gerade diese häufig der eigentliche Schlüssel zum Verständnis der Vergangenheit blieb.

Mit der Sozialgeschichte öffnete sich die Geschichtswissenschaft für sozial- und wirtschaftsgeschichtliche Fragestellungen. Historiker erforschten zunehmend die Umstände sozialer Mobilität, die Bedingungen von sozialer Gleichheit und individuellen Aufstiegschancen. Sie leiteten ihre Fragestellungen aus Gegenwartsproblemen ab, erkundeten Entwicklungspfade von Gesellschaften und politische Spielräume. So blühte die vergleichende Geschichtswissenschaft auf, die bis dahin unter Berufung auf das Individualitäts- und Singularitätsprinzip des Historismus orientiert war. Im Zuge dessen übernahmen moderne Historiker wie Hans-Ulrich Wehler und Jürgen Kocka Kategorien, Konzepte und Fragestellungen vor allem von den Sozialwissenschaften. Bildungsexpansion, Mobilität und soziale Schichtung verlangten von den Historikern, Lebensverhältnisse und Lebenschancen zu erforschen und zu bewerten, also Ungleichheit, Machtverteilung, Herrschaftsdisparitäten zum Thema ihrer Forschungen zu machen und geradezu unvermeidlich auch politisch brisante Deutungskonzepte aufzunehmen, die mit aktuellen politischen Kontroversen verbunden werden konnten und diesen sogar eine historische Tiefendimension erschlossen.

In der Wahrnehmung der Kritiker dieser geschichtswissenschaftlichen Veränderungen resultierten die neuen Fragestellungen und Forschungsgegenstände aus einer gerade in den »Post-Achtundsechziger Zeiten« brisanten Verbindung von »Bielefelder« und »Frankfurter Schule« und schlugen sich in publizistischen Positionierungen nieder: Die Wochenzeitung »Die Zeit« gab der neuen Richtung Raum, die »Frankfurter Allgemeine« positionierte sich dezidiert gegen die Bielefelder Schule. Geschichte war mit ihren methodischen Differenzierungen in den Feuilletons angekommen. Vor allem der für das Feuilleton verantwortliche FAZ-Herausgeber Joachim C. Fest forderte eine erzählende (»narrative«) Geschichte und wandte sich dezidiert gegen die angeblich soziologische »Strukturgeschichte«.

Unterstützt wurde er durch den neu gegründeten Siedler-Verlag, der sich insbesondere der Geschichtserzählung verschrieb und eine mehrbändige »Geschichte der deutschen Nation« und »Geschichte der Deutschen im Osten« initiierte. Wolf Jobst Siedler war selbst ein glänzender politischer und historischer Autor und führte Publizisten, Historiker und Politiker in seinem Verlagsprogramm zusammen. Er initiierte eine neue, dezidiert geschichtspolitische Reihe, die »*corso*« genannt wurde und Akzente in der geschichtspolitischen Diskussion über die »deutsche Nation« setzen sollte.

Die Betrachtung von Entwicklungsmustern von Gesellschaften zeigt, dass diese nicht selten durch »Entwicklungspfade« festgelegt schienen. Man sprach von »Pfadabhängigkeit« und suggerierte eine Art historischer Alternativlosigkeit.

Zugleich wurde der Blick in der vergleichenden Geschichtswissenschaft auf angebliche »Nationaleigenschaften« und Identitäten gelenkt. So wurden in der Forschung nationale Unterschiede erörtert und zugleich nach Gemeinsamkeiten gesucht[41]. Es erschienen neue Gesamtdarstellungen zur historischen Entwicklung, häufig in nationalgeschichtlicher Perspektive, vereinzelt aber auch mit dem Blick auf das sich wandelnde Europa, das seinen ursprünglichen Kern durch den Beitritt weiterer Staaten zur Europäischen Gemeinschaft und schließlich zur Europäischen Union rasch ausweitete. Abgrenzungen von Milieus, Gesellschaften, Kulturen berühren immer die Frage:»Wer gehört noch, wer schon nicht mehr zu der Gemeinschaft, der eine gemeinsame Identität zugeschrieben wird?« Sprach man früher von National-, so heute oftmals von Leitkultur. Dieser Begriff wird sehr oft durch historische und politisch-kulturelle Dimensionen gefüllt, die wiederum dazu beitragen, dass mit jeder Debatte über die Leitkultur auch eine Vorstellung von angeblich historisch gewachsener Identität verbunden ist.

So wurde die leitkulturell gedeutete Vergangenheit schließlich auf einer neuen Ebene zum Politikum, weil Interpretationen der Welt,»aus der wir kamen«, von politischen Wertvorstellungen abhängig blieben. Deshalb musste jeder Versuch einer historischen Sinngebung Widerspruch hervorrufen, zumindest Zweifel wecken. Der Philosoph und Publizist Theodor Lessing sah bereits in den Dreißigerjahren des 20. Jahrhunderts in diesen historischen Deutungsversuchen niemals mehr als die »Sinngebung des Sinnlosen«.

In der Frage nach Prägungen, Wertmustern, Erfahrungs- und Wahrnehmungszusammenhängen verbindet sich die Vorstellung von historisch gewachsener politischer Kultur mit der Mentalitätsgeschichte. Ihr geht es um Wahrnehmungen und Empfindungen, um die Verarbeitung von Wirklichkeiten, Erlebnissen, Leiden, Abgrenzungen und Erfahrungen. Politiker versuchen bei Gedenkveranstaltungen, diese Empfindungen nicht nur anzusprechen, sondern auch zu nutzen. Sie müssen bei Vertriebenentreffen oder Verfolgtentreffen, bei der Befreiung der Konzentrationslager oder anlässlich von Jahrestages oder nationalen Gedenktagen eine Art von Gleichstimmung der Gefühle und Bewertungen der Ereignisse erreichen, ob es sich um das Novemberpogrom von 1938 oder den Mauerfall 1989, um die Befreiung der Häftlinge aus Konzentrationslagern, um das Kriegsende oder den Widerstand handelt.

Neben den Gedenkreden steht Politikern mit historischen Ausstellungen ein weiteres publikumsrelevantes Medium zur Verfügung. Sie werden von der öffentlichen Hand finanziert und sollen in der Regel der Festigung regionaler Identitäten dienen, selbst dann, wenn es um Ausstellungen zur mittelalterlichen Geschichte,

---

41 Hartmut Kaelble: Sozialgeschichte Europas: 1945 bis zur Gegenwart, München 2007.

um Ottonen (Sachsen-Anhalt), um Salier (Rheinland-Pfalz), um Staufer (Baden-Württemberg), Welfen (Niedersachsen), Wettiner (Sachsen) oder die Hohenzollern (Preußen/Berlin-Brandenburg) geht. Vor allem die westdeutschen Bundesländer mussten als überwiegend neue Gebilde im Laufe der Jahrzehnte mental geradezu neu geschaffen werden, wurden sie doch aus älteren Ländern und preußischen Teilprovinzen erst nach 1945 als Bindestrich-Länder zusammengesetzt.

Die nach dem Mauerfall auf dem Gebiet der DDR neu geschaffenen Länder bedeuteten vor allem die bewusste Rückkehr zu landesgeschichtlichen Traditionen, die 1952 mit der Auflösung der fünf Länder im Zuge der Bildung von sechzehn Bezirken zerstört werden sollte. Ihre Neugründung war zugleich ein Zeichen der Opposition, der Abwendung von der DDR als einem zentralistischen Staat und ein Bekenntnis zum deutschen Föderalismus.

Indem Politiker Erfahrungen und Stimmungen »der Menschen« aufnehmen, respektieren sie nicht nur vielfältige Geschichtsbilder, sondern knüpfen an politisch nutzbare Wahrnehmungsweisen und Milieus an. Unterschiedliche historische Ereignisse spiegeln dabei eine schwer auf den Begriff zu bringende Vielfalt von Erinnerungsbezügen und Erfahrungen. Dies bietet andererseits Politikern die Möglichkeit, die Vielfalt von Erinnerungen nebeneinander zu stellen, die Gleichzeitigkeit des Vielfältigen in das Bewusstsein der Zeitgenossen zu rücken und zu versuchen, vielschichtige Lebensgeschichten zu integrieren. Besonders spürbar haben sich diese kaum auf einen Begriff zu bringenden Erinnerungsbezüge in der viel beachteten Rede zum 40. Jahrestag des Kriegsendes niedergeschlagen, mit der Richard von Weizsäcker als Bundespräsident eine neue Form der Annäherung an Zeit-, Lebens- und Politikgeschichte gefunden hat.

Vielschichtigkeit der Erinnerungen

Die Präsentation der Gleichzeitigkeit des unterschiedlich Erinnerten könnte eine Haltung bestärken, die häufig als Relativismus und Skeptizismus bezeichnet wird. Mit jedem historischen Ereignis werden in einer individualisierten Gesellschaft vielfältige Erfahrungen und Erinnerungen verbunden – Täter und Opfer, Unterdrücker und Unterdrückte, Leidtragende und Davongekommene stehen nebeneinander und erinnern Geschichte nicht nur auf ihre ganz persönliche Weise, sondern wollen sie vielfach öffentlich auf ihre Weise gedeutet sehen, wollen ihre ganz persönlichen Erfahrungen wiedererkennen. Dabei verändert sich das Erlebte »im Laufe der Zeit durch den Vorgang des Erzählens«. Geschichte kann dann »eine bestimmte Form, fast den Charakter eines Märchens (annehmen)«. Die Rückblicke runden Geschichte ab und münden nicht selten »in die Lobpreisung des eigenen Heldentums«. Unversehens entstehen »stereotype Geschichten«, die misstrauisch machen sollten.[42]

Wegen der Gleichzeitigkeit des Ungleichzeitigen und der Vielschichtigkeit des Geschehenen muss die Geschichte des 20. Jahrhunderts unausweichlich immer vielfältige und widersprüchliche Assoziationen auslösen. Sie lässt sich niemals auf einen »roten Faden« reduzieren, denn dies würde bedeuten, sie als ein fast verbindliches Sinn-Konstrukt zu verstehen.

Für den Politiker, der in einer öffentlichen Rede die Geschichte deutet, heißt dies, sich einem geradezu unauflöslichen Widerspruch zu stellen, den die Wahrnehmung von Geschichte(n) in einer pluralistischen Gesellschaft unweigerlich nach sich zieht: Kein Redner und kein Politiker kann alle Stimmungen abdecken und alle Erfahrungen spiegeln, die Menschen mit einem Ereignis verbinden. Wie schwer dies ist, hat der griechische Zeithistoriker Thukydides in der von ihm überlieferten ersten Toten-Rede des Perikles zum Ausdruck gebracht:

»Es ist nämlich schwer, das rechte Maß der Rede zu treffen, wo man auch die Vorstellungen, die jeder sich von der Wahrheit macht, kaum bestätigen kann: denn der wohlwollende Hörer, der dabei war, wird leicht finden, die Darstellung bliebe hinter seinem Wunsch und Wissen zurück, und der unkundige, es sei doch manches übertrieben, aus Neid, wenn er von Dingen hört, die seine Kraft übersteigen. Denn so weit ist das Lob erträglich, das andern gespendet wird, als jeder sich fähig dünkt, wie er's gehört hat, auch zu handeln; was darüber hinausgeht, wird aus Neid auch nicht mehr geglaubt.«[43]

Perikles' Eindruck lässt sich auch auf Erinnerungs- und Gedenkreden in der pluralistischen Demokratie übertragen, in der Geschichte immer umstritten bleibt, allein, weil sie so vielfältig ist. Was in der Öffentlichkeit aber als umstritten gilt, entfaltet Nebenwirkungen, schlägt sich in Diskussionen, Korrekturen oder Protesten nieder und beeinflusst die kommunikative Ausformung politischer Kultur. Nichts spiegelt dies so deutlich wie die Leserbriefseiten der Zeitungen.

Werte, die die politische Kultur prägen, sind so wenig statisch wie die Grundüberzeugungen und Wertvorstellungen, die diese Kultur prägen. Sie werden immer in Auseinandersetzungen entwickelt, machen Abgrenzungen deutlich, spiegeln Minderwertigkeitsgefühle oder Überheblichkeiten und müssen sich vor allem in Deutungskonflikten durchsetzen. Sie können sich durch Argumente verändern, spiegeln Lebenseinstellungen und speisen sich aus Zukunftsentwürfen, sie rufen Erfahrungen vor das Auge und beeinflussen Weltsicht, Weltverständnis und Weltdeutungen. Vor allem aber beeinflussen Wertkonflikte die Einschätzung des Staates durch seine Bürger und das bürgerschaftliche Vertrauensverhältnis untereinander.

---

42 Éva Fahidi: Die Seele der Dinge, Berlin 2011, S. 18.
43 Thykidides: Geschichte des Peleponnesischen Krieges, II 35.

In Wertvorstellungen, die das politische Zusammenleben sichern, wollen Zeitgenossen vielfach die Grundlagen des gesellschaftlichen Zusammenhaltes sehen. Deshalb sind sie bereit, diese Werte vehement zu verteidigen und entschieden zu beschwören. Schlüssig begründen lassen sie sich nicht, sondern in der Regel nur plausibel machen, indem sie durch den Rückgriff auf zeitgeschichtliche Erfahrungen und die Geschichte verständlich gemacht und illustriert werden.

Werte beschwören aber nicht nur Gemeinsamkeiten. Sie sollen auch Grenzen im Miteinander markieren und Verpflichtungen fixieren. Damit ermöglichen sie die Ausgrenzung derjenigen, die »gemeinsame Werte« – tatsächlich oder angeblich – nicht teilen. Die Beschwörung von Werten ist somit geeignet, Politikern besonders wichtige Auseinandersetzungen um Wertbegriffe und Wertmaßstäbe zu erleichtern. Dabei geht es in der Regel nicht, wie so oft in der Politik, um unmittelbare materielle Interessen, sondern der Streit über Werte lässt sich als Chance nutzen, Bürger im Kampf um die parteipolitisch so wichtige kulturelle Hegemonie (A. Gramsci) zu beeinflussen. Verkürzungen der Argumentation bleiben gerade wegen der unvermeidlichen Reduzierung von an sich komplexen historischen Bezügen nicht aus.

Der Streit um historisch begründete Werte berührt immaterielle Anliegen und hat einen bemerkenswerten Vorteil gegenüber den landläufigen Verteilungskonflikten: Er erregt die Öffentlichkeit, beflügelt Diskussionen, beschäftigt Talkshows, beeinflusst das Meinungsklima und prägt nicht zuletzt auch das Feuilleton. Aber er verursacht keine finanziellen Kosten. Symbolkonflikte berühren Sachentscheidungen nur am Rande und eigentlich nur dann, wenn es um Museen, Ausstellungen, Gedenkstätten geht. Mit vergleichsweise geringem Aufwand erzielen geschichtspolitische Kontrahenten also bei minimalem finanziellen Aufwand eine große Aufmerksamkeit in der Öffentlichkeit.

»Politikfeld« Geschichte

Manchem Kontrahenten in geschichtspolitischen Auseinandersetzungen ist bewusst, dass es beim Streit um Geschichte und Politik niemals um die Existenz geht. Das Ziel des Disputs ist die Formung, zumindest die Beeinflussung eines neuen »Politikfeldes«, das seit der Mitte der Achtzigerjahre, seit dem »Historikerstreit« und der Debatte über die von Helmut Kohl in seiner Regierungserklärung von 1982 proklamierten »geistig-moralischen Herausforderung«[44] mit einem neuen

---

44 Bereits 1980 hatte Kohl im Wahlkampf die geistig-moralische Wende gefordert und sich damit vom angeblichen Zeitgeist absetzen wollen. Jahre zuvor hatten Berater empfohlen, man müsse versuchen, Begriffe zu besetzen und so die Deutung politischer Ziele und Erfahrungen beeinflussen.

Begriff belegt wird: Geschichtspolitik. Bestimmend für eine Politik, die auf die Herkunft zielt, waren nicht mehr die politischen Zwänge, die aus der Vergangenheit resultierten und oftmals als Last der Nachlebenden und als »historische Hypothek« gedeutet wurden, sondern die Beschwörung von historisch gewachsener Identität, von Herkunft und Zukunft und von ihrer Klammer – dem Geschichtsbewusstsein.

Aus der Vorstellung einer historischen Last und Hypothek, die sich gerade in der jüngsten Geschichte niederschlüge, waren Vergangenheitsbewältigung, »Aufarbeitung der Vergangenheit« und der Gedanke der Wiedergutmachung erwachsen. Die Frage, wie sich das »Erbe« der Vergangenheit als Hypothek tragen lasse, war als Konflikt um die Vergangenheit stets umkämpft gewesen, sie hat Interessengruppen mobilisiert und wurde deshalb in einer sehr einflussreichen Studie als »Vergangenheitspolitik«[45] bezeichnet. Das Kennzeichen dieser Hypothek war, dass die Generation jener, die in der Weimarer Zeit geboren worden waren, die Konsolidierung des NS-Staates in den Jahren der Machtergreifung und Gleichschaltung trugen sowie später in den Weltkrieg verstrickt waren und in der Nachkriegszeit die Praxis der Kriegsfolgen-Bewältigung beeinflussten. Damals war Vergangenheitspolitik noch materiell geprägte Interessen- und Klientelpolitik. Dies verlor sich allerdings zunehmend mehr von Jahrzehnt zu Jahrzehnt. Es ging nicht um Täter oder Opfer, sondern um die Berücksichtigung der Ansprüche und Erwartungen beider Gruppen. Ein Kennzeichen dieser Zeit war deshalb eher das »Beschweigen« (Gesine Schwan) der Schuld als das Bekenntnis zur Verantwortung für Versagen, Verstrickung und Verbrechen.[46]

Mit der Entstehung einer *diskursiv vermittelten,* sich in Reden, Talkshows und in Feuilleton niederschlagenden neuen Geschichtspolitik bot sich seit den Achtzigerjahren eine neue Möglichkeit, öffentliche Diskussionen über die Vergangenheit zu führen und demoskopisch relevante Stimmungen zu beeinflussen. Denn jede Debatte über historische Perspektiven und Themen forderte zugleich auf, Stellung zur bis dahin geübten Deutung der Geschichte zu beziehen, Korrekturen vorzunehmen und zu erkämpfen, schließlich auch Distanzen zu schaffen oder eine gesellschaftlich breitere Distanzierung gegenüber bestimmten Aspekten der Vergangenheit zu fördern.

Angesichts der sich vielfach stellenden realen sozialen und kulturellen Probleme – Arbeitslosigkeit, Unterfinanzierung des Bildungssystems, Krise der Versicherungssysteme – mutete die Leidenschaft, mit der historische Kontroversen ausgetragen wurden, zuweilen makaber an. Herausforderungen einer »Daseins-

---

45 Norbert Frei: Vergangenheitspolitik. Die Anfänge der Bundesrepublik und die NS-Vergangenheit, München 1992.
46 Hermann Lübbe: Der Nationalsozialismus im deutschen Nachkriegsbewusstsein, in: Historische Zeitschrift 236 (1986), S. 579–599.

bewältigung« in der Gegenwart sowie der Zukunftsgestaltung werden niemals mit dem Blick zurück gemeistert. Herkunft ist niemals Zukunft, allen Sonntagsreden zum Trotz. Eher geht es bei einer politisch motivierten Interpretation der Vergangenheit um die Rechtfertigung einer mehr oder minder visionären oder gar utopischen Zukunftsgestaltung, die sich durch historische Argumente nur absichern kann.

»Das Leben wird rückwärts verstanden, aber vorwärts gelebt« – so lässt sich ein Satz Kierkegaards[47] abwandeln. Dieser Satz mutet auf den ersten Blick unhistorisch, fast geschichtsfeindlich an. Er macht deutlich, was auch der französische Außenminister Aristide Briand angesichts der heftigen französischen Widerstände gegen seine Politik der Annäherung an Deutschland und sein Vertrauensverhältnis zum deutschen Außenminister Gustav Stresemann Mitte der Zwanzigerjahre bei manchen seiner Landsleute hervorrief: »Wenn nur die Leute nicht alle so geschichtlich dächten! Sie leben immer halb auf dem Friedhof.«[48] In der Tat wirkt kaum etwas so emotionalisierend wie eine geschichtspolitische Auseinandersetzung. Das zeigte sich nicht zuletzt nach dem Ende diktatorischer Systeme, die sich immer auf ein besonderes »historisches Recht« beriefen und deshalb ihre Anhänger und Mitläufer, die den Umbruch nicht nur überlebten, sondern auch die vorangegangenen Zeiten innerlich zu bewältigen hatten, herausforderten. Dies prägte besonders eine neue geschichtliche Bindestrich-Disziplin, die Zeitgeschichte.

Zeitgeschichte als die »Geschichte der lebenden Generationen« (Hans Rothfels) blieb immer durch die Notwendigkeit bestimmt, vergangene Ereignisse und Entscheidungen gedanklich nachträglich im Disput zu bewältigen. Zu behaupten, jede politische Generation schreibe ihre Geschichte neu, bedeutete zugleich auch anzuerkennen, dass Geschichtsbilder in gesellschaftlichen, kulturellen und politischen Konflikten durchgesetzt werden.

Besonders deutlich wurde dies nach dem Zusammenbruch diktatorischer Systeme, die sich selbst zu legitimieren und ihre Anhänger auf politisch-religiös anmutende weltgeschichtliche revolutionäre Theorien über den Rassen- und Klassenkampf, über Volksgemeinschaft und Menschheitsbefreiung einzuschwören versuchten. Ihrer Geschichtspropaganda wegen galten Geschichtswissenschaft und Geschichtsunterricht nach der Überwindung von Diktaturen als ideologisch besonders belastet und moralisch diskreditiert. Es galten nun geänderte geschichtsphilosophische Bewertungsmaßstäbe. Das Denken über die Geschichte bezog sich auf zum Teil neue geschichtliche Kategorien. Diese Wendung verstärkte zunächst

---

47 Das Leben kann nur in der Schau nach rückwärts verstanden, aber nur in der Schau nach vorwärts gelebt werden.

48 Zitiert nach Emil Ludwig: Führer Europas. Nach der Natur gezeichnet, Amsterdam 1934.

das Misstrauen gegenüber Rechtfertigungen politischer Macht, die sich geschichtsphilosophisch überhöhen und auf einen angeblichen Auftrag der Geschichte berufen. Ehemaligen Geschichtspropagandisten nahm man ihre Lehrstühle weg, Schulbücher wurden eingezogen und ersetzt. Bald aber kehrten manche der Historiker, die ihrer Lehrstühle »beraubt« worden waren, mehr oder minder gewandelt zurück.

Politisch folgenreicher waren geschichtspolitische Auseinandersetzungen, die in die moralische Diskreditierung derjenigen mündeten, die das Ende diktatorischer Systeme nicht vorausgesehen oder gar die menschenrechtswidrigen Übergriffe der Diktatoren hingenommen hatten. Das konnte man als geschichtspolitischen Grundzug der Jahre nach 1989 viel stärker ausmachen als nach 1945. Unübersehbar waren dabei tagespolitische Überlegungen, nicht aber die grundsätzliche Frage nach Voraussetzungen und Begleitumständen, nach Folgen und Nachwirkungen diktatorischer Herrschaft und ihrer Auswirkungen auf das Geschichtsverständnis. So war der Bruch, den das Ende der DDR auch wissenschaftlich bedeutete, vor allem in den weltanschaulichen Fächern zu spüren, zu denen auch die Geschichtswissenschaft gehörte. Auf Lehrstühle wurden nur wenige der Historiker berufen, die schon vor 1989 an den ostdeutschen Universitäten unterrichtet hatten.

Diktatoren, die eine »neue Gesellschaft« mit »neuen Menschen« proklamiert und den Aufbruch in ein Reich der Freiheit und Gleichheit versprochen hatten, wurden nach dem Umbruch mit ihren Gefolgsleuten angeklagt, weil sie die Zerstörung überkommener Strukturen, Milieus und Werte gerechtfertigt oder vorangetrieben hatten. Gewiss sind nach postdiktatorischen Umbrüchen auch »politische Säuberungen« üblich[49]. Im Hinblick auf die Geschichte, ihre Lehre in Schulen und an Universitäten wurde aber oft vergessen, dass der Historiker weder Weltgericht noch Staatsanwalt ist, sondern dass ihn die Suche nach dem Verständnis und nach der Erklärung des Geschehens antreiben muss.

Was also bewog Historiker, aus politischen Gründen Positionen zu vertreten, die sie im Rückblick selbstkritisch als Geschichtspropaganda bezeichnet hatten? Nur wenige erhielten Gelegenheit, die Umstände ihrer Arbeit nachträglich zu deuten und zu bewerten.[50] Viele sahen sich vor die Schranken gefordert, fühlten sich ausgegrenzt und verkannt. Vielleicht wäre es besser gewesen, dass diejenigen, die sich öffentlich ein Urteil anmaßten, die Aufgabe und Motivation eines Historikers bedacht hätten – als Ermittler tätig zu sein und zugleich dem zu folgen, was der

---

49 Klaus-Dietmar Henke u. a. (Hg.): Politische Säuberung in Europa. Die Abrechnung mit Faschismus und Kollaboration nach dem Zweiten Weltkrieg, München 1991.

50 Besonders eindrucksvoll sind in dieser Hinsicht die Erinnerungen des Historikers Fritz Klein: Drinnen und draußen, Frankfurt am Main 2000.

französische Historiker Marc Bloch[51] seiner Zunft ins Stammbuch geschrieben hat: »Verstehen!«

Auseinandersetzungen um die Deutung der Zeitgeschichte sind nach dem postdiktatorischen Umbruch unvermeidlich. Schuldige müssen betraft, Unrecht bereinigt, Voraussetzungen für Erinnerung und Gedenken geschaffen werden. Haben nach 1945 die Siegermächte die Umstände dieser Auseinandersetzung entscheidend geprägt und mit den Nürnberger Prozessen gegen die Hauptkriegsverbrecher sowie den Nachfolgeprozessen entscheidende Weichen zeitgeschichtlicher Forschung gestellt, so nahmen sie den besiegten Deutschen damit zugleich einen großen Teil ihrer Verantwortung für die Auseinandersetzung mit ihrer Geschichte ab und legten den Grund für manche der Verfahren, die erst in den folgenden Jahrzehnten – und unter Mitwirkung der »Ludwigsburger Zentralen Stelle der Landesjustizverwaltungen zur Verfolgung nationalsozialistischer Gewaltverbrechen« – durchgeführt wurden.

Nach 1989 waren die Deutschen für die strafrechtliche und wissenschaftliche Auseinandersetzung mit der Geschichte von SED, SBZ und DDR selbst verantwortlich. Der Bundestag setzte zwei Enquetekommissionen ein, schuf die Voraussetzungen für die Institutionalisierung der neuen Behörde des »Beauftragten der Bundesregierung für die Unterlagen des Ministeriums für Staatssicherheit und des Amtes für Nationale Sicherheit« und ermöglichte durch die Bereitstellung von Geldern forschungspolitische Impulse, mit denen Integrationsprogramme zugunsten von DDR-Historikern, Forschungsprogramme der Deutschen Forschungsgemeinschaft und auch Gutachten finanziert wurden, die die Enquete-Kommissionen selbst in Auftrag gaben. Dennoch war offensichtlich, dass sich der Wunsch, über die Vergangenheit der »zweiten deutschen Diktatur« wissenschaftlich aufzuklären, nicht immer gegen geschichtspolitische Erwartungen behaupten konnte. Die DDR-Geschichte wurde zu einem geschichtspolitischen und wissenschaftlichen Konfliktfeld, in dem auch der Kampf um Forschungsressourcen bestimmend blieb.

Ohne Zweifel war die Kritik an Sozialwissenschaftlern, insbesondere aus dem Bereich der »Deutschland-Forschung«, eine der Folgen des grundlegenden Umbruchs von 1989/1990, den die westlichen Sozialwissenschaftler/Zeithistoriker nicht vorausgesehen hatten. Sie hatten den Zusammenbruch des Ostblocks und den Fall der Mauer nicht prognostiziert und taten sich auch schwer mit der Entwicklung von Konzepten, die die Integration der beiden deutschen Staaten zum Ziel hatten. Das war nicht erstaunlich, denn politische Entwicklungen lassen sich nicht sicher voraussagen[52]. Weniger die Zeithistoriker als vor allem die DDR-Forscher

---

51 Marc Bloch: Apologie der Geschichte oder der Beruf des Historikers, Stuttgart 1974, S. 147 ff.
52 Hans Joas / Martin Kohli (Hg.): Der Zusammenbruch der DDR, Frankfurt am Main 1993.

zogen öffentliche Kritik auf sich, nicht zuletzt, weil sich in manchen Forschungsinstitutionen Mitarbeiter des Ministeriums für Staatssicherheit eingenistet hatten,
denen unterstellt wurde, auf die Forschungsarbeit Einfluss genommen und Arbeitsergebnisse den politischen Interessen der DDR-Führung angepasst zu haben.

Dabei wurden auch weit zurückliegende Wissenschaftskontroversen, die in den
Sechzigerjahren ausgefochten worden waren, wieder in den Blick genommen[53].
In der westdeutschen DDR-Forschung hatte sich in München und in Berlin in
den Siebzigerjahren ein empirischer Ansatz herausgebildet, der darauf verzichtete, die Politik der SED immerfort moralisch zu bewerten. Man sah in der
SED-Führung einen faktischen Machtfaktor, mit dem man rechnen musste, sollte
es in der Deutschlandpolitik einen Fortschritt auf der Grundlage gemeinsamer
Verhandlungen geben. Das bedeutete nicht, die Politik des SED-Staates moralisch
zu rechtfertigen. Die Bundesregierung stellte Mittel zu Verfügung, um Häftlinge
der DDR freizukaufen, sie beteiligte sich an der Modernisierung der Verkehrswege
und räumte der DDR-Führung auch besondere Zahlungsbedingungen im inner-
deutschen Handelsverkehr ein. Dies alles sollte der Verbesserung der Lebensverhältnisse der DDR-Bevölkerung dienen.

Dabei knüpfte man an Verhandlungen an, die bereits in der Mitte der Sechzigerjahre mit den Passierscheinabkommen Besuchserleichterungen gebracht
hatten. Die westdeutsche Politik ging von besonderen politischen Beziehungen
beider deutschen Staaten aus, die ständige Vertretungen in Bonn und Ostberlin
unterhielten. Mit dem KSZE-Prozess rückte auch die Opposition, die sich in der
DDR formiert hatte, in den Blick. Der Hausarrest gegen Dissidenten wie Robert
Havemann, die Ausweisung von Wolf Biermann 1976, auch Fluchthilfe wurden
in der öffentlichen Wahrnehmung registriert und Thema der deutsch-deutschen
Kontaktgespräche. Aber zugleich zeigte sich deutlich, dass die Machtstrukturen
nicht durch Bekenntnisse zu schwächen waren, sondern dass politischer Wandel
nur das Ergebnis einer speziellen Annäherung sein konnte, die vertrauensbildende
Maßnahmen voraussetzte. DDR-Forscher, die dieser realpolitischen Ausrichtung
verpflichtet waren, legten keinen Wert darauf, sich immer wieder demonstrativ
und grundsätzlich von der DDR zu distanzieren, denn dass es sich um eine Diktatur
handelte, war niemals zweifelhaft, dass es einen Schießbefehl gab, der die Freizügig-
keit gewaltsam unterbinden sollte, ebensowenig.

Dagegen stand eine andere Schule der Deutschlandforschung, die normativ
orientiert war und in der wissenschaftlichen Erforschung der DDR-Geschichte auch
einen Beitrag zur Distanzierung von Gruppierungen sah, die sich – vor allem an den

---

53 Klaus Große Kracht spricht von der »überraschten Zunft« in: Die zankende Zunft.
    Historische Kontroversen in Deutschland nach 1945, Göttingen 2005, S. 115.

Hochschulen und viel positiver gestimmt – mit der DDR befasst hatten. Politisch schlugen sich diese Divergenzen nach 1990 in den beiden Enquetekommissionen nieder, die der Bundestag eingesetzt hatte, um Licht in die Geschichte der DDR und die Probleme der Vereinigung zu bringen. Nachwirkungen der Politisierung dieser DDR-Forschung der Neunzigerjahre sind bis heute in den Auseinandersetzungen spürbar, die immer wieder aufbrechen.

Ist das Versagen der Sozialwissenschaften nicht mit dem Versagen der Volkswirtschaftslehre und ihrer Forschungsinstitute im Zuge der Bankenkrise von 2008 vergleichbar? Der nur knapp durch außerordentliche Verschuldung der öffentlichen Haushalte verhinderte Zusammenbruch des Finanzsystems 2007/2008 war ebenfalls nicht vorausgesehen worden und führte wenige Jahre später zu einer Neubewertung der Volkswirtschaftslehre, die offenbar auch nur das erklären konnte, was sich bereits ereignet hatte und so den Geschichtswissenschaften ähnelte.

Geschichte als Politikum

Politisch gravierender als das Versagen von Wissenschaftlern bei der Prognose von Entwicklungen waren die im Ton der Überlegenheit und moralischen Sicherheit geäußerten rückwärtsgewandten Prophezeiungen angeblich weitsichtiger Wissenschaftler. Dabei wurde deutlich, dass sie keineswegs nur einen Streit untereinander austrugen, der auf früheren Gegensätzen beruhte, sondern immer ganz aktuelle politische Rahmenbedingungen reflektierten. Der Politikwissenschaftler Jens Hacker geißelte »Deutsche Irrtümer«[54], eine Neuauflage des Totalitarismus-Streits entbrannte und diente nicht zuletzt dazu, die Vertreter einer realistischen Kooperations- und Koexistenz-Politik der »Kumpanei«[55] mit den Machthabern der DDR zu zeihen, frühere und politisch durchaus erwünschte kollegiale Kontakte zwischen DDR-Historikern und westdeutschen Historikern wurden aus politisch-moralischen Gründen diskreditiert. Der Untergang der DDR diente dazu, innenpolitische Frontstellungen aus der Zeit des Kalten Krieges und der Debatte über die Ostverträge zu belegen. Mit den Enquete-Kommissionen zur »Geschichte des

---

54 Jens Hacker: Deutsche Irrtümer. Schönfärber und Helfershelfer der SED-Diktatur im Westen, Frankfurt am Main 1992.

55 Gerhard Besier: Der SED-Staat und die Kirche, 3 Bände, München und Berlin 1993/1995. Besier, zunächst finanziell kräftig gefördert durch das Bundesinnenministerium, wurde 2003 Direktor des Hannah-Arendt-Instituts für Totalitarismusforschung. Seit 2009 ist er Mitglied des Sächsischen Landtags in der Fraktion »Die Linke« und Vorsitzender des Ausschusses Wissenschaft und Forschung.

SED-Staates« wurde die DDR-Forschung nicht nur auf Parlamentsebene etabliert, sondern es boten sich auch Möglichkeiten für die Finanzierung von Forschungen, die trotz unterfinanzierter universitärer Budgets außerordentlich interessant waren. So schien die Suche nach der wahren DDR eine Ausnutzung der Ware DDR zu erleichtern.

Besonders deutlich wurde dies in Berlin, wo die örtliche CDU Wahlkampfmunition gegen ihre politischen Gegner benötigte. Sie verkannte, dass sich deren Zusammensetzung längst differenziert hatten. Die lange bekämpften Grünen hatten zur Oppositionsbewegung der DDR ein sehr gutes Verhältnis. Die SPD war politisch nicht mit der SED und ihren Nachfolgeparteien, der PDS und später »Der Linken« zu identifizieren. Willy Brandt hatte nicht nur erklärt, mit dem Mauerfall wachse zusammen, was zusammen gehöre. Er hat sich auch entschieden gegen die problemlose Aufnahme ehemaliger Mitglieder der SED ausgesprochen. Lafontaines frühe Warnung vor den ökonomischen Folgen der Wiedervereinigung, wollte kein Politiker der SPD teilen.

So verlagerte sich die geschichtspolitische Frontstellung immer wieder auf die parlamentarische Ebene des Bundestags und in die Arbeit der Enquetekommission hinein. Die Benennung ihrer Sachverständigen und die Auswahl von Gutachtern sowie die Verteilung von Forschungsmitteln orientierten sich offensichtlich an der Kräfteverteilung der Parteien im Bundestag und wurden dem Parteienproporz angeglichen, und dies unverhohlen nach dem Strickmuster: »Einen rechts, einen links, einen fallen lassen.« Die wenigen westdeutschen Zentren der DDR-Forschung gerieten überdies in schwere Stürme, als sich herausstellte, dass sie ausnahmslos nicht nur unter Beobachtung der Stasi gestanden hatten, sondern dass es dem Ministerium für Staatssicherheit offensichtlich gelungen war, in den Forschungsgruppen inoffizielle Mitarbeiter und Perspektiv-Agenten zu etablieren, die – so die damalige Vermutung – die konkrete Forschungspraxis nicht nur begleitet, sondern inhaltlich beeinflusst hatten.

Ähnliche Vorwürfe betrafen auch die Kirchen, denen der Kirchenhistoriker Besier »Kumpanei« mit dem System vorwarf und so davon ablenken konnte, dass er seit Mitte der Achtzigerjahre den damaligen Konsistorialpräsidenten Manfred Stolpe als Mitherausgeber seiner Zeitschrift »Kirchliche Zeitgeschichte« umworben und gewonnen hatte. Besier lenkte den Blick auf Stellungnahmen Stolpes, die sich gegen die kirchliche Opposition gerichtet hatten. Es verfestigte sich der Eindruck, gerade die Evangelische Kirche sei durch Angehörige des MfS beeinflusst worden. So wurde der Gegensatz zwischen Stolpe und kirchlich orientierten oder gemeindlich organisierten Oppositionsbewegungen verschärft. Das Bundesinnenministerium förderte die kirchlich-zeitgeschichtlichen Forschungen von Besier in erheblichem Umfang.

Die Auseinandersetzungen um westdeutsche Parteipolitik und protestantische Kirchenleute zeigte, dass es bei den durch das Bundesministerium des Innern mitfinanzierten Forschungsvorhaben zur DDR-Geschichte nicht nur um reine historische Erkenntnis ging. Immer wieder und immer häufiger stellte sich die Frage, ob Arbeitsergebnisse in parteipolitischen Auseinandersetzungen zwischen den westdeutschen Parteien und den Nachfolgeparteien der SED, der PDS und der Partei »Die Linke«, genutzt werden könnten. Besondere Aufmerksamkeit fanden Akten der »Gauck«-Behörde, wenn westdeutsche Politiker belastet werden konnten. So wurde Helmut Schmidt kritisiert, weil er bei seinem Besuch in Güstrow nicht moniert hatte, dass der kleine Ort von Stasi-Mitarbeitern fast überlaufen worden war. Selbst Kohl schien von diesen Entdeckungen betroffen, als es darum ging, die von der Staatssicherheit protokollierten Telefonate zu veröffentlichen.

Vielfach wurden Vorwürfe gegen westdeutsche Politiker zurückgehalten, bis die ins Visier der SED-Forscher geratenen Politiker im Zusammenhang mit einem Amtswechsel oder einer Kandidatur diskreditiert wurden. Ohne Rücksichtnahme wurden hingegen Publizisten belastet. Peter Bender, der zusammen mit Egon Bahr die »offensive Entspannung« im Zuge der neuen Ostpolitik mitbegründet hatte, geriet plötzlich ebenso ins Zwielicht wie Hansjakob Stehle von der Wochenzeitung »Die Zeit« oder Redaktionsmitglieder des Fernsehmagazins »Kontraste«. Die Verdächtigungen erwiesen sich allesamt als haltlos, aber es blieb »etwas hängen«. Für diejenigen, die diese Belastungen in die Öffentlichkeit lancierten, zahlte sich diese Taktik aus, denn sie wurden, wie der auf diese Art der Recherche spezialisierte Berliner SED-Forschungsverbund, immer wieder mit Untersuchungen, Gutachten und Befragungen beauftragt, die Drittmittel sicherten. Insgesamt wurde die DDR-Forschung zunehmend politisiert und spiegelte so die wachsende Nähe vor allem der DDR-Zeitgeschichte zur Regierungspolitik.

Vor allem Wahlkampagnen, die sich gegen die PDS richteten, machten sichtbar, wie polarisiert das deutsche Parteiensystem durch die Vereinigung geworden war. Mit einer Kampagne, die der damalige Generalsekretär der CDU Hintze gegen die »roten Socken« der »Nachfolgepartei der SED« für richtig befand, konnten sich Historiker, die ihren rückwärtsgewandten Richtungsstreit austrugen, aber niemals messen. Welch verhängnisvolle Wirkung gerade diese Polemik entfaltete, wurde erst Jahre später deutlich, als sich eine Art Regionalbewusstsein vieler ehemaliger DDR-Bürger in Wahlergebnissen zugunsten der so bekämpften Partei niederschlug.

Und dennoch wurde Geschichte auf eine ganz neue und völlig andere Art zum Politikum. Denn nun stützte der Rückblick eine geschichtspolitisch motivierte Anklage, die sich gegen die Verantwortlichen der DDR, westdeutsche Politiker und Publizisten oder gegen angeblich für die Realität der DDR blinde Wissenschaftler richtete. Derartige Konflikte, die in postdiktatorischen Gesellschaften geradezu die Regel sind, begünstigen die Polarisierung der Bevölkerung in den ehemaligen beiden deutschen Staaten und erschweren die politische Integration, die sich nach dem Zusammenbruch von Zwangssystemen als unabweisbare Aufgabe einer Vereinigungsgesellschaft stellt. Dabei versäumte man, die Voraussetzungen einer Differenzierung der westdeutschen und ostdeutschen »politischen Kultur« zu begreifen und Verbindungen zu suchen, die die Trennungslinien zu überwinden halfen. In der Tat wurde noch viele Jahre nach dem Mauerfall eine mentale Teilung der Deutschen konstatiert und durch Befragungen erhärtet.

Die überwiegend politisierte und sogar aggressiv wirkende DDR-Forschung leistete einen sehr geringen Beitrag zum Verständnis der Funktionsweise des überwundenen diktatorischen Systems. Manche Ostdeutschen fühlten sich missverstanden und diffamiert. Vielleicht wurde sogar die Territorialisierung von Wahrnehmungsweisen und Identitäten begünstigt, die schließlich dazu führte, dass sich spezifische ostdeutsche Milieus stabilisierten. Längere Zeit neigten Bewohner beider Landesteile dazu, dem Vertreter des jeweils anderen Landesteils die Kompetenz abzusprechen, überhaupt Verständnis für Befindlichkeiten des »anderen Deutschland« aufzubringen. Manchmal warfen in Westdeutschland lebende Kritiker ihren ostdeutschen Landsleuten Subventionsjagd und Missbrauch der Solidarbeträge vor (die auch Ostdeutsche aufzubringen hatten!), worauf von ostdeutschen »Landsleuten« mit dem Hinweis auf eine besondere Belastung der Bevölkerung der SBZ und DDR durch Reparation reagiert wurde. Die Westdeutschen seien, so lautete das Standardargument, doch durch den Marshallplan aufgepäppelt worden.

Grundsätzliche Fragen nach Folgebereitschaft, Verzerrung von Wahrnehmungen und der Hinnahme von Unterdrückung wurden hingegen nicht gestellt. Versuche, die fehlende Protestneigung in einer »fürsorglichen Diktatur« zu erklären, mündeten schließlich in den Vorwurf, die DDR nicht als ein totalitäres System, sondern als einen besonders effektiven Sozialstaat zu bezeichnen. Der Streit um die Deutung der DDR wurde zunehmend mit Begriffen ausgetragen, die zugleich Wertungen darstellten. So erklärte ein in den Medien überaus präsenter Hannoveraner Kriminologe Kindstötungen, die in der ehemaligen DDR vorgekommen waren, mit der Sauberkeitserziehung in den Kinderhorten des untergegangenen Staates.

Diese Auseinandersetzung über Funktion, Geschichte und Nachwirkungen des SED-Staates als Beispiel für den Umgang mit der Vorgeschichte eines postdiktatorischen Staates – sie mündete nicht selten in einen allgemeinen politischen Skeptizismus, wenn nicht gar Zynismus. Lebt der freiheitliche Verfassungsstaat vom Misstrauen gegenüber der Staatsführung und vom Vertrauen der Bürger untereinander, so wendet sich das Verhältnis in einem diktatorischen System wie der DDR in sein Gegenteil. Misstrauen gegenüber dem Mitbürger wird durch Appelle vertieft, der politischen Führung zu vertrauen.

In postdiktatorischen Systemen verstärkten sich zunächst Politik- und Parteienkritik an den Trägern der überwundenen Herrschaft. Viele ehemalige DDR-Bürger wollten »nichts mehr mit Politik« zu tun haben und keiner Partei beitreten. Sie fühlten sich betrogen und in ihren guten Absichten ebenso missverstanden wie missbraucht. Diese Distanz von jeglicher Politik wurde nicht selten als Entideologisierung empfunden. Der Verdruss an Parteien drängte in postdiktatorischen Zeiten sehr oft viele Zukunftsvorstellungen in den Hintergrund. Geschichte wurde wiederum zu einem Politikum, das helfen sollte, Politikferne, die sich zur Parteiverdrossenheit steigerte, zu begründen. Es ging nicht um historisch begründete Lebens- und Gesellschaftsentwürfe. Diese wurden sogar ausdrücklich abgelehnt und abschätzig als »Utopien« oder »Visionen« bezeichnet. Wer die habe, müsse zum Arzt gehen, so ist ein Ausspruch Helmut Schmidts überliefert. Nicht gefragt wurde, was der machen solle, der keine Visionen mehr habe.

Wie lassen sich diese Befunde geschichtspolitisch deuten? Der »Verlust der Geschichte«, in den Fünfzigerjahren kulturkritisch konstatiert, scheint die Folge eines dezidiert antiutopischen Denkens zu sein und begründete eine neue Diskussion, die den Verlust des Geschichtsbewusstseins rügt und auf die »Abschaffung der Geschichte« reagiert, indem diese Entwicklung öffentlich als Verlust von Selbst- oder gar Nationalbewusstsein beklagt wird. So wurde schließlich die programmatisch fast entleerte Auseinandersetzung über Wert und Nutzen der Geschichte erneut zum Politikum.

Vom Schlagwort zum Kampfbegriff

Seitdem die öffentliche Erinnerung symbolisch aufgeladen und politisch befrachtet wird, spielt die unmittelbar pragmatische Nutzanwendung historischer Erkenntnis eine vergleichbar geringe Rolle – an die Stelle der Pragmatik tritt zunehmend die emotionalisierende Wirkung geschichtspolitischer Debatten. Die Vergangenheit wird – oft geradezu sonntags-rhetorisch formelhaft – als Grundlage »unserer Gegenwart« bezeichnet und dabei zugleich für politische Auseinandersetzungen nutzbar gemacht – nach dem Motto: »Wer die Vergangenheit nicht kennt, hat auch keine Zukunft!«

Dabei ist nur offensichtlich, dass aktuelle und in den politischen Alltagskonflikten verwertbare Bedürfnisse den Blick auf die Geschichte prägen und deshalb auch das historische Urteil trüben können. So wird das »europäische« oder »westliche«, schließlich das angeblich »christlich-jüdische Erbe« Europas beschworen – mit jeweils ausschließender Wirkung: Wer Europa beschwört, will sich oftmals von allen Entwicklungen abgrenzen, die als »uneuropäisch« gelten. Wer hingegen die

»westliche Wertegemeinschaft« als Fundament von Staat, Gesellschaft und Kultur betont, will sich oft entschieden von nichtwestlichen Ordnungsvorstellungen absetzen und zugleich Menschen ausgrenzen, die außerhalb stehen sollen und mithin gerade nicht im Sinne der pluralistisch-toleranten Gesellschaft integriert werden sollen.

Wer schließlich – noch dazu in dieser historisch überaus fragwürdigen Reihenfolge – das »christlich-jüdische Erbe Europas« beschwört, übersieht nicht nur den Einfluss der griechisch-römischen, sondern auch der islamischen Kultur auf die europäische Geschichte[56]. Er macht sich nicht bewusst, dass die jüdische Kultur noch vor siebzig Jahren durch Massen- und Völkermord ausgerottet werden sollte und keinesfalls als Grundlage des Abendlandes galt, sondern als Ausdruck hochgradiger Gefährdung der abendländischen Kultur.

Politisch geprägte und im publizistischen Diskurs durchgesetzte Definitionen sagen in der Regel wenig über vergangene Realitäten aus, vor allem dann, wenn es um Identität, Kultur und Geschichte geht. Sie spiegeln Stimmungen, Tendenzen, nicht zuletzt Vorurteile und Ängste. Definitionen werden in geschichtspolitischen Auseinandersetzungen schließlich zu Schlagwörtern, die vor allem eine Funktion haben: Begriffe zu besetzen und auszugrenzen. Sie sollen erklären, was »korrekt« ist und als »Konsens« gilt. Sie sollen stigmatisieren, was unkorrekt ist. Definitionen grenzen aus und vereinfachen komplexe historische Zusammenhänge. So verfehlen sie das Selbstverständnis von Menschen, die zur Gesellschaft gehören.

Weil sich jede Epoche, Konfession und Kultur selbst spezifisch zu deuten sucht[57] und ihre Interpreten die oft vehement verteidigten angeblichen Charakteristika aus unterstellten Erfahrungszusammenhängen konstruieren, drücken Selbstbeschreibungen viel über diejenigen aus, die sie formulieren. Weil Aussagen zur Geschichte immer den Eindruck wecken sollen, Tatsachen zu betreffen, werden Behauptungen nur selten auf die verborgenen Interessen, argumentativ vermittelten oder verbrämten Absichten hin befragt. Historisch klingende Schlagwörter werden dann zu innergesellschaftlichen Kampfbegriffen, die ihre Wirkungskraft und Evidenz nicht selten aus historischen Bezügen ableiten und Evidenz nur suggerieren.

Wer sich zur Aufklärung bekennt, wendet sich implizit gegen den Irrationalismus; wer Individualismus, Autonomie, Rationalität als Wesensmerkmal europäischer Weltsicht schwört, grenzt sich gleichzeitig von allen ab, die als kollektivistisch, fremdbestimmt und manipuliert gelten sollen. Wer Toleranz, Leistungsbereitschaft und Bildungswillen aus der Geschichte, einer Kultur, einer Konfession oder Ethnie

---

56 Vgl. dazu Gudrun Krämer: Kleine Geschichte des Islam, München 2007.
57 Dazu den glänzenden Essay von Hans Belting: Die Deutschen und ihre Kunst. Ein schwieriges Erbe, München 1992.

ableitet, spricht anderen diese Eigenschaften ab und erklärt sie so mehr *volens* als *nolens* zu Gegnern der eigenen beschworenen Lebensordnungen. Schlagworte entziehen sich der komplexen Realität, weil sie polarisieren sollen.

Weshalb das politisch-kulturelle Selbstverständnis so kämpferisch bekräftigt und die angeblich gefährdete »Identität« so entschieden beschworen wird, ist eine schwer zu beantwortende Frage, die sich in einer Gesellschaft, die die Vielfalt der Menschen und Gruppen betont, immer wieder stellt. In der Regel wird die Identität als gefährdet empfunden. Aber müssen Empfindungen, die oft nicht einmal den Alltag widerspiegeln, nicht erst erzeugt werden? Deshalb muss die Gefährdung politisch-kultureller Identität zunächst einer breiteren Öffentlichkeit verständlich gemacht werden. Dies kann nur mit medialer Unterstützung gelingen und funktioniert immer dann problemlos, wenn Kulturkonflikte dramatisiert werden können, etwa, indem ein »Zusammenprall der Kulturen« prognostiziert wird. Samuel Huntington, der mit der These vom Zusammenprall der Kulturen Furore machte und inzwischen weithin Kritik erntete, war keineswegs der erste Untergangs-Prognostiker.

Geschichtsphilosophen wie Oswald Spengler und Arnold J. Toynbee wiesen den Weg in Gesellschaften, die Untergangsvisionen kulturpessimistisch für eine augenscheinliche, also empirisch abgesicherte und deshalb zutreffende Prognose hielten. Sie vergaßen die Empfehlung Nietzsches, der sich nicht ruhige und sorgfältige Leser wünschte, sondern auch forderte, am Ende der Lektüre dürfe nicht immer die Erwartung einer Tabelle stehen.[58]

Wenn Tilo Sarrazin in einem explosionsartig verbreiteten Bestseller behauptet hatte, »Deutschland schaffe sich« ab, so argumentierte er nur angeblich erfahrungsgesättigt und historisch. Er formulierte ein von manchen »gefühltes« Untergangsszenario und sicherte es scheinbar empirisch durch statistische Tabellen ab, die auch Erfahrungsmomente anzusprechen schienen und deshalb historisch angelegt waren. Mit diesem Argumentationsmuster ersparte er sich weitere Begründungen. Statistische Belege garnierten nur seine kulturpessimistischen Thesen. Im Kern ging es um Geschichte, die extrapoliert wurde. Die ebenso empirisch gesicherte Tatsache, kulturelle Entwicklungen seien immer das Ergebnis kultureller Überlagerung und Vermengung (Tzvetan Todorov)[59], nahm er nicht auf.

58 Friedrich Nietzsche: Vorrede, zu lesen vor den Vorträgen …, in: ders., Die Geburt der Tragödie, Unzeitgemäße Betrachtungen, herausgegeben von Giorgio Colli u. a., München 1999, S. 648.
59 Tzvetan Todorov: Die Angst vor den Barbaren. Kulturelle Vielfalt versus Kampf der Kulturen, Bonn 2011.

Kultur lässt sich verstehen als das »Bild, das sich die Gesellschaft von sich selbst macht.«[60] Der niederländische Kulturhistoriker Johan Huizinga, berühmt geworden durch sein 1919 erschienenes Buch »Der Herbst des Mittelalters«, definierte Kultur als Versuch einer Gesellschaft, sich selbst über sich Rechenschaft abzulegen[61]. In den Konzeptionen Huizingas oder denen des bulgarischen Soziologen und Anthropologen Tzvetan Todorov, hat die geschichtliche Entwicklung nichts Bedrohliches, sondern nur etwas Tatsächliches, gleichsam Aufgetragenes, Wandlungsfähiges. Für dumpfe kulturpessimistische Untergangsstimmung, die vor allem in Umbruch- und Krisenzeiten von größeren Bevölkerungskreisen geteilt werden mag, ist hier kein Platz.

Vielleicht kommt der Geschichte wirklich, wie Odo Marquardt behauptet hat, oft die Aufgabe zu, empfundene Verluste zu kompensieren. Es geht dann um Nostalgie. Sie ist verständlich, aber keine Hilfe bei der Anpassung der Menschen an den Wandel. Denn in der Industriegesellschaft schleifen sich unausweichlich kulturelle Differenzen ab, Binnenwanderungen wirbeln regionalspezifische Milieus durcheinander, menschliche Mobilität begründet neue Schichtungen der Gesellschaft und mit ihnen neue Lebenschancen, die den Abschied von Traditionen erleichtern. Auf nationalstaatlicher Ebene kommt es allerdings immer wieder in weitaus größerem Maße darauf an, mit geschichtspolitisch aufgeladenen Kontroversen durch Aus- und Abgrenzungen von Bevölkerungsgruppen den tatsächlich oder auch nur »imaginierten« gesellschaftlichen Zusammenhalt zu begründen oder zu bezweifeln. »E pluribus unum« ist lange Ausdruck des amerikanischen Selbstverständnisses gewesen, hielt aber in der Tat nicht das Versprechen, das dieser Satz beinhaltete. Beschwörungen sollen oftmals darüber hinweg täuschen, dass im Zuge des sozialen Wandels Unwiederbringliches vergangen ist. Geschichtspolitische Argumente zielen dann oftmals auf Ängste und angebliche Gefährdungen, die abgewehrt werden sollen. Geschichtliche Beschwörungen dienen so einer Nostalgie, die Verluste konstatiert und ängstigt. Angst aber begründet Unsicherheiten und stärkt Sehnsüchte, die nicht selten politisch missbraucht werden.

Historisch hochgradig virulente und nicht selten in geschichtspolitischen Auseinandersetzungen erprobte Kampfbegriffe bereiten so immer wieder Weltanschauungs- und Kulturkonflikte vor, die sich ebenso nach außen wie nach innen richten können. In den vergangenen Jahren wurde dies deutlich an der öffentlichen Auseinandersetzung mit der griechischen Finanzkrise. Zitate antiker Autoren wurden dabei ebenso instrumentalisiert wie Skulpturen aus der Zeit der griechischen Klassik, die man entfremdete, um einen kulturellen Gegensatz zu

---

60 Ebda., S. 82.
61 Johan Huizinga: Wege der Kulturgeschichte, Amsterdam und Leipzig 1930.

unterstellen. Dieser hatte nur ein Ziel: den durch die Währungsgemeinschaft geschaffenen gemeinsamen Euro-Raum nachdrücklich in Frage zu stellen.

Die Nebenwirkungen dieser politischen und kulturellen Ausgrenzungen sind fatal. Denn der Ausschluss von Gruppen aus dem Lebenszusammenhang, den wir Europa nennen und der sich nach dem Mauerfall von 1989 erheblich ausgeweitet hat, ist dann, so scheint es, beabsichtigt – ohne Rücksicht auf die Entfremdung zwischen den Staaten und Völkern der europäischen Gemeinschaft. Wenn in diesem Zusammenhang die Lebensleistung der westdeutschen Gesellschaft beschworen und den Griechen in einem Atemzug »weniger Urlaub« empfohlen wird, mobilisiert dies nicht nur deutsche Vorurteile gegenüber Südosteuropäern, sondern zielt vor allem auf die innenpolitischen Machtverhältnisse im deutschen Wirtschaftswunderland.

Politisch-kulturelle und gesellschaftliche Nebenwirkungen dieser geschichtspolitischen Ausfälle sind durchaus erwünscht, wie die Beschwörung der »dekadenten spätrömischen Zustände« durch den damaligen Vorsitzenden der FDP und deutschen Außenminister zeigte, die sich gegen Hartz-IV-Berechtigte richtete. Mit historischen Assoziationen lassen sich ohne großen Aufwand politische Polarisierungen erreichen und damit zugleich die parteipolitisch gewünschte Mobilisierung verstärken. Die Beschwörung der Vergangenheit wird dabei zum Politikum, aber nicht selten auch zum politischen Holzweg. Der Versuch, mit historischen Argumenten zum einen Weltsicht und Weltverständnis der Öffentlichkeit zu beeinflussen und zum anderen zu signalisieren, dass es Grenzen der Solidarität und des Engagements gäbe und Hilfsmaßnahmen zugunsten bestimmter Bevölkerungsgruppen deshalb abzulehnen seien, ist vor allem dann riskant, wenn sich Argumente auf die Unterstellung stützen, diese ausgegrenzten Gruppen »gehörten einfach nicht mehr dazu«.

Gewiss: Zu den Aufgaben des Politikers gehört die »Arbeit der Zuspitzung« (Peter Glotz). In den öffentlichen Diskussionen, die sie anstoßen, haben dann Publizisten und Intellektuelle die populären oder gar populistischen Argumente zu diskutieren. Zusammen müssen sie öffentliches Nachdenken inszenieren, neue Argumente prüfen, Widerstände stimulieren, Klärungen herbeiführen. Beide wollen die Öffentlichkeit prägen, Menschen erreichen, überzeugen und durch ihre Reden zum Handeln bringen. Weil dies unausweichlich auch den Widerspruch derjenigen nach sich ziehen kann, die sich so nicht überzeugen lassen wollen, setzen sie sich stets öffentlicher Kritik aus. Darin gerade kommt eine gelungene Zuspitzung zum Ausdruck.

Aber lässt sich eine geschichtspolitische Position wirklich durch eine andere kritisieren oder prüfen? Sind durch geschichtspolitische Debatten nicht immer ganz unterschiedliche Erfahrungen berührt? Täter und Opfer, Vertriebene und

Vertreibende, die nicht selten zuvor sogar Vertriebene waren, Unterdrückte und Unterdrücker, sie stehen historisch immer dicht nebeneinander. Das erleichtert die geschichtspolitische Suggestion des Rollenaustausches. Diese grundlegende Erfahrung wird oftmals dadurch kompliziert, dass in der Regel der Riss zwischen beiden Positionen mitten durch Menschen hindurch geht, wie Vaclav Havel einmal sagte.

Funktioniert der geschichtspolitische Disput wirklich immer auf der Grundlage eines Erfahrungsaustausches? Wie weit trägt ein historisch-politisches, staatsanwaltschaftlich anmutendes Plädoyers, eine Verteidigungsrede? Müsste nicht nach dem Grundsatz des »Sowohl-als-auch« argumentiert werden, also nicht mit der Attitüde des Rechthabers? Bleibt wirklich das Gesetz des Disputs bestimmend, gleichsam die Dramaturgie der Talkshow »hart aber fair«? Kommt es nicht auf die Überprüfung der Argumente, auf das Abwägen des Für und Wider an? Und schließlich: Hat der Historiker nicht in besonderem Maße die Aufgabe, die Behauptungen und Deutungen der Geschichte durch Politiker einer Prüfung unterziehen?

Der Historiker als »Zerstörer«

Der Historiker ist immer ein politischer Mensch mit eigenen Wertvorstellungen, Optionen und Interessen gewesen, die Vorgehen und Ziele seiner »Arbeit an der Geschichte« prägten. Immer ähnelt er seiner Zeit – vielleicht mehr als seinem Vater[62]. Damit ist er immer auch geschichtspolitischer Akteur. Der Geschichtsschreiber wird also nicht nur beeinflusst durch eigene Erfahrungen und Wertvorstellungen, sondern wollte stets auch andere beeinflussen. Im 19. Jahrhundert verband er sich in Deutschland mit dem Gedanken des Nationalstaats, dann rechtfertigte er den Imperialismus. In der Weimarer Republik motivierte ihn sein Kampf gegen den Versailler Vertrag, nach der nationalsozialistischen Machtergreifung unterwarf er sich der rassenideologischen Deutung der Geschichte. Nach dem Ende des Krieges öffnete er sich für eine europäische Geschichtsdeutung und wurde supranational. Deshalb wird die Geschichtsschreibung zu einer wichtigen mentalitätsgeschichtlichen Quelle. Bedeutend bleiben die Historiker, die sich den Sogströmungen ihrer Zeit nicht auslieferten wie Henri Pirenne, Marc Bloch, Fernand Braudel, Otto Hintze, Johan Huizinga oder Franz Schnabel.

Irritierend an der deutschen Geschichtsschreibung bleibt, dass es zu allen Zeiten sehr unterschiedliche und gegensätzliche Vorstellungen von dem Band gab, das Deutschland zusammenhielt. Handelte es sich um eine Sprach-, eine Kultur- oder

---

62 Reinhold Schneider: Verhüllter Tag, in: ders., Gesammelte Werke, Bd. 10, herausgegeben von Erwin Maria Landau, Frankfurt am Main 1978, S. 9.

eine Geschichtsnation, um eine Verantwortungsgemeinschaft, um ein soziales, konstitutionelles oder sich als Großmacht verstehendes Deutschland, um Klein- oder Großdeutschland? Der Historiker bekannte sich seit dem 19. Jahrhundert zu einem politischen Auftrag und hatte mit der Reichsgründung durch Bismarck anscheinend das wichtigste Ziel seiner politischen Wünsche erreicht. Die Geschichtswissenschaft hatte einen wichtigen Beitrag zur Konsolidierung »des Reiches« geleistet und fühlte sich nun aufgerufen, den Nationalstaat zu festigen.

Gleichzeitig wurde das Studium der Geschichte und die Ausbildung zum Historiker professionalisiert. Im Zuge seiner universitären Ausbildung lernte der Geschichtswissenschaftler, Argumente, Schilderungen, Überlieferungen an zeitgenössischen Quellen zu prüfen. Er entwickelte die Kunst einer historischen Hermeneutik und Heuristik und besaß damit ein methodisches Korrektiv, ein sich mehr und mehr bewährendes Mittel zur Distanzierung von den tagespolitischen Stimmungen und Deutungen. Zugleich aber war er als Hochschullehrer Staatsbeamter, also zur Treue gegenüber seinem Staat verpflichtet. Hochschullehrer im 19. Jahrhundert zu sein, Ordinarius gar – das bedeutete, eine sehr privilegierte Stellung in der Beamtenhierarchie einzunehmen. Sollte er sich wirklich darauf einlassen, Weltsicht und Weltbild der Repräsentanten des Staates zu überprüfen, zu kritisieren, zu korrigieren? Die politischen Traditionen, die von den Repräsentanten des Staates beschworen wurden, teilte der Historiker und wurde, wie Treitschke oder Sybel, nicht unversehens, sondern auf Grund eigener Entscheidungen unmittelbar zum Politiker. Politische Parolen, die »herrliche Zeiten« verkündeten und »einen Platz an der Sonne« verlangten, sprachen sie nicht auch ihm, wie vielen seiner Zeitgenossen, aus der Seele? Im Ersten Weltkrieg fühlten sich deutsche Historiker in die Pflicht genommen und erklärten in einem Manifest, Deutschland habe das Recht, sich zu verteidigen und die Gegner zu schwächen, es sei legitimiert durch Interessen, Werte und Geschichte.

Allerdings gab es auch andere Positionen als die der Vertreter der preußisch-borussischen Schule, die sich zu Preußens Berufung für die deutsche Geschichte bekannten. Es waren Historiker wie Jacob Burckhardt, die die deutsche Gesellschaft kritisch sahen und von der »Exstirpation des Geistes« sprachen. Er wurde zum Kunst- und Kulturhistoriker, versenkte sich in vergangene Zeiten, in die griechische Kultur und in die Renaissance, denn er wollte vermitteln und relativierte politische Positionen. Eigentlich knüpfte er an das Diktum Rankes an, der jeder Epoche und jeder Nationalgeschichte einen eigenen Wert zuerkannte, sei sie doch »unmittelbar zu Gott«.

Politische Historiker wie Heinrich von Treitschke entfalteten hingegen eine Stimmung, die später als »furor teutonicus« kritisiert wurde. Treitschke, der auch die sehr politischen »Preußischen Jahrbücher« herausgab und so immer wieder

Stellung zu Zeitfragen nahm, und seine borussischen Nachfolger galten Mitte des 20. Jahrhunderts einem Historiker wie Franz Schnabel als verantwortungslos, weil sie die Studenten unkritisch an den Staat herangeführt hatten. »Hemmungslos« hätte Treitschke, »kein Humanist, sondern ein Trommler«, in seinem Auditorium »die politischen Leidenschaften entfesselt«, ohne die »mindeste Achtung« vor seinen Hörern.[63]

Die Geschichtswissenschaft hat sich immer auch als eine aufklärerische Wissenschaft verstanden. Das bedeutete, den Zeitströmungen nicht immer alle Konzessionen zu machen, sondern Distanz zu wahren. In diesem Zusammenhang hat Franz Schnabel, Historiker und Anhänger des liberalen Verfassungsstaates selbst in einer Zeit, als der weitaus überwiegende Teil der Historikerzunft obrigkeitlich orientiert war, den Geschichtswissenschaftler als einen »Zerstörer« bezeichnet, der vorgeprägte Urteile und überkommene Bewertungen in Frage stellen müsse und sich insbesondere gegen eine durchpolitisierte Geschichtswissenschaft zu positionieren habe. Er warnte vor einem zu großen Harmoniebedürfnis und erinnerte daran, dass es auch eine »Ruhe des Friedhofs«[64] gäbe.

In den Sechzigerjahren hat der Sozialhistoriker Jürgen Kocka hier angeknüpft und die Orientierung der Geschichtswissenschaft auf die Verpflichtung zur Aufklärung und auf liberaldemokratische Wertvorstellungen betont. Er hat auf diese Weise erheblich dazu beigetragen, den Geschichtsunterricht, der im Kanon der Fächer zunehmend gefährdet war, im Ensemble der bildungsrelevanten Fächer in einer Zeit zu verankern, in der vielfach längst die Frage nach der Verwertbarkeit von Bildung im Wirtschaftssystem gestellt wurde. Für Kocka, der sich methodisch an Max Weber geschult hatte, kam dem Geschichtsunterricht die Aufgabe zu, Vorurteile, die als »verfestigte Positionen« bezeichnet wurden, zu »verflüssigen«. Prämissen waren zu »hinterfragen«, also mit Einwänden zu konfrontieren. Der Historiker sollte sich als Vertreter eines kritischen Wissenschaftsverständnisses, als Protagonist kritischer Geschichtswissenschaft verstehen.

Die neue »kritische Geschichtswissenschaft«, die bald durch den Begriff »Bielefelder Schule« charakterisiert werden sollte, war innerhalb der Zunft und auch in den Feuilletons nicht unumstritten. Denn sie bewertete gesellschaftliche Entwicklungen und entschied sich für »Werte«: »Ganz wie die Gegenwart aus der Vergangenheit«, so könne »auch oft die Vergangenheit mit Hilfe der Gegenwart erklärt

63 Franz Schnabel: Die Geschichtswissenschaft und der Staat, in: ders., Abhandlungen und Vorträge 1914–1965, Freiburg u. a. 1970, S. 342.
64 Frans Schnabel: Neudeutsche Reichsreform, in: Hochland 30 (Oktober 1932), S. 1–12, hier zitiert nach ders., Abhandlungen und Vorträge 1914–1965, herausgegeben von Heinrich Lutz, Freiburg u. a., 1970, S. 111.

werden.«[65]. Gesellschaftshistoriker wie Hans-Ulrich Wehler und Sozialhistoriker wie Kocka lenkten den Blick auf die bestehende Gesellschaft, thematisierten ihre Entwicklung, konstatierten Weichenstellungen und Fehlentwicklungen. Niemals allerdings war diese Geschichtswissenschaft derart eindimensional, wie ihre Kritiker unterstellten. Wehler schaltete sich in öffentliche Kontroversen ein und bewertete individuelle Bildungschancen, die gesellschaftliche Einkommensverteilung, in Anlehnung an Max Weber auch die Lebenschancen – vor allem aber beteiligte er sich an geschichtspolitischen Kontroversen. Er fragte etwa, ob »Preußen wieder schick« und die »alternative« Alltagsgeschichte nicht zu unpolitisch und zu theoriefern sei. In seinen Fußnoten machte er immer wieder wissenschaftspolitische Kriterien zur Grundlage von Bewertungen und griff brisante bildungspolitische Streitfragen auf.

Seine Interpretation des Kaiserreichs als eines »halbabsolutistischen«[66], scheinparlamentarischen Obrigkeitsstaats fand entschiedenen Widerspruch, vor allem, weil er Bismarcks Imperialismus sozialökonomisch gedeutet hatte und somit die Ursachen des Ersten Weltkriegs noch radikaler als Fritz Fischer tief im deutschen Streben nach der Weltmacht angelegt sah. Wehlers Kritiker deuteten die Interpretationsunterschiede als Ausdruck unterschiedlicher Perspektiven und Schul-Zusammenhänge. Der Widerspruch führte zur geschichtswissenschaftlichen Gruppenbildung, die auch die Zeitungen nicht unbeeinflusst ließ. Die »Frankfurter Allgemeine Zeitung« bekannte sich dazu, Geschichte sei zu schildern und zu erzählen. So suggerierte sie, die Sozialgeschichte propagiere ein deterministisches Geschichtsverständnis. In den theoriegeschichtlichen Auseinandersetzungen der Sechziger- und Siebzigerjahre ging es mithin niemals um Erkenntniskritik, sondern um handfeste Geschichtspolitik. Schulbücher, Ausbildungsseminare, Universitätshistorie und Publizistik spiegelten ein Lagerdenken, das das Fach spaltete und zugleich für politische Interessen, Optionen und Missionen öffnete.

Diese Entwicklungen führten vor dem Hintergrund gleichzeitiger hochschulpolitischer Gruppenbildungen zu einer breiten Politisierung der Historikerzunft. Historiker wurden nunmehr immer öfter auch politisch bewertet. Dies berührte keineswegs nur die Zeitgeschichte, die im Münchener Institut eine feste Basis hatte, nach dem Tode von Martin Broszat aber mit dem damals neuernannten Direktor Horst Möller Fragestellungen verfolgte, die weniger als zuvor kritische Impulse der Forschung aufnahmen. Mit dieser wichtigen Neubesetzung war ein Grundton angeschlagen, der auch in der Berufungspolitik spürbar war und viele Universitätsseminare homogenisierte. Neuberufungen sollten zum Gesamtbild

---

65 Hans-Ulrich Wehler: Das deutsche Kaiserreich 1871–1918, Göttingen 1973, S. 13.
66 Ebda., S. 63.

passen, nicht aber durch methodische Vielfalt irritierend wirken. So prägten geschichtswissenschaftliche Schulen Universitäten und spiegelten Traditionalität, Orientierung auf »bewährte Methoden« oder Öffnung für sozialgeschichtliche Fragestellungen, Interdisziplinarität und Internationalität oder gar Globalität.

Damit begann die Phase einer Verteidigung von Positionen. Das wirkte sich in der Benennung von Gutachtern der Deutschen Forschungsgemeinschaft ebenso aus wie bei der Bestellung von Beiräten oder Direktorenposten von Forschungsinstitutionen. Immer wieder wurden Veränderungen, Berufungen und Bestallungen machtpolitisch reflektiert. Historiker avancierten zu wissenschaftspolitischen Akteuren. In publizistischen Geschichtsdebatten erfüllten sie mancherlei Erwartungen, die auf Historiker als »Sinnlieferanten« gerichtet waren. Immer wieder wurden Forschungsfelder durch ihre Mitwirkung an medial inszenierten Debatten politisiert.[67]

Die Geschichte der Arbeiterbewegung galt ebenso wie die Alltagsgeschichte häufig als links orientiert, politische Geschichte, Diplomatiegeschichte oder die Geschichte der CDU oder der Adenauer-Zeit eher als konservativ geprägt und beeinflusst. Diejenigen, die sich nicht an diesen Gräben orientierten, fielen nicht selten aus verbreitet akzeptierten sitzgeographischen Verteilungsmustern.

Manche Historiker verhielten sich wie Politiker, die in der von ihnen wahrgenommenen Vergangenheit nur das fanden oder finden wollten, was ihnen als politischen Menschen gefiel, ihren Überzeugungen entgegenkam oder ihren Wertmaßstäben entsprach. Sie nahmen Geschichte in augenscheinlicher Verengung wahr und sahen nur, was sie zuvor »gesucht« hatten.

Historiker, die sich auf derartige politisierte Wahrnehmungsfilter einließen, wurden nicht selten zu Handlangern von Politikern. Im Unterschied zum 19. und frühen 20. Jahrhundert waren nicht mehr die »Vorsehung«, der »Weltgeist« oder die angeblichen Entwicklungsgesetze der Geschichte ausschlaggebend, sondern die Resonanz auf dem Markt der Meinungen. Es ging nicht mehr darum, Politiker und ihre Ziele »vor der Geschichte« zu legitimieren, sondern vor denen, die Geschichtsdeutung als Instrument der Welt- und Politikerklärung einsetzten.

Seit den Neunzigerjahren differenzierte sich das geschichtswissenschaftliche Spektrum. Nach dem Mauerfall entstand das Potsdamer Zentrum für zeitgeschichtliche Forschung unter der Leitung von Jürgen Kocka, Christoph Kleßmann und Konrad Jarausch. Sie öffneten den Blick für die Geschichte der DDR und Ostmitteleuropas. Zeitgeschichtliche deutsche Forschung orientierte sich nicht mehr auf die westdeutsche Geschichte, konzentrierte sich nicht mehr auf den politischen *Status quo* und die Parteien- und Richtungslandschaft der Bundesrepublik, sondern

---

67 Vgl. dazu durchgängig Klaus Große Kracht: Zankende Zunft, Göttingen 2005.

verband Fragen der Alltags-, Wirtschafts- und Kulturgeschichte mit der politischen Geschichte der Nachkriegszeit. Heftige politische Debatten über Begriffe wie »moderne«, »fürsorgliche« Diktatur belasteten einige Jahre die Arbeit der »DDR-Forscher«. Auf lange Sicht setzte sich dieser Ansatz durch, der zugleich an die frühere »realistische DDR-Forschung« anknüpfte.

Geschichtsdebatten und kulturelle Hegemonie

Verfassungsstaatlich orientierte Politiker beriefen sich nicht wie Diktatoren auf die Vergangenheit, sondern akzentuierten bestimmte Tendenzen, die die Erfolge demokratischer Bewegungen erklärten. Die Diktatoren des 20. Jahrhunderts hatten sich hingegen geschichtsphilosophisch legitimiert. Sie wollten alte Gesellschaften zerstören, weil diese als »überlebt« galten. Zugleich aber rechtfertigten sie ihre Gewaltpolitik, die Zerstörung von Sozialstrukturen, Milieus und Wertvorstellungen als Folge ihrer historischen Visionen. So »ermächtigten« (Joachim Gauck) sie sich selbst durch den Hinweis auf eine geschichtliche Zukunftsentwicklung, als deren Vollstrecker sie sich darstellten.

Demokratische Politiker beschwören die Gegenwart als die beste der möglichen Welten, verweisen auf die »beste Verfassung in der Geschichte« ihres Staates und betonen, Freiheit und Gleichheit seien wie »niemals zuvor in der Geschichte« realisiert. Sie leiten aus dem Gedanken des Fortschritts eine gegenwartsrelevante historische Mission ab. Nach diesem Fortschrittsmuster wurde in der Demokratie immer wieder die Geschichte beschworen. Zäsuren sollten markiert, das Erreichte sichtbar gemacht, die Stellung des Gemeinwesens in der Geschichte verdeutlicht werden.

Deshalb haben Erinnern und Gedenken heute nicht nur in diktatorischen, sondern auch in demokratischen Systemen einen festen Platz gewonnen. Davon zeugen »Erinnerungsorte«, die sich durch Bauwerke, Briefmarken, Hymnen, Denkmäler und Feiern im Laufe der Zeit im kollektiven Gedächtnis verankern. Sie sind als Orte nicht geographisch, sondern als Fixpunkte kollektiven Bewusstseins zu deuten. Monumente vergegenwärtigen vergangene Ereignisse und betonen deren nationale Bedeutung. Ausstellungen sollen Identität stiften. Historische Daten, auch wenn sie lange zurück liegen, können im Zuge einer Aktualisierung neue Bedeutung erlangen und revitalisiert werden. Sie werden durch Feierlichkeiten, die ihren Niederschlag in den Medien finden, in die Gegenwart gerückt. Jahrestage, die auch eine Gelegenheit für Festveranstaltungen bieten, formen auf längere Sicht Strukturen kollektiven Erinnerns und Gedenkens. Sie werden nicht selten wie ein Ritual – mit Paraden, Aufmärschen, Zeremonien – zelebriert und formen in den historisch orientierten Besinnungsreden das kollektive Gedächtnis immer wieder durch aktualisierbare Erinnerungsbezüge.

Wie sehr eine Gesellschaft in den Sog einer Zentenarfeier geraten kann, hat auf unübertroffene Art Robert Musil in seinem fragmentarisch hinterlassenen Roman »Mann ohne Eigenschaften« geschildert. Ging es dort um Erinnerungsrituale in »Kakanien«, der kaiserlich-königlich österreichisch-ungarischen Doppelmonarchie des Habsburgerreiches, so bieten in pluralistischen Demokratien Erinnerungsfeiern Anlass für politische Verortungen, die den Kampf um die kulturelle Hegemonie begleiten und zugleich durch die Proklamation historischer Erinnerungssubstanz Vitalität demonstrieren. »Die Flamme brennt noch, wir müssen sie hüten!« – dies ist die Botschaft vieler historischer Erbauungsreden. Dabei geht es nicht nur um die Umstände und Anlässe von Kranzniederlegungen, sondern um eine Verfestigung der Erinnerungsfeiern, die durch ständige Wiederholung und Einschleifung von Erinnerungsformen schließlich eine aus sich selbst verständliche Botschaft darstellen.

Diese Ritualisierung, die das kollektive Gedächtnis prägt, macht nach Antonio Gramsci nicht nur den Reiz, sondern vor allem die politische Bedeutung kultureller Konflikte aus. Denn im Streit um die Geschichte wird der Kampf um die Deutungshoheit sichtbar, auf die politische Bewegungen abzielen, wenn sie Erinnerungen pflegen. Peter Glotz, lange Zeit eine Art politischer Chefdenker der SPD, forderte in diesem Zusammenhang immer die »Zuspitzung« von historischen und kulturellen Gegensätzen, vielleicht, weil er darin eine Möglichkeit sah, die »Trägheit« des »politischen Tankers« zu überwinden.

Zugleich aber wurde die Zuspitzung auch zu einem Selbstzweck im Zuge von Provokationen. Peter Glotz, der viele Jahre die Zeitschrift »Neue Gesellschaft / Frankfurter Hefte« herausgab, vermittelte der Beschäftigung mit der Geschichte der SPD und der Nachkriegszeit als Chronist politischer Auseinandersetzungen viele Impulse. Er wurde als Hochschullehrer für Kommunikationswissenschaft zu einem gesuchten Kommentator von Zeittendenzen.

Umso überraschender war, dass er zu den frühen Unterstützern der Pläne gehörte, ein Dokumentationszentrum zur Geschichte der Vertreibung zu errichten. Diese Idee wurde von Erika Steinbach, der Vorsitzenden des Bundes der deutschen Vertriebenen, gegen mannigfache Widerstände von polnischer und tschechischer Zeit lanciert und gewann erst durch Glotz eine Stoßkraft weit über den Kreis der Vertriebenen hinaus. Steinbach gewann weitere Unterstützer in einem eher linksliberal gefärbten Umfeld wie Ralph Giordano, der mit dem Roman »Die Bertinis« eine der wichtigen, eindrucksvoll verfilmten literarischen Zeitgeschichten verfasst hat. Bei Glotz, einem aus dem Sudetenland vertriebenen »Deutsch-Böhmen«, wie bei Giordano verbanden sich autobiografische Erfahrungen mit allgemeinen

Deutungen der Herausforderungen ihrer Zeit, vor allem, weil sie die Geschichte der NS-Zeit mit der Nachkriegsgeschichte verbanden.

Die Debatte über die Bedeutung der Vertreibungsgeschichte machte deutlich, dass geschichtspolitische Großprojekte gesellschaftliche Unterstützung benötigten. In einzelnen Fällen führte ein breites bürgerschaftliches Engagement zum Ziel, wie die nach mehr als zwanzigjähriger Planungszeit erfolgreich abgeschlossene Errichtung der »Topographie des Terrors« in Berlin zeigte. Zuweilen aber konnte auch eine kleine Gruppe von Prominenten geschichtspolitische Erfolge erzielen, wie Erika Steinbach, die als CDU-Bundestagsabgeordnete gut vernetzt war und jene Klientel der CDU entschieden vertrat, die bis dahin in der Gruppe um Alfred Dregger ihren Sprecher gefunden hatten.

Gegenwart (v)erklärt Vergangenheit

Geschichtspolitische Auseinandersetzungen, die sich an einer politisch kontroversen Deutung der Vergangenheit entzünden, verweisen nicht immer auf Erfahrungen der Mitlebenden. Ebenso oft werden ihnen Erlebnisse, die andere gemacht haben, durch geschichtspolitische Kontroversen nahe gebracht. Wer nicht vertrieben worden ist oder nach 1949 aus der DDR flüchten musste, wer nicht emigrierte oder nicht als Regimegegner aus politischen oder rassenideologischen Gründen verfolgt wurde, muss sich Erfahrungen aneignen oder vermitteln lassen.

Oft werden erzählte Erlebnisse verglichen, relativiert, nicht zuletzt immer neu erzählt und bereits dadurch auch wieder neu akzentuiert und konstruiert. An den so unterschiedlich erzählten Erlebnissen entzünden sich nicht selten durch Vergleiche und Relativierung neue Deutungskonflikte, auch, weil weit zurückliegende Ereignisse kontrovers interpretiert werden. Dabei kann es zuweilen gelingen, historische, nicht selten sogar »versteinerte« Konflikte neu zu beleben, zu aktualisieren und zur Gegenwart werden zu lassen.

Authentische Berichte können aber auch Widerspruch hervorrufen. So versuchte der ehemalige Bundestagspräsident Jenninger, zeitgenössische Zitate aus der NS-Zeit in seine Rede einzubeziehen, die er anlässlich des Jahrestags des Novemberpogroms 1938 hielt. Er verzichtete jedoch darauf, sie ausdrücklich als Zitate kenntlich zu machen. Dadurch entstand in einer geschichtspolitisch angespannten Situation – es ging um Wiedergutmachungsansprüche und Vermögenswerte ermordeter Juden, die auf nicht zugeordneten Bankkonten und in Safes entdeckt worden waren – der Eindruck, der Redner identifizierte sich mit den zeitgenössischen Zitaten und lasse moralisch gebotene, notwendige Distanz vermissen.

Die geschichtspolitische Skandalisierung, die tags darauf einsetzte, hatte Folgen: Jenninger musste sein Amt innerhalb von Stunden zur Verfügung stellen. Wenige Monate später berichtete Ignaz Bubis, der damalige Vorsitzende des Zentralrats der deutschen Juden, er hätte dieselbe Rede vorgetragen, ohne bei seinen Zuhörern auf Ablehnung zu stoßen. Er machte deutlich, dass es nicht nur auf Kontexte und Vortragsweise, sondern offenbar auch auf die Sympathie ankam, die in geschichtspolitischen Kontroversen einem Redner entgegengebracht würde. Als wenige Jahre später der geschichtspolitisch ebenso dezidierte wie umstrittene, weil wandelbare Schriftsteller Martin Walser in einer Rede, die er in der Frankfurt Paulskirche hielt, von der »Auschwitz-Keule« sprach, die er als Chiffre für eine aufgezwungene geschichtspolitische Moralisierung verstand, blieben zunächst jene Reaktionen aus, die erst am Tag darauf in den Medien die Walser-Debatte entfachte und in geschichtspolitisch brisanter Zeit den Historikerstreit anschloss.

Wie der Berliner Zeithistoriker Ernst Nolte hatte auch der Schriftsteller Martin Walser kritisiert, dass der Hinweis auf die NS-Verbrechen des Völkermords ein Schuldsyndrom nach sich zöge, dass eine eigenständige Auseinandersetzung mit der Vergangenheit behindere. Walser, der sich im Laufe seines Schaffens immer wieder seismographisch dem Wandel der Publikumsstimmungen und -vorlieben angepasst hatte, wolle ausdrücken, dass er sich nicht in die Lage des ewigen Schuldigen zu begeben beabsichtige. Nicht gefragt hatte er, ob sein Bild von der moralisierten Zeitgeschichte nur eine Konstruktion oder gar nur eine Fiktion, eine Unterstellung gleichsam, sei. Auch die spannungsgeladene Tatsache vielfältig erinnerter – und erlittener – Geschichte hatte er nicht zum Ausgangspunkt von Überlegungen gemacht, die geeignet gewesen wären, unterschiedliche Erfahrungen von Leid nebeneinander zu stellen und so in die Erinnerung zu integrieren.

Dass um eine vielschichtige, vergegenwärtigte Vergangenheit gestritten wird, ist kein spezifisch deutsches Problem: So hat man in Frankreich 200 Jahre nach der französischen Revolution heftig über Kosten und Resultate dieses epochalen Ereignisses debattiert und in der Bewertung zugleich sehr gegenwärtige Parteigrenzen markiert. In Italien irritierte Berlusconi die Öffentlichkeit, weil er eine Brücke zur Geschichte Mussolinis schlug und zur Diskussion stellte, ob der Balkon, von dem aus der faschistische Diktator Reden hielt, wieder zugänglich gemacht werden sollte. Spanien leitete aus der Entdeckung der westindischen Inseln ebenso wie Portugal enge Verbindungen zur »neuen Welt« ab; die Geschichte Francos wird trotz der vielen hunderttausend Opfer seiner Gewaltherrschaft keineswegs so kritisch bewertet, wie die Verbrechen des spanischen Bürgerkrieges. In den Vereinigten Staaten knüpft eine sehr konservative republikanische »Bürgerbewegung« an die Boston »Tea Party« an und reduziert sie auf den Protest gegen die Erhebung von

Steuern, mit denen Sozialausgaben finanziert würden. In Israel bezieht sich eine Siedlerbewegung auf biblische Verheißungen.

Selbst der bald 500 Jahre zurückliegende Anschlag der Thesen Luthers ist revitalisierbar: Die Bundesregierung stellt schon jetzt in ihren neuen Haushalt fünf Millionen Euro für die 500-Jahr-Feier der Reformation ein; die SED errichtete in Frankenhausen ein Monument zur Erinnerung an die Bauernkriege, und die Bundeskanzlerin Merkel übernahm im Gedenkjahr 2009 die Schirmherrschaft über eine Ausstellung, mit der zweitausend Jahre nach der Vernichtung der römischen Legionen des Quintilius Varus bei Kalkriese durch den Cherusker Arminius an die Hermannschlacht erinnert wurde. Sie war für Ernst von Bandel der Anlass, dem Hermanns-Denkmal im Teutoburger Wald ein Monument der Abgrenzung gegenüber den römischen Einflüssen zu erschaffen. So feierte im 19. Jahrhundert das Deutsche Reich den Beginn seiner Nationalgeschichte und monumentalisierte sie. Mit der Gegenwart hat dieses Ereignis nur insofern etwas zu tun, als die herausragende und viel gelobte Ausstellung in Detmold und Kalkriese ein Publikumsmagnet ersten Ranges war und ein touristischer Erfolg.

Alle Beispiele zeigen, dass nach wie vor an die integrierende Wirkung eines aktualisierenden Geschichtsbewusstseins geglaubt wird. Dabei lässt sich in einer pluralistischen Gesellschaft kein Ereignis der Geschichte einhellig und verbindlich deuten. Gerade wegen der Bemühung um die integrierende Funktion gemeinsamer Erinnerung ist die desintegrierende Funktion des Streits um die Geschichte offensichtlich. Das gilt sogar für Gedenktage, die eigentlich als Ausgangspunkt glücklicher Entwicklungen gewürdigt werden können und politische Identifikationen erleichtern sollen, etwa für den 8./9. Mai 1945, den Jahrestag der bedingungslosen Kapitulation der deutschen Wehrmacht, der als ein »Ende, das ein Anfang war« gedeutet werden kann.

Weil auch dieser Gedenktag vielschichtige und widersprüchliche Erinnerungen weckt, brach 1985 ein heftiger Deutungskonflikt über den epochalen Stellenwert des Jahres 1945 aus[68]. Das wiederholte sich sogar noch einmal zehn Jahre später, als auf Initiative einzelner, die historische Selbstkritik als Ausdruck deutschen Selbsthasses deuteten, sogar Anzeigen in der »Frankfurter Allgemeinen Zeitung« geschaltet wurden. Sie wurden vielfach kommentiert und machten schlagartig deutlich, dass sich durch den Einsatz finanzieller Mittel eine geschichtspolitische Diskussion stimulieren lässt.

Wohl keine historische Zäsur hat die Deutschen im 20. Jahrhundert stärker beschäftigt als das Jahr 1945. Denn kein Zeiteinschnitt hat sie in den vergangenen

---

68 Vgl. Norbert Frei: 1945 und wir. Das Dritte Reich im Bewusstsein der Deutschen, München 2005.

drei Jahrhunderten in ihren ganz persönlichen Lebensverhältnissen tiefgreifender beeinflusst als die Ereignisse dieses Jahres. Das Datum versinnbildlicht deshalb nicht nur eine weltgeschichtliche Zäsur, sondern verweist immer auf einen tiefen persönlichen Lebenseinschnitt. Es ist Synonym für ein »kategoriales Ereignis«, das alle damals Lebenden berührte.

Die Erinnerung an diesen Tag musste so unausweichlich zur Herausforderung für die Erinnerung der Nachlebenden werden. Zwar sollte sich im Gedenken die Vielfältigkeit der Schicksale, die Gleichzeitigkeit widersprüchlichster Stimmungen, Ängste, Hoffnungen spiegeln. Die Befreiung der Konzentrationslager, die Rettung der Häftlinge, die zu Todesmärschen gezwungen und so dem Tod preisgegeben wurden, stand deshalb neben der Erinnerung an Plünderungen und Vergewaltigungen, an Gefangenschaft und Verschleppung, an Internierung und Vertreibung.

Welthistorisch besiegelte die Kapitulation die Befreiung von der nationalsozialistischen Herrschaft, und damit von einer schrecklichen Zukunft, sowie den Beginn einer vierzig Jahre währenden Teilung des untergegangenen Deutschen Reiches und den Verlust der deutschen Ostgebiete. Während in den Westzonen bis 1948 die Grundlage für einen parlamentarischen Verfassungsstaat geschaffen wurde, unterstützte die sowjetische Militäradministration den Aufbau einer Parteidiktatur. Millionen Deutsche flüchteten in den folgenden Jahren in den Westen – die Wunde der Teilung ging tief und vernarbte nur langsam. Die Deutschen konnten diese Trennung nur akzeptieren, weil sie die Teilung ihres Landes letztlich als Konsequenz eines Krieges deuteten, der von deutscher Seite entfesselt worden war und im Völkermord an den Juden kulminierte, als dessen Symbol »Auschwitz« gilt. Die Teilung schien Ausdruck deutscher Schuld, die Hinnahme der Sühnebereitschaft zu sein. Sie ahnten, dass angesichts des Leidens der Juden sich jeder andere Schrecken des Krieges relativierte.

Das Jahr 1945 war aber nicht nur eine Zäsur deutscher Zeitgeschichte, sondern zugleich ein tiefer Einschnitt für die Geschichte Europas. Dies wollte Richard von Weizsäcker 1985 in seiner berühmten Rede zum 8. Mai ausdrücken und dem Gedenken etwas von seiner nationalgeschichtlichen Enge und geistigen Selbstgenügsamkeit nehmen. Denn vor allem für die Staaten Europas jenseits des 1985 noch existenten »Eisernen Vorhangs« markierte das Ende des Zweiten Weltkriegs den unwiderruflichen Untergang einer Ordnung, die zuvor tief in der europäischen Geschichte verwurzelt war. Verschiedene Volksgruppen Europas hatten lange als »Zwischen-Europa« gegolten, als Brücke zwischen Ost und West, und waren plötzlich in den sowjetischen Machtbereich integriert worden. Viele, die noch im 19. Jahrhundert nebeneinander in einem Gemeinwesen zu leben vermochten, waren infolge eines übersteigerten Nationalismus mit dem Zweiten Weltkriegs vertrieben, aufgerieben und entwurzelt worden. Das Prinzip des Nationalstaates, im 19. Jahrhundert entwickelt, hatte zur Entstehung vieler Nationalstaaten geführt, war aber pervertiert worden.

Das Jahr 1945 wurde so zum Synonym für eine Tragödie, die mit der Geschichte der Nationalstaaten begonnen und durch den Nationalsozialismus ihren Kulminationspunkt erlebt hatte. Alle Versuche, die Bedeutung der Zäsur 1945 zu erfassen, können von diesen weltgeschichtlichen Voraussetzungen und Zusammenhängen nicht absehen. Wegen seiner offensichtlichen Vielschichtigkeit musste das Jahr 1945 aber in seiner möglichen Bewertung durch die Mitlebenden und Nachgeborenen umstritten sein.

In der Nachkriegszeit konnte die Beurteilung der Ereignisse und Entwicklungen, die auf den Zusammenbruch folgten, niemals eindeutig und schon gar nicht einhellig sein. Deshalb blieb für die einen eine »Niederlage«, was für die anderen »Befreiung« war. Dachte einer an Flucht, Vertreibung, Gefangenschaft und Teilung, so ein anderer an die Rettung seines Lebens, an seine Freisetzung aus der Haft oder aus dem KZ, an die Befreiung von der nationalsozialistischen Willkür, an die Befreiung von dem Terror der letzten Kriegswochen.

Für viele Jahrzehnte blieb so die Ambivalenz spürbar, die das Ende des Zweiten Weltkriegs für Menschen bedeutete. Sie hat ihren Grund in der Geschichte selbst, die sich niemals auf einen einzigen Strang historisch-politischer Erfahrungen oder auf eine einzige, allgemeine oder gar verbindliche Empfindung reduzieren lässt. Um eindeutige Bewertungen zu vermeiden, sprachen deshalb einige Überlebende bald neutral von der »Kapitulation« oder von der »Stunde Null« der deutschen Nachkriegsgeschichte, andere betonten eher den Beginn einer »Restauration«, während Dritte immer wieder bekräftigten, das Jahr 1945 sei der Anfang einer Neuordnung, ein »Neubeginn«, gewesen. Die unterschiedlichen Bewertungen verfestigten sich im Zuge der Teilung Deutschlands und Europas, weil der sich schon bald abzeichnende Gegensatz zwischen den Systemen auch historisch, durch den Rückgriff auf geschichtliche Legitimationsmuster, gerechtfertigt werden sollte.

Wer den Begriff der »Stunde Null« verwendete, setzte sich nicht nur dem Vorwurf aus, der Frage nach der Kontinuität deutscher Geschichte im 20. Jahrhundert auszuweichen. Er wollte zugleich deutlich machen, dass für ihn das Jahr 1945 den Beginn einer anderen, glücklicheren Geschichte symbolisierte. Denn nach dem Scheitern der Weimarer Republik und der Befreiung von der nationalsozialistischen Diktatur schien der letztlich gelungene Versuch, eine stabile Demokratie zu schaffen, den Begriff der »Stunde Null« zu rechtfertigen.

Wer hingegen den Begriff der »Neuordnung« bevorzugte, vernachlässigte bewusst das Kontinuitätsproblem, das sich aus der engen Verbindung zwischen den deutschen Eliten über alle epochalen Umbrüche hinweg ergab. Er wollte betonen, dass die deutsche Nachkriegsgeschichte sich von der Vorgeschichte grundlegend unterschied. Er betonte, dass viele derjenigen, die den Staat Hitlers hingenommen oder mitgetragen hatten, ihren Weg ohne selbstkritische Distanzierung von der deutschen Geschichte zwischen 1918 und 1945 fortgesetzt hatten, die politische Nachkriegskultur prägten und Weichen stellten, die oftmals mehr durch Selbstkritik und historische Nachdenklichkeit als durch das Verlangen nach dem »Schluss-strich«, nach dem Vergessen, motiviert waren.

Öffentliches Nachdenken über Weichenstellungen bedeutet, durch Reflexions- und Diskussionsangebote geschichtspolitische Akzente zu setzen. Geschichtsbilder lassen sich nicht verordnen. Jede Festlegung gedeuteter Vergangenheit wird Widerspruch finden. Deshalb wird ein Gedenken stets scheitern, das auf den bewussten Ausschluss von Erinnerungselementen zielt. Dagegen steht das Konzept des »integralen Gedenkens«. Es kann nur akzeptiert werden, wenn im Nachdenken über Schicksale und Lebenslagen der Vergangenheit der Stand gegenwärtiger Politik historisch eingeordnet und gewürdigt wird.

Dies gelang neben bedeutenden Reden zum 20. Juli 1944 – von Heuß über Lübke und Heinemann – vor allem Richard von Weizsäcker am 8. Mai 1985. Sein Versuch, die Vielfalt der Erinnerungen und Deutungen, das Nebeneinander gleichzeitiger Erfahrungen und Erlebnisse zu ordnen und zu klären, wurde als »Befreiung« aus einem nationalkonservativ geprägten Blick auf die deutsche Weltkriegsgeschichte empfunden. Die Ansprache, die sofort zu den großen politischen Reden der Bundesrepublik gezählt wurde, wirkte nachhaltig, denn sie klärte auf und versöhnte zugleich, weil sie auf ein integrales Geschichtsverständnis zielte. Weizsäcker beendete die lange geschichtspolitische Auseinandersetzung um die Deutung der »jüngsten deutschen Vergangenheit«, die die Auseinandersetzung mit der Zeitgeschichte seit 1950 geprägt hatte.

Immer war es bei den öffentlichen Diskussionen um Kriegsgefangene, Bomben- und Vertreibungsopfer, um die Kriegsverbrechen der Siegermächte gegangen. Im Mai 1950 hatten noch die Deutschen in einer öffentlichen Schweigeminute nicht an das Kriegsende denken, sondern für die Kriegsgefangenen Zeugnis ablegen wollen, die sie millionenfach in angeblichen sowjetischen Schweigelagern vermuteten.

Noch in den Sechzigerjahren hatten Soldatentreffen an den Krieg als eine Leistung deutscher Soldaten erinnert. Erst in den Achtziger- und Neunzigerjahren hatte der damalige Sozialminister Norbert Blüm eingeräumt, dass der Zweite Weltkrieg auch ein »Rassen- und Weltanschauungskrieg« war. Gehaltene Verteidigungslinien der deutschen Wehrmacht hatten auch »Auschwitz ermöglicht«. Weizsäckers Rede zeigte, dass es nicht um die Besetzung von Begriffen, sondern um die Sichtbarmachung von unterschiedlichen Lebens- und Leidenserfahrungen ging. Er forderte auf, Vergangenheit nicht nur aus einer begrenzten lebens- und nationalgeschichtlichen Perspektive zu bewerten, sondern mit den Augen des andern, des leidenden Zeitgenossen ebenso wie mit dem der europäischen Gesellschaften zu sehen, die durch die nationalsozialistische Besatzungspolitik schwer geschlagen wurden.

Diese Auseinandersetzung um die Deutung der Vergangenheit prägte die weiteren Jahre und bestätigte erneut, dass es Weizsäcker gelungen war, im Nachdenken über historische Erfahrungen zu versöhnen, ohne zu spalten. Er versöhnte aber nicht nur viele Deutsche und Europäer mit ihrer persönlichen Leidensgeschichte und politischen Vergangenheit, sondern markierte auch eine geschichtspolitisch virulente Situation, die durch neue gouvernementale Museumspläne bestimmt war, durch die immer wieder zu Stellungnahmen herausfordernde Debatte über das geplante zentrale Mahnmal für alle Opfer des Krieges in der Neuen Wache in Berlin, gleich neben Zeughaus und Humboldt-Universität, sowie durch Diskussionen über die Funktion der Gedenkstätten zur Erinnerung an die NS-Zeit und über die Berliner Topographie des Terrors.

Man sprach von »Gedenkindustrie« und »flächendeckender Verbreitung« von Gedenktafeln und Denkmälern und las sogar von der Gefahr, die Erinnerung könnte im Gedenken vergehen. Verhärtungen der geschichtspolitischen Debatten waren unübersehbar. Sie wurden mit dem »Historikerstreit« aufgebrochen, dem vielleicht heftigsten Streit, der sich an der Bewertung der nationalsozialistischen Zeit entzündete.

Geteilt und vereint – neuer Streit um die Geschichte

Nach dem Untergang der DDR wäre es vermutlich richtig gewesen, eine ähnlich integrale Rede zu halten wie die von Weizsäckers am 8. Mai 1985. Vielleicht macht der Abstand, der zwischen ihr und dem erinnerten Ereignis liegt, deutlich, dass stets längere Zeiträume notwendig sind, um einen neuen Blick auf die Vergangenheit werfen zu können. Vielleicht müssen vierzig Jahre vergehen, um Wunden heilen und neue Perspektiven wachsen zu lassen. Vierzig Jahre – ein biblischer Zeitraum! Vierzig Jahre lang zogen die Stämme Israels unter Führung von Moses durch die Halbinsel Sinai, um das ihnen versprochene gelobte Land zu erreichen. Keiner der Teilnehmer dieses Marsches durfte das verheißene Land betreten, nicht einmal Moses, dem nur gestattet wurde, es aus der Ferne zu schauen. Vierzig Jahre sind notwendig, so sagte später einmal die Bürgerrechtlerin Ulrike Poppe, um eine Sklavengesinnung abzuschütteln.

Historisch ist eine derartige *tabula rasa* nicht möglich. Auch wenn Staaten zusammenbrechen, bleiben Gesellschaften bestehen, leben Menschen weiter. Unmittelbar nach der Überwindung eines diktatorischen Systems müssen alle, die

Unterdrückungsregimes wie auch immer ertragen oder sogar aktiv mit gestaltet haben, in die neuen Verhältnisse einbezogen werden. Gesellschaftliche Integration setzt einen Zusammenhalt, einen Willen zum Leben miteinander voraus, der nicht selbstverständlich ist. Denn über die Auseinandersetzung mit der überwundenen Geschichte der Diktatur wird in postdiktatorischen Gesellschaften immer auch über Lebensentwürfe und Lebensgeschichten gestritten. Opfer der überwundenen Regime verlangen Anerkennung und Genugtuung, diejenigen, die das System verantwortet und gestaltet haben, wollen sich erklären, und immer wieder wird gefordert, sie sollten Verantwortung übernehmen, Wiedergutmachung leisten, glaubwürdig eine Neuorientierung ihrer Wertvorstellungen demonstrieren.

Deshalb führt jede Aussage über das diktatorische System zu neuen Kontroversen. War es ein Unrechtsstaat, eine totalitäre, eine autoritäre oder gar eine fürsorgliche Diktatur? War das Leben in den Nischen des Alltags ein politischer Akt? Orientierte sich die Oppositionsbewegung an westlichen Werten, suchte sie nach einem dritten Weg oder erstrebte sie gar nur die Verbesserung des sozialistischen Systems? Die postdiktatorische Debatte über die »moralischen Möglichkeiten und die sittlichen Verpflichtungen«[69] kann eine Gesellschaft nicht nur zerreißen, wenn ein totalitäres System die Antwort auf Fragen nach den »letzten« Dingen verlangt, sondern auch nach der Überwindung einer Diktatur.

Vielleicht wäre es gut gewesen, die Leistungen der ehemaligen DDR-Bürger bei der Bewältigung ihres Alltags stärker zu würdigen als sie pauschal des politischen Versagens zu zeihen. Einer lebensgeschichtlich konkreten Auseinandersetzung mit der Geschichte der DDR und der Alltagsgeschichte wäre dabei eine große Bedeutung zugekommen. Aber die geschichtspolitischen Debatten über die DDR-Vergangenheit machten immer deutlich, dass die Interpretation der Vergangenheit einem politischen Kalkül folgte. Es ging nicht um Wahrheit, um Vielfalt, sondern um Eroberung und Behauptung von Macht und politischem Einfluss. Es galt Wahlen zu gewinnen, Mehrheiten zu sichern, Gegner zu schwächen, die politischen Vorstellungen zu prägen: »Wir leben in einem Zeitalter der Polemik, der unausgesetzten Klärung, Sonderung und Gegenüberstellung der Begriffe und Vorstellungen« hatte der Publizist Peter de Mendelssohn Anfang der Fünfzigerjahre festgestellt. Er deutete die Konsequenz dieses Ringens um die »geistige Vorherrschaft« an, die Verschlingungen in ein »Gehege der Moralität«[70]. Er, der Remigrant, war seiner Zeit voraus.

---

69 Peter de Mendelssohn: Der Geist in der Despotie. Versuche über die moralischen Möglichkeiten des Intellektuellen in der totalitären Gesellschaft, Frankfurt am Main 1986 (zuerst 1953), S. 7.
70 Ebda., S. 8.

Aus Willy Brandts Erwartung: »Nun wächst zusammen, was zusammen gehört« hätte sich die Grundlage einer geschichtspolitisch begleiteten Integration der beiden deutschen Staaten und ihrer Gesellschaften ableiten lassen. Dieser Satz wäre dann mehr als ein rhetorisches Element gewesen, weil er mit der Frage auch einen Auftrag enthielt. Denn das Zusammenwachsen sollte und musste von beiden Seiten vorangetrieben werden, von Ost und West.

Willy Brandts Prophezeiung schloss die Frage ein, wer hüben und drüben blind gegenüber der Realität oder befangen in den politischen Zwängen gewesen war. Verantwortung und Schuld, Illusionen und die Neigung, sich den Blick zu trüben, betrafen ohne Zweifel Menschen in Ost und West. Hatte nicht ein sozialdemokratischer Politiker noch im September 1989 erklärt, er setze eher auf reformbereite Kräfte innerhalb der SED als auf die Opposition? Hatte nicht Lafontaine noch im Sommer 1989 Krenz unwidersprochen darüber reden lassen, es könne in der DDR auch eine chinesische Lösung geben? Dies war eine deutliche Anspielung auf das Massaker, dass die chinesische Führung am 4. Juni 1989 unter demonstrierenden Studenten auf dem Pekinger Platz des himmlischen Friedens veranstaltet hatte. Noch am 7. Oktober, als die DDR-Führung den 40. Jahrestag ihrer Gründung feierte, hatte die blutige Demonstration der Opposition die europäischen Politiker sprachlos gemacht. Noch die Demonstrationen vom 7. November auf dem Berliner Alexanderplatz boten eher Anlass für ein Staunen, weniger für Freude, denn die politische Ratlosigkeit war übermächtig und hätte zumindest im Rückblick veranlassen können, einen geschichtspolitisch selbstbewussten Triumphalismus zu vermeiden.

Kaum aber war die Mauer gefallen, setzte eine Debatte über »Deutsche Irrtümer« (Jens Hacker) ein. Die Deutschen stritten heftig über den Bau der Mauer und den Aufstand vom 17. Juni 1953, über die »friedliche Revolution« und die Verantwortung für die jahrzehntelange Stabilität des »SED-Staates«. Man ging soweit, den vergehenden Staat sogar aus der deutschen Geschichte zu expedieren, hätte es sich bei der DDR doch eigentlich vor allem um einen sowjetisch geprägten Staat, um einen Teil der Geschichte der Sowjetunion »auf deutschem Boden« gehandelt. So wurde rasch deutlich, dass es nicht um die Erklärung des Systems und um das Verständnis seiner Voraussetzungen und sozialgeschichtlich belastenden Folgen ging, sondern um Geschichtspolitik, Ansichten, Gesinnungen, Positionierung im Tageskampf um die Macht.

Die Kontroversen betrafen also nicht nur den Versuch, die »wahre DDR« zu verstehen. In den politischen Konjunkturen der Wahlauseinandersetzungen wurde die DDR-Geschichte zu einer politischen Ware. Vielfach lenkte man von seinen vergangenen Fehleinschätzungen ab. Trotzkisten hatten die Sowjetunion immer kritisiert, aber nicht, weil sie sich zum Prinzip des Rechtsstaats, der Gewaltenteilung, der Grundrechte bekannten. Auch Maoisten nahmen nun an geschichtspolitischen Debatten teil und behaupteten, den Sowjetblock stets kritisch gesehen zu haben. Sie verschwiegen, dass sie viele der Bewertungsgründe von maoistischen Ideologen übernommen und die Kulturrevolution mit Millionen von Opfern gerechtfertigt hatten. Aber auch die Anhänger der DDR verklärten ihre Positionen, beschworen den Antifaschismus und ihre ursprünglichen Motive, sich für den SED-Staat einzusetzen.

Denn Staatsgründungen werden in der Regel historisch ebenso verklärt wie Revolutionen, die Ralf Dahrendorf einmal als »bittersüße Momente der Geschichte« bezeichnet hatte.[71] In Revolutionen flackere die Hoffnung kurz auf, schlage in Enttäuschung um und würde sehr schnell in neuen Missständen erstickt. Dahrendorf hat jeder Form postdiktatorischer Verklärung angesprochen, denn er wusste, dass der Hinweis auf anfängliche Motive in sich den Kern einer moralisch fragwürdigen Rechtfertigung enthält. Die Hoffnung steht am Beginn und legitimiert sich rückblickend und entschuldigend durch eine damalige Erwartung, nach der NS-Zeit einen neuen politischen Anfang zu ermöglichen, der »Antifaschismus« genannt wurde. Die anschließende politische Enttäuschung berührt aber die Realitäten. Missstände bezeichnen das Maß, an dem dann die einstmals so hoffnungsvoll beflügelten Erwartungen gemessen werden – allerdings im Nachhinein. Die Eule der Minerva mache sich in der Dämmerung auf den Weg, hatte Hegel orakelt. Sie blickt aus der Abenddämmerung auf den vergangenen Tag. Sie weiß, was sich eignet hat, nachdem es sich ereignet hat. Zugleich aber hatte Hegel betont, der Historiker stelle die beiden kämpfenden Parteien »und den Kampf« selbst dar. In der Tat lässt sich Geschichte immer aus dreifacher Perspektive deuten: vom Anfang, von der Mitte und vom Ende her. Und der Historiker verkörpert nicht nur die drei Sichtweisen, sondern noch eine vierte: seine eigene.

Jede Gründung von Gemeinwesen wirft dennoch die Frage nach den Motiven derjenigen auf, die sich in den »ersten Stunden« nach dem Untergang diktatorischer Systeme für die Institutionalisierung einer neuen politischen Ordnung engagierten. In der Folgezeit konnten aus den ursprünglichen Motiven moralische Verklärungen erwachsen. Die Beschreibung und Beschwörung von ursprünglichen Motiven gestatten, ursprüngliche politische Haltungen, die sich bei einer Betrachtung vom Ende her als irrig erweisen, zumindest zu verklären und gravierende politische Fehlhaltungen, die schließlich sogar als Ausdruck politischer Kriminalität gelten müssen, durch anfänglich gehegten Hoffnungen zu rechtfertigen.

Besonders deutlich wurde dies bei den Versuchen, das Engagement für die DDR gerade in ihrer Gründungsphase zu erklären. Zum einen wurden auf Seiten der PDS

---

71 Ralf Dahrendorf: Der moderne soziale Konflikt. Essays zur Politik der Freiheit, München 1994, S. 7.

Stimmungen beschworen, in denen sich das Entsetzen über die NS-Zeit und die aus diesem Entsetzen abgeleitete Bestrebung greifen lassen soll, ein »anderes und besseres« Deutschland zu schaffen: strikt demokratisch, strikt »antifaschistisch« und entschieden anders als der deutsche angebliche Obrigkeitsstaat. Dass es selbst im Bismarck-Staat und im Wilhelminischen Reich Ansätze einer Demokratisierung und Parlamentarisierung gab, die die deutsche Demokratie nachhaltig prägten, wurde durch die Unterstellung beiseite gewischt, die deutsche Geschichte sei immer durch Klassenkämpfe zwischen »den Krupps und den Krauses« geprägt worden. Im Westen Deutschlands hätten die Krupps das Sagen gehabt, während die Krauses im Arbeiter- und Bauernstaat der DDR bestimmend gewesen seien. Zum anderen gab es diejenigen, die vor allem den Durchsetzungswillen der sowjetischen Seiten und ihrer deutschen kommunistischen Helfer betonten. Sie gingen in der Regel von der Annahme aus, dass langfristig angelegte Herrschaftsvorstellungen der kommunistisch-stalinistischen Führung zum Durchbruch gekommen und realisiert worden seien.

Modifiziert werden beide Ansätze auf bezeichnende Weise: Diejenigen, die Probleme der politisch-moralischen Motivation in den Mittelpunkt rücken, gehen vom Modell der moralischen Degeneration aus und erklären sich somit zum Opfer von Eliten, die ursprünglich gute Zielvorstellungen und Rechtfertigungsmuster pervertiert haben. Diese Perspektive gestattet die eigene moralische Rehabilitierung und ermöglicht gleichzeitig die Diskreditierung jener, die das »politische Experiment des Sozialismus« haben scheitern lassen. Diejenigen, die stärker den Durchsetzungs- und Machtwillen der sowjetischen Seite betont wissen wollen, werden auf die übergeordneten politischen Systemzwänge des Kalten Krieges hingewiesen und mit der These konfrontiert, dass die Etablierung kommunistischer Herrschaft im Zuge der globalen Spaltung eine entscheidende Bedeutung für den weiteren Verlauf der Geschichte gehabt hätte. Auch in diesem Fall wird die Verantwortung für die Stabilisierung des SED-Staates als einer diktatorischen Ordnung auf andere übertragen, gleichsam externalisiert.

Die geschichtspolitischen Konsequenzen der angeführten Argumentationsweisen liegen auf der Hand: Auf der einen Seite steht der Versuch einer moralischen Rehabilitierung durch den Hinweis auf die Ursprungsgesinnung. Sie wird in die Jahrzehnte der weiteren politischen Existenz der DDR verlängert und scheint somit geeignet zu sein, den Versuch des Neubeginns auf eine langjährige und belastete Diktaturgeschichte auszuweiten. Auf der anderen Seite steht der Versuch, Verantwortung für ein »verfehltes und gescheitertes sozialistisches Experiment« auf die Systemgegensätze zu projizieren. Die Konsequenz beider Argumentationsweisen ist die politisch-moralische Selbstentlastung derjenigen, die sich mit der Geschichte des SED-Staates identifiziert und seine Funktionsweise mitgetragen haben.

Die Auseinandersetzung mit der DDR-Geschichte wird so zum schlechthinnigen Beispiel einer Konfrontation postdiktatorischer Gesellschaften mit diktatorischer Geschichte. Die geschichtspolitischen Konflikte spiegeln dabei eine Konfrontation zwischen denen, die sich mit der Diktatur identifiziert oder ihr nicht widerstanden hatten und denen, die sich dezidiert gegen diese Diktatur und ihre Verteidiger oder Rechtfertiger absetzten. Diese Auseinandersetzung hat unvermeidlich politische und individuelle Dimensionen und zielt auf die nachträgliche Bewertung des persönlichen Verhaltens des Einzelnen, von Gruppen und den Trägern zentraler Institutionen, die in die überwundenen Regime verstrickt waren und dennoch als »Gestrige« die nachdiktatorischen Verhältnisse prägen.

Dabei geht es nicht um die Frage, wie die Folgen diktatorischer Politik ungeschehen zu machen sind, sondern um Fragen der Wiedergutmachung und der Einsicht in die Voraussetzungen und Folgen einer menschenrechtswidrigen oder menschenverachtenden Politik. Wiedergutmachung ist denkbar durch Restitution, durch Entschädigung, durch Ehrung der Opfer und durch Gedenken – in allen Fällen ist es unausweichlich, die Voraussetzungen für die innere Bereitschaft zur Wiedergutmachung bei den Überlebenden zu schaffen; aber auch diejenigen, denen Wiedergutmachung im weitesten Sinne zuteil werden soll, müssen davon überzeugt werden, dass eine derartige Wiedergutmachung sinnvoll oder moralisch geboten ist.

Im Zuge der Wiedergutmachungsdiskussionen stellt sich die Frage, wie das Verhältnis zwischen angeblichen Tätern und Opfern zu gestalten ist. Dies setzt in der Regel die glaubhafte Auseinandersetzung mit der Vergangenheit im weitesten Sinne voraus sowie bei Mitläufern und Belasteten das Eingeständnis ihrer Verantwortung für die vergangene Politik und Geschichte der überwundenen Diktatur, das Eingeständnis einer – wie auch immer definierten – Schuld und die Bekräftigung eines Willens zur Neuorientierung und Neuformulierung von Maßstäben des Politischen. Es geht um neue politische Verhaltensweisen. Daneben dient die Auseinandersetzung mit der Vergangenheit der Klärung von Positionen von Gruppen und Kräften, die nicht die Bereitschaft beweisen, sich mit der persönlichen Geschichte ihrer Anhänger auseinanderzusetzen und das Spannungsverhältnis von Lebensgeschichte und Systemgeschichte zu reflektieren.

Die Auseinandersetzung mit politischen Kräften, die sich zur Geschichte der überwundenen Diktaturen bekennen, rückte die Vergangenheitsbewältigung in das Zentrum eines politischen Konfliktes, der sich an der Deutung (und Rechtfertigung) der Geschichte entzündet. Es geht um ihre Voraussetzungen (und potentiellen persönlichen Entlastungsmöglichkeiten), um ihre oftmals behauptete Unausweichlichkeit (und damit kollektive Entlastung), um ihre weitgreifenden Zusammenhänge (und damit Relativität), um ihre politisch-pädagogische Dimension (und damit um die Unterstellung einer primär politisch-manipulativen Funktion der Zeitgeschichte). Alle Auseinandersetzungen werden geschichtspolitisch inszeniert, denn sie zielen auf eine breitere Öffentlichkeit und müssen deshalb im Zusammenhang mit ihrer politischen Breitenwirkung und damit auch ihrer Mobilisierungsfähigkeit gesehen werden.

Neben der Beschäftigung mit den Opfern diktatorischer Politik bleibt die Frage entscheidend, wie die Integration der Täter in das politische System, in gesellschaftliche Kooperationszusammenhänge (Frage der Strafe, der befristeten Ausgrenzung aus dem Berufsleben oder des Berufsverbots) diskutiert und die Auseinandersetzung um ihre Haltung und ihr Verhalten geführt wird. Ihr muss sich wohl jeder nach einem Systemumbruch stellen. Denn kein Gemeinwesen kann auf Dauer Menschen ausgrenzen, so groß auch ihre Fehler waren, so sehr sie auf Kosten anderer ihren eigenen Vorteil gesucht und nicht zuletzt durch die Politisierung des Alltags (Denunziationen, Bespitzelung) gefunden haben. Der Schlussstrich kann nicht die Konsequenz dieser Überlegung sein, denn er bedeutet letztlich Amnesie, Verdrängung, Beschweigen. Entscheidend bleibt die Einsicht in Schuld und Versagen, in Verantwortung und die Verpflichtung zur Wiedergutmachung. So muss jede postdiktatorische Entwicklung durch geschichtspolitische Auseinandersetzungen geprägt sein. Dies zumindest hätte die Lehre sein können, die Deutsche aus ihrer Auseinandersetzung mit ihrer »ersten Diktatur« zu ziehen hatten.

Vom Historikerstreit zur Auseinandersetzung um die Deserteure

Seit dem Zusammenbruch des NS-Systems wurde immer über die Bewertung des Nationalsozialismus gestritten. Die erste Debatte entzündete sich an der Bewertung des deutschen Exils. Thomas Mann hatte 1945 die Literatur, die nach 1933 in Deutschland entstanden war, für »wertlos« erklärt und damit nicht nur Widerspruch der Schriftsteller hervorgerufen, die sich als Mitglieder einer schweigenden, den NS-Staat ablehnenden Minderheit empfanden, sondern einen intensiven Streit um die Rechtfertigung der »inneren Emigration« angestoßen. Die Auseinandersetzung hat in den Grundstrukturen die heftigen Konflikte vorweggenommen, die sich in den anschließenden Debatten über Bewertung von zeithistorisch geprägten Lebensgeschichten einstellten. Der unmittelbare Austausch der Erfahrungen von Opfern, Mitläufern, Angepassten, Belasteten und Schuldigen hat die Öffentlichkeit weniger beschäftigt als manche bunte Zeitschriften-Serie in deutschen Illustrierten, die über Kriegsgefangenschaft, Flucht und Vertreibung, die »Feldzüge« der Wehrmacht, das »Unternehmen Babarossa« oder einzelne Schlachten und »Feldherren« (darunter der besonders verehrte Generalfeldmarschall Erwin Rommel) schrieben.

Zeitgeschichte und Erfahrungsgeschichte blieben virulent und beeinflussten vor allem diese Illustrierten-Publizistik, die wiederum in den Fünfzigerjahren Geschichtsbilder prägte.

Eine der wichtigsten Kontroversen berührte nach der Exil-Debatte den Widerstand gegen den Nationalsozialismus. Anfang der Fünfzigerjahre hatte eine Quellensammlung den »lautlosen Aufstand« in das Bewusstsein gehoben. Damit wurde der Schleier des Schweigens, der sich über den Widerstand legte, verschoben. Eine der ersten großen Biographien, die der Freiburger Historiker Gerhard Ritter einem Regimegegner gewidmet hatte, beschrieb das Leben Goerdelers und deutete den Widerstand als Ausdruck einer nationalkonservativ-patriotischen Grundstimmung.[72]

Margret Boveri hatte diese Bewertung einer Gruppe, die sie für Honoratioren hielt, nicht akzeptiert und den deutschen Widerstand in eine umfangreiche Darstellung des »Verrats im 20. Jahrhundert« integriert und die nationalkonservativen Prägungen der »Honoratiorenelite« kritisiert[73]. Damit wurden Kontinuitätslinien in Frage gestellt, die politisch dazu dienen sollten, die »Rückkehr Deutschlands in den Kreis der zivilisierten Nationen« zu erleichtern. Das konnte aber nur mit Diplomaten gelingen, die längst systematisch daran gegangen waren, das Auswärtige Amt als eine Institution zu deuten, in der die nationalsozialistische Ideologie niemals richtig Fuß gefasst hatte. Sie wollten sich so von dem Odium befreien, den Nationalsozialismus außenpolitisch unterstützt zu haben.

Ende der Fünfzigerjahre wurde der Blick auch auf politische Kräfte gelenkt, die den Staat Hitlers durch ihr Versagen in Institutionen von Staat, Rechtssystem und Kirche unterstützt hatten. Der spätere Verfassungsrichter Ernst-Wolfgang Böckenförde hatte die Konkordatspolitik des Heiligen Stuhles vom Sommer 1933 kritisch bewertet und Widerspruch vor allem von Seiten des politischen Katholizismus provoziert[74]; Karl-Dietrich Bracher hatte wenig später mit der These von der Unfähigkeit der Weimarer Parteien, auf der Grundlage eines politischen

72 Gerhard Ritter: Carl Friedrich Goerdeler und die deutsche Widerstandsbewegung, Stuttgart 1954.

73 Margret Boveri: Der Verrat im 20. Jahrhundert, zuerst in vier Bänden als Taschenbuch in der Reihe »rowohlts deutsche Enzyklopädie«, später auch einbändig, besonders Bd. 2: Für und gegen die Nation – das unsichtbare Geschehen, Reinbek 1956, S. 22 ff.

74 Ernst Wolfgang Böckenförde: Der deutsche Katholizismus im Jahre 1933, in: Hochland 53 (1960/61), S. 215–239; dabei zeigte sich fast umgehend eine konfessionspolitische Reaktion, die Böckenförde in einer »Stellungnahme zur Diskussion« kommentierte. Er schärfte sein Urteil noch einmal zu. Vgl. Hochland 54 (1961/62), S. 217–245 und ließ auch anschließend das Thema, das durch die Hochhuth-Kontroverse über dessen Drama »Der Stellvertreter« noch zusätzliche Brisanz gewann, nicht aus den Augen. Vgl. Kirche und Politik, in: Der Staat 5 (1955), S. 225–238.

Kompromisses parlamentarische Verantwortung zu übernehmen, eine geschichtspolitische Debatte über die Bedeutung der Parteien für eine funktionierende Demokratie ausgelöst[75], die viele Jahre später noch einmal nach der Veröffentlichung von Heinrich Brünings Memoiren im Zusammenhang mit dessen Notverordnungspolitik in seiner Zeit als Reichskanzler zwischen 1930 und 1932 aufleuchtete. Beide Debatten berührten sehr spezielle zeitgeschichtliche Fragen und fanden deshalb vor allem die Aufmerksamkeit von Gelehrten, nicht jedoch die der breiten Öffentlichkeit.

Das hatte sich erstmals Anfang der Sechzigerjahre grundlegend geändert, als ein Ministerialrat, der im niedersächsischen Verfassungsschutz tätig war, die These von der Alleintäterschaft des niederländischen Anarchisten Marinus van der Lubbe begründete, der den deutschen Reichstag in der Nacht zum 27. Februar 1933 angezündet hatte. Sein Buch war sperrig zu lesen, wurde aber sehr eingängig präsentiert durch eine zeitgeschichtliche Serie, die im Hamburger Nachrichtenmagazin »Der Spiegel« erschien. Nicht nur der Spiegelredakteur Heinz Höhne hatte sie redigiert, auch der Historiker Hans Mommsen hatte sie als wichtigen Durchbruch der Forschung bewertet. Aus einer Fachdebatte wurde nun eine publizistisch aufbereitete Geschichtspolitik, denn es ging um den Charakter des NS-Staates. War seine Konsolidierung Ausdruck eines Programms oder eher des Zufalls, der genutzten Gelegenheiten? Damit veränderte sich der mediale Resonanzboden zeitgeschichtlicher Kontroversen. Von grundsätzlicher Bedeutung war dieses Problem, weil die Frage, ob das NS-System zu verhindern gewesen wäre, in der politischen Bildung und in der Publizistik, aber auch an Stammtischen intensiv diskutiert wurde.

Bis dahin war man allgemein überzeugt, dass die Nationalsozialisten das Fanal, das der Reichstagsbrand bedeutete, selbst gesetzt hätten, um im Zuge einer Massenverhaftung ihre Gegner zu verhaften und die Weimarer Verfassungsordnung bereits einen Tag nach dem Großbrand mit einer Notverordnung »zum Schutz von Volk und Staat« endgültig zu zerstören. Handelte sich also um einen »Betriebsunfall« deutscher Geschichte, um einen Zufall oder um eine bewusst inszenierte »Machtergreifung«?

Immer wieder hatten Historiker über die Struktur des NS-Staates gestritten, den sie als polykratisches System oder als monolithisch anmutenden Führerstaat deuteten. Sie suchten nach generellen Erklärungen und wollten doch den spezifischen nationalgeschichtlichen Bezugsrahmen des »Hitler-Faschismus« relati-

---

75 Karl Dietrich Bracher: Die Auflösung der Weimarer Republik. Eine Studie zum Problem des Machtverfalls in der Demokratie, 3. Auflage Villingen 1960; ders.: Parteienstaat, Präsidialsystem, Notstand, in: Gotthard Jasper (Hg.), Von Weimar zu Hitler 1930–1933, Köln 1968, S. 58 ff.; Werner Conze: Die Krise des Parteienstaates in Deutschland 1929/30, in: ebda., S. 27 ff.

vieren. Sie hatten diktatorische Systeme gleichgesetzt und den NS-Staat als Spielart des Totalitarismus gedeutet. Faschismustheorien interpretierten das »Dritte Reich« als Ausdruck einer Krise des liberalen Systems, der kapitalistischen Gesellschaft, ja selbst als Ausdruck gelungener Unternehmensstrategien, die den Einfluss der Gewerkschaften zurückdrängen wollten, sogar als Versuch »reaktionärer Politiker und Unternehmer«, die Arbeiterbewegung zu schwächen. Viele Hypothesen machten zeitgeschichtliche Forschung zu einem Forschungsfeld, bei dem jeder Interessierte mitdiskutieren konnte. Vor allem im rechtsextremistischen Umfeld wucherten Legenden, die beanspruchten, ein Korrektiv zu jener »Siegergeschichte« zu sein, als die die wissenschaftliche Zeitgeschichte galt.

Das änderte sich schlagartig in den Achtzigerjahren mit dem »Historikerstreit«. Keine Auseinandersetzung bis zu dieser Debatte, aber auch seitdem, ist derart heftig ausgetragen worden. Die Öffentlichkeit nahm außerordentlich regen Anteil, in den Feuilletons schlug sich dieser Streit ebenso nieder wie in Gesprächssendungen, die als »Talk-Shows« fast gleichzeitig mit der Etablierung privater Fernsehsender auch die öffentlich-rechtlich verfassten Fernsehsender prägten. Mehrfach wurden die Diskussionsbeiträge, die im Zusammenhang mit dem sich über zwei Jahre hinziehenden Historikerstreit erschienen waren, zu Sammelbänden zusammengefasst, was zuvor erst einmal geschehen war – mit der Debatte über Hannah Arendts Buch »Eichmann in Jerusalem«.

So gesehen, war der Historikerstreit kein zufälliges Ereignis, sondern der Endpunkt einer längeren Bestrebung, die deutsche Vergangenheit zu revidieren. Begonnen hatte er als Reaktion des Frankfurter Sozialphilosophen und Zeitkritikers Jürgen Habermas auf einen Beitrag, den der damals hochangesehene Berliner Zeithistoriker und »Faschismusforscher« Ernst Nolte unter dem Thema »Vergangenheit, die nicht vergehen will« für die Frankfurter Römerberg-Gespräche über das Thema »Politische Kultur – heute?« vorbereitet hatte, aber nicht halten durfte. Der Kern der Kontroverse lag aber tiefer. Dies erklärt ihre Vehemenz.

Bei dem bald so heftig losbrechenden Streit ging es auch nicht um eine kleine Essaysammlung, die der Kölner Weltkriegshistoriker Andreas Hillgruber unter dem Titel »Zweierlei Untergang«[76] in der »corso-Reihe« des Siedler-Verlags publiziert hatte. Schon gar nicht ging es um die Begleichung alter Rechnungen zwischen den führenden Repräsentanten sich befehdender historischer Schulen. Sondern im Zentrum der Auseinandersetzung stand der Versuch, Zeitgeschichte aus politischer Absicht zu deuten. Historiker waren dabei nicht die Spielmacher, sie präsentierten sich teilweise als Moderatoren, vor allem aber als Entertainer in einer Feuilletondebatte. Schaden nahm das Geschichtsbewusstsein, das doch gerade ge-

---

76 Andreas Hillgruber: Zweierlei Untergang, Berlin 1986.

fördert werden sollte, denn nun wurde die Verbindung zwischen den Deutern der Geschichte und der Politik, der gedeuteten Vergangenheit und angeblich historisch geprägten politischen Optionen deutlich.

Jürgen Habermas sah in den Umdeutungen einiger Historiker einen risikobehafteten Versuch, Unvergleichbares in eine unstatthafte Beziehung zu rücken. Er ließ aber auch keinen Zweifel an der politischen Stoßrichtung seiner Argumentation, denn er verknüpfte den Hinweis des Erlanger Historikers und regelmäßigen Verfassers von historisch rückblickenden Leitartikeln der Frankfurter Allgemeinen, Michael Stürmer, auf die politische Notwendigkeit der politischen Vergangenheitsdeutung bewusst mit den Plänen zur Gründung eines Museums für die deutsche Geschichte in Berlin und einer ständigen Ausstellung zur Geschichte der Bundesrepublik Deutschland, die in der Mitte der Sechzigerjahre heftig diskutiert wurden. Er stellte so in polemischer Absicht – die er später eingestanden hat – einen Zusammenhang her, der sich im Rückblick noch klarer zeigt.

Die Auseinandersetzung hatte höchst unterschiedliche Ursachen. Zum einen bot der Streit die Chance, exemplarisch dem politischen Anspruch entgegenzutreten, der sich aus dem politischen Wunsch zu rechtfertigen schien, eine »geistig-moralische Wende« (Helmut Kohl) gerade durch geschichtspolitische Initiativen zu untermauern. Zum anderen machte die Kontroverse deutlich, dass die ältere Generationen bei ihrem Zug durch die Zeit noch einmal vehement ihre mit lebensgeschichtlichen Erfahrungen gerechtfertigte Deutungsmacht verteidigen wollte und gleichzeitig die Nachwachsenden versuchten, eigene Positionen für die Deutung ihrer Geschichte zu formulieren. So gesehen war der Historikerstreit in der Rezeption ein Generationenkonflikt in einer Umbruchphase der Bundesrepublik – mehr als vierzig Jahre nach Kriegsende ging es um die Deutung der Geschichte, bei der sich die ältere Generation noch einmal erklären wollte, indem sie sich gleichzeitig gegen die Deutung und die Empfindung der jüngeren wandte.

Der »Historikerstreit«, der 1985 begann, wirft bis heute seine »tiefen Schatten«. Sie zeigen, dass es trotz einer bis dahin wohl einmaligen und sehr heftigen Kontroverse zwischen bekannten Wissenschaftlern und Publizisten über die deutsche Geschichte im 20. Jahrhundert dem Berliner Zeithistoriker Ernst Nolte letztlich nicht gelungen ist, aus einer angeblich wissenschaftlichen Auseinandersetzung eine »moralische Kampagne«[77] werden zu lassen, in deren Verlauf neue geschichtspolitische Bewertungen durchgesetzt werden konnten.

---

77 Ernst Nolte: Das Vergehen der Vergangenheit. Antwort an meine Kritiker im sogenannten Historikerstreit, Frankfurt am Main 1987, S. 13.

Inhaltlicher Schwerpunkt der Auseinandersetzung war der Versuch, die Entrechtung, Verfolgung und Ermordung der deutschen und der europäischen Juden neu zu bewerten. Diese Absicht spiegelte Interessen, die populistische Erwartungen reflektierten, die sich an den Stammtischen artikulierten. Deshalb haben Kritiker des angeblichen wissenschaftlichen Streits bewusst Verbindungen zu den Bemühungen Rechtsextremer und Rechtsradikaler hergestellt, die vielfältig versuchten, das Bild der deutschen Geschichte zu revidieren. Einen Niederschlag fanden Versuche, dem entgegenzutreten, in der Strafbarkeit der »Auschwitz-Lüge«. Dagegen wurde behauptet, Zweifel an diesen Verbrechen anzumelden, sei Ausdruck der Meinungsfreiheit, die überkommene Urteile zu revidieren gestatte.

Revisionismus sei, so mag man einwenden, immer eine Aufgabe zeitgemäßer Wissenschaft. Im Zusammenhang mit dem Historikerstreit ging es aber nicht um die Revision überkommener Urteile durch neue historische Erkenntnisse, sondern allein um den Versuch einer Umdeutung der wohl am besten erforschten Tatsachen der deutschen Geschichte: des Völkermords an den Juden zwischen 1933 und 1945. So war der »Historikerstreit« ein klassischer geschichtspolitischer Bewertungskonflikt, in dem sich öffentlich manifeste Stimmungen spiegelten, die spürbar wurden, als etwa ein Bundestagsabgeordneter aus Fulda den Juden pauschal unterstellte, Interesse an einem stets neu verstärkten schlechten Gewissen der Deutschen zu haben und deren »Selbsthass« zu verstärken.

Im Historiker-Streit wurde keine einzige neue Quelle neu erschlossen und kein Ereignis der Vergangenheit neu erforscht. Es wurde lediglich versucht, das gesicherte Bild der »jüngsten Geschichte« durch Deutungen, Annotationen und in den Raum gestellte Vermutungen zu verändern, nicht selten, indem die Wirklichkeit der »Endlösung« in das Zwielicht einer zweifelnden zeitgeschichtlichen Deutung gerückt wurde. Diese Zweifel hatten nicht selten sogar ihren Ursprung in der nationalsozialistischen Propaganda. Dies machte der Hinweis Noltes auf die angebliche »Kriegserklärung des europäischen Judentums«[78] an das Deutsche Reich deutlich, die der Urheber der Auseinandersetzung ebenso intensiv erörterte wie die Frage, ob nicht die Ermordung der Juden auch als Reaktion auf die Verbrechen gedeutet werden könne, die sowjetische Juden während der russischen Oktoberrevolution 1917 in Russland verübt hätten.

78 Dabei handelte es sich um ein in rechtsextremistischen Kreisen immer wieder akzentuiertes Argument, dass sich auf die von Goebbels in der NS-Publizistik sehr stark herausgestellte Bekräftigung von Chaim Weizman bezog, bei dem bevorstehenden Konflikt zwischen Großbritannien und dem Deutschland Hitlers stünden die Juden auf der britischen Seite. Vgl. zu dieser »Kriegserklärung« ebenso wie zu anderen inhaltlichen Fragen dieser Auseinandersetzung Peter Steinbach: Der »Historikerstreit« – ein verräterisches Ereignis, in: Politische Vierteljahresschrift 28 (1987) Heft 2, S. 159 ff.

Niemals aber ging es allein um inhaltliche Fragen der Fachwissenschaft. Denn der Streit brach zu einem Zeitpunkt aus, in dem in der Bundesrepublik die Auseinandersetzungen um die Geschichte endgültig zu einem Politikum geworden waren: Der Regierungswechsel von Helmut Schmidt zu Helmut Kohl sollte der Beginn einer »geistig-moralischen Wende« sein und hatte überdies die »Bundesrepublikanisierung des Geschichtsbewusstseins« forciert. Dieses hatte sich programmatisch in einer politisch gewollten neuen mehrbändigen Geschichte der Bundesrepublik Deutschland niedergeschlagen, die sich auf das westliche Deutschland, wie man nach 1989 wieder zu sagen beliebte, konzentrierte.

Diese geschichtspolitische Wende war spürbar. Sie prägte den Historikerverband und die Historikertage, die Museumsdiskussionen und die Ausstellungspläne der Achtzigerjahre. In Bonn sollte ein Haus der Geschichte der Bundesrepublik, in Berlin ein neues historisches Museum zur deutschen Geschichte entstehen, in denen sich neue Fragen nach dem Sinn der deutschen Geschichte, der Identität der Deutschen und der deutschen Nachkriegsgeschichte spiegeln sollten.

Misstrauisch machte nicht nur das Interesse vieler Politiker an diesen Themen. Dies war ebenso unvermeidlich wie aus Gründen der finanziellen Ressourcen erwünscht. Denn kein geschichtspolitisches Ziel ließ sich ohne Unterstützung der öffentlichen Hand realisieren. Aber es galt auch als Axiom der Kultur- und Wissenschaftspolitik, dass inhaltliche Einflussnahme durch Politiker abzulehnen sei. Allerdings ist es unvermeidlich, dass staatliche Denkmalspläne Vergangenheit inhaltlich deuten. Alle Initiativen der Politik stießen deshalb immer auf einen zwar wechselnden und keineswegs konsistenten, stets jedoch immer spürbaren Widerspruch, bei dem einzelne Wissenschaftler zu Akteuren der Geschichtspolitik wurden.

Die seit den frühen Achtzigerjahren intensiv diskutierten Denkmalspläne sollten einerseits den Repräsentationserfordernissen der damaligen Bundeshauptstadt Bonn entgegenkommen, andererseits die westdeutsche Teilidentität stärken und drittens den unübersehbaren Trend aufnehmen, der sich durch die Verwischung der Scheidelinien zwischen Tätern und Opfern der NS-Zeit auszeichnete, um eine »Versöhnung über die Gräber hinweg« zu fördern. Aufmerksam registrierten die Medien die wachsende Bedeutung historischer Argumentationen im Zusammenhang der politischen Auseinandersetzungen. Gedenktage wurden augenscheinlich nicht nur von der Politik immer ernster genommen, sondern politisch gestaltet. Sie sollten eine politisierende Wirkung entfalten und wurden deshalb von Ministerialreferaten betreut, die ausdrücklich geschichtspolitische Aufgabenbereiche wahrzunehmen hatten.

Vor diesem Hintergrund einer gouvernementalen Bemühung um die Deutung der Vergangenheit wurde der Hinweis von Michael Stürmer, »in geschichtslosem Land« gewänne die Zukunft, »wer die Erinnerung füllt, die Begriffe prägt und die

Vergangenheit deutet«[79], als eine unmittelbare Herausforderung und zugleich als Drohung verstanden. Stürmer hatte erklärt, in einem Land ohne Erinnerung sei »alles möglich«. Dies hätte Gegenthesen provozieren können, denn unter der Herrschaft der Nationalsozialisten, die die Geschichte rassenideologisch höchst eindimensional gedeutet und Erinnerung ritualisiert hatten, war Geschichte instrumentalisiert worden – am Ende hatte sich gezeigt, dass so legitimierte Verbrechen die Vorstellungskraft der Mitlebenden übertrafen und überforderten. In der Tat war vieles möglich, wenn es durch eine politisch gestaltete Erinnerung gerechtfertigt werden konnte.

Bereits vor dem 40. Jahrestag der Befreiung Deutschlands vom Nationalsozialismus hatten sich geschichtspolitische Konflikte entzündet, weil von der Bonner Regierung versucht wurde, ein Zeichen der Versöhnung über die Gräben, wie es Mitterand und Kohl anlässlich des Jahrestags der Landung alliierter Truppen in der Normandie gesetzt hatten, bei der Begegnung von US-Präsident Ronald Reagan und Kohl zu wiederholen. Nicht bedacht worden war, dass geschichtspolitisch und symbolisch hochgradig aufgeladene Deutungen der Zeitgeschichte zu Kontroversen führen mussten. Vor dem Zusammentreffen von Kohl und Ronald Reagan auf dem Soldatenfriedhof in Bitburg (wo sich auch Gräber von Angehörigen der Waffen-SS befinden) stritt man in der Öffentlichkeit sehr heftig über »Täter und Opfer«. Diese Debatte wird – unabhängig vom konkreten Anlass – in Deutschland in der Regel besonders engagiert geführt, weil Relativierungsdiskussionen immer große Aufmerksamkeit erregen und in der internationalen Politik oftmals nur schwer zu beherrschende Folgen zeigen.

In der Debatte zeigte sich, dass die gesamte NS-Zeit nach verbreiteter Meinung eindeutig nur unter Bezug auf die langfristig geplante und zielstrebig industriemäßig betriebene Ermordung der Juden Europas bewertet werden konnte. Dieses Ereignis gilt als derartig fundamental, dass sich letztlich jeder Relativierungsversuch diskreditierte. Kohl erhielt einmütige Unterstützung zudem nur von Seiten der selbsternannten Revisionisten, die »Auschwitz« nicht nur für ein Symbol der »Schande«, sondern vor allem eines selbstvergessenen Selbsthasses hielten. So ist es nicht verwunderlich, dass auch der Historikerstreit bald latent um dieses Thema kreiste. Von hier aus erschloss sich auch das Interesse des Historikers Ernst Nolte an der Diskussion über die Strafwürdigkeit einer Leugnung des Völkermords von Auschwitz.

79 Michael Stürmer: Geschichte in geschichtslosem Land, in: Frankfurter Allgemeine Zeitung vom 25.4.1986. Dabei verknüpfte er die Tatsache eines angeblichen »Orientierungsverlustes« mit der Notwendigkeit einer »Identitätssuche«. Besonders beachtet wurde diese These, weil Stürmer sich als historischer Berater Kohls bezeichnet hatte.

Um die symbolische Wirkung der als moralische Entlastung und Relativierung verstandenen Bitburg-Zeremonie von 1985 zu korrigieren, wurde auf deutscher Seite Ende April 1985 versucht, in Bergen-Belsen anlässlich des Besuchs des damaligen israelischen Staatspräsidenten Chaim Herzog ganz andere Akzente zu setzen. Das Leiden der Opfer stand im Vordergrund und wurde auch von Regierungsseite angemessen betont. Auch die Auseinandersetzungen um die Bonner Denkmalspläne und um die Traditionspflege der Bundeswehr waren in diese Bemühungen einzuordnen, zumindest die Ambivalenz deutscher Geschichte hervorzuheben.

In diesem Zusammenhang begann eine Diskussionen, die erst viele Jahre später endete. Wenn der NS-Staat verbrecherisch war, konnten alle, die sich ihm entziehen wollten, nicht als Verbrecher bezeichnet werden. So wurde immer entschiedener gefordert, die Verurteilung der Deserteure aufzuheben und den Opfern des Reichskriegsgerichts Genugtuung zu geben, indem die gegen sie verhängten Urteile aufgehoben wurden. Dieser pauschalen Forderung widersetzten sich einzelne konservative Abgeordnete, die ihren Wortführer in dem CSU-Abgeordneten Geis fanden.

Zeithistorische Forschungen machten hingegen deutlich, dass Deserteure keine Feiglinge waren, sondern stets ein hohes Risiko für sich und ihre Angehörigen eingingen. Sie hatten überdies keinerlei Sicherheit im Hinblick auf eine bevorzugte Behandlung in der Kriegsgefangenschaft durch die Alliierten. Manche »Fahnenflüchtige«, die sich als Regimegegner empfunden hatten und als Regimegegner in Strafbataillone gepresst worden waren, ertrugen die Demütigung nicht, die Uniform der Wehrmacht zu tragen, weil sie diese klarsichtig als Werkzeug des NS-Staates und Instrument der Unterdrückung und Gefährdung europäischer Völker erkannt hatten. Sie gingen bei erster sich bietender Gelegenheit »zum Feind« über.

Die Gegner der Anerkennung der Desertion warfen ihnen hingegen vor, Kameraden nicht nur verlassen, sondern akut gefährdet zu haben. In den letzten Kriegsmonaten hatten Desertionen zugenommen. Der Zusammenbruch der Front war den Deserteuren nicht anzulasten, sondern zeigte vor allem, dass die militärische Führung angesichts der desolaten Lage ihre unverantwortliche Kriegsführung fortsetzte. Sinnlose Durchhaltebefehle nahmen keinerlei Rücksicht auf die militärische Lage, Befehle wie »verbrannte Erde« zurückzulassen und keine Rücksicht auf die Zivilbevölkerung zu nehmen. Diese Praxis einer totalen Kriegsführung machte deutschen Soldaten zunehmend deutlich, dass die militärische Führung ihnen die Mitwirkung an Verbrechen zumutete und sie dadurch schuldig werden ließ.

Dies zu verstehen, war die Voraussetzung dafür, das Unrecht anzuerkennen, das Deserteuren durch die NS-Justiz und anschließend auch in der Nachkriegszeit zugefügt worden war. Viele Jahre und heftige Auseinandersetzungen gingen vorüber, bis anerkannt wurde, dass die strafrechtliche Verfolgung von Deserteuren unverhältnismäßig und ein Beispiel für nationalsozialistische Justizverbrechen war. Oft wurde überliefert, dass Urteile gegen Deserteure einen demonstrativen Zweck verfolgten. Sie sollten abschrecken, um die militärische Disziplin wiederherzustellen, eine Disziplin übrigens, die die politische und militärische Führung keineswegs immer praktizierte. Vielfach wurde überliefert, dass Nationalsozialisten und auch hohe Truppenführer ihre Haut ohne Rücksicht auf die ihnen anvertrauten Zivilisten oder Soldaten zu retten suchten.

Stattdessen wurden in Verfahren der Kriegsgerichte gegen Deserteure Handlungsspielräume, die Richter immer hatten, nur selten genutzt, weil der Abschreckungseffekt im Vordergrund stand. Auch dies musste bedacht werden, als im Bundestag immer entschiedener gefordert wurde, den verbrecherischen Charakter des NS-Staates anzuerkennen. Es seien endlich Konsequenzen der Einsicht zu ziehen, dass auch die Urteile gegen Deserteure Manifestationen des Unrechts gewesen seien und deshalb »wieder gut gemacht« werden müssten. Betroffen waren von einem entsprechenden Gesetz nicht einmal 500 Menschen. Auch diese Zahl machte deutlich, dass es sich bei dem geschichtspolitischen Streit um nicht mehr als um einen Bewertungskonflikt von hoher symbolischer Bedeutung handelte.

Die Gegengründe dieser Argumentation reichen von der angeblichen Gefährdung der Front und der Kameraden bis zur Infragestellung der Lauterkeit von Fluchtmotiven und Überlebenswünschen. Diese Vorwürfe wurden niemals belegt. Sie spiegelten das wichtigste Entlastungsmuster derjenigen, die bis zum Ende des NS-Staates folgebereit und gehorsam blieben. Es ist nicht bekannt, dass Deserteure die Zivilbevölkerung gefährdet hätten. Die Lage der Flüchtlinge wurde viel stärker durch eine viel zu späte und deshalb verantwortungslose Aufforderung belastet, die Flucht zu ergreifen. Soldaten, die sich als Deserteure im Osten Flüchtlingen angeschlossen hatten, gefährdeten diese nicht, sondern halfen ihnen, sich durch die Kampflinien hindurch in Sicherheit zu bringen. Dies zeigten viele Berichte über Vertreibung und Flucht.

Verwiesen wurde weiter auf die Vielfalt der Desertionsmotive und deren moralische Bewertung. Wer davon ausging, dass der NS-Staat ein Unrechtsstaat war, weil er rasseideologische und machtpolitische Ziele rücksichtslos verwirklichte, konnte dieses Argument nicht teilen. Der NS-Staat hatte gleichsam blind um sich geschlagen und die Militärstrafrichter vielfach zu seinen Büttel gemacht. Hinzu kam, dass in einem solch durchpolitisierten totalitären System selbst private Gründe politisiert werden konnten, Menschlichkeit hingegen ein bewusster politischer Akt war.

Vor diesem Hintergrund war es mehr als überfällig, mit der Aufhebung der Unrechtsurteile aus der NS-Zeit eine grundlegende politische Entscheidung zu fällen, die zu einer grundsätzlichen Rechtfertigung der Desertion überhaupt im

Dritten Reich führte. Das bedeutete zugleich, dass der Krieg nicht mehr gerechtfertigt werden konnte. Er war Teil verbrecherischer Politik und rassenideologisch scheinlegitimierter Praxis. Einzelfallprüfungen von Desertionen stießen an ihre moralische Grenze, weil Deserteure aus ganz unterschiedlichen Gründen handelten. Zu ihnen gehörten auch Beteiligte am Attentatsversuch vom 20. Juli 1944 wie Ludwig von Hammerstein, junge Soldaten wie Erich Loest oder der spätere Pressesprecher des Berliner Senats Winfried Fest. Sie alle sahen keine Schande darin, desertiert zu sein.

Politische Formung des Geschichtsbewusstseins?

Der Streit um die Vergangenheit ist niemals allein Ausdruck einer Suche nach festgeformten »Richtungen« politischer Entwicklung oder Ausdruck eines Strebens nach »Vergewisserung, wohin die Reise geht«.

Vielleicht hatte die Bonner Regierung aus dem Blick verloren, dass sich das Geschichtsbewusstsein einer pluralistischen Gesellschaft nicht in feste Formen fügen lässt. Nach dem Regierungswechsel des Jahres 1982 ließen manche innenpolitischen Konflikte, Affären und Entwicklungen das Fundament der politischen Moral brüchig erscheinen, die im Zuge der »Wende« von 1982 zu den neuen Prinzipien gehören sollte: Beschwörungen der »Grundwerte« und des »Grundkonsenses« verhallten rasch angesichts der Manipulationen um Parteifinanzierung, unter dem Eindruck der »Spenden–«, »Flick–« und »Kießling«-Affären, des Streits um Beraterverträge und unter dem Eindruck anderer Skandale, die schließlich in der Barschel- und Engholm-Affäre einen weiteren Höhepunkt fanden.

Wenig später kamen Skandale hinzu, die sich unmittelbar aus vergangenem Fehlverhalten ableiteten: Die Verschleierung der in der Schweiz aufgefundenen Vermögen von Juden, die in Vernichtungslagern der Nationalsozialisten ermordet worden waren, die Rückübertragung von Gemälden und anderen Kunstobjekten, die im Zusammenhang mit dem systematisch betriebenen Kunstraub in Museen gelangt waren, die Korrektur von zwangsweise erfolgten Eigentumsübertragungen im Zuge von Arisierungsmaßnahmen, schließlich die Wiedergutmachung des Unrechts, das Fremd- und Zwangsarbeiter sowie Häftlinge erlitten hatten – die wirtschaftlichen Auswirkungen nationalsozialistischer Gewaltverbrechen sollten korrigiert werden. Stiftungen wurden gegründet, an denen sich die Regierung der Bundesrepublik ebenso wie Wirtschaftsunternehmen, Kirchen oder einzelne Unternehmer zu beteiligen hatten. In diesen Diskussionen ging fast unter, dass ein damaliger Ministerpräsident Schwarzgeld seiner Partei als angebliches »jüdisches Vermächtnis« deklariert hatte.

Diese Affären machten deutlich, dass die Proklamationen einer konservativen politisch-moralischen Wende schneller als erwartet ins Leere gelaufen waren. In dieser Lage sollten die Diskussion über die Vergangenheit helfen, Widersprüche zu mildern, die zwischen Anspruch und Wirklichkeit klafften. Es handelt sich mehr um geschichtspolitische Schein- und Schaukonflikte als um Kampfbegriffe wie den angeblichen »Kollektivismus«, den Pazifismus oder – immer wieder – die wahrhaftige Frage nach der Verantwortung für das Scheitern der Weimarer Republik. Geschichte schien so mehr als nur ein politisches Schlagwort zu bedeuten – der Konflikt um politisch gedeutete Vergangenheit verdichtete die Interpretationen vergangener Ereignisse zu einem »politischen Argument«, in dem angebliches zeitgeschichtliches Bewusstsein und historische politische Erfahrung in Deckung gebracht werden konnten.

Der Streit um die Geschichte, der, wie geschildert, Mitte der Achtzigerjahre in vielen Spielarten ausbrach, muss deshalb im Zusammenhang mit den politisch-moralischen Debatten jener Jahre gesehen werden. Er lässt sich als ein politisch motivierter Versuch verstehen, in einer kritischen innenpolitischen Situation die konservative Meinungsführerschaft zu erringen, die in den strategischen Überlegungen über eine »Besetzung von Begriffen« nach einem »Streit um Worte« als Voraussetzung für die Stabilisierung von politischer Macht verstanden wurde. Die Forderung des Historikers und späteren Kolumnisten der Tageszeitung »Die Welt«, Michael Stürmer, »Begriffe zu prägen«, zielte deshalb auf die bewusste Beeinflussung der gesellschaftlichen Geschichts- und Wertvorstellungen, Weltbilder und Zukunftskonzepte der Deutschen.

Begriffe mussten mit geschichtlichem Inhalt gefüllt werden. Auch dieser Versuch war nicht neu. Denn immer wieder hatten Politiker in den vorangegangenen Jahrzehnten versucht, Geschichte zu instrumentalisieren und dabei auch den historisch gefüllten »Patriotismus« neu zum Leben zu erwecken. Eugen Gerstenmaier beschwor in den Sechzigerjahren wiederholt das angeblich verlorene »Nationalgefühl« und das Nationalbewusstsein, von dem nur ein kleiner Schritt zum Nationalstolz führte. Patriotismus galt als weniger belastet, konnte aber dauerhaft nicht als Ersatzbegriff etabliert werden.

Im Zuge von Geschichtsdebatten deuteten sich Um- und Neubewertungen deutscher »Befindlichkeiten« an. So fielen bald Formulierungen ins Auge, die auf eine Revision der angeblichen so unterwürfig von den Deutschen betriebenen Deutungen ihrer eigenen Vergangenheit zielten. Zu einem sehr beliebten Argument populistischer Politiker wurde dabei der Appell, die deutsche Geschichte nicht »auf zwölf Jahre« zu begrenzen, sondern neben »den schwarzen auch die weißen Stränge« der Geschichte zu betonen, um die deutsche Vergangenheit »nicht allein auf Auschwitz zulaufen« zu lassen.

Das war eine Unterstellung, denn spätestens seit der Gründung der »Erinnerungsstätte für die deutschen Freiheitsbewegungen«, die der damalige Bundespräsident Gustav Heinemann angeregt hatte, waren auch die demokratischen Traditionen deutscher Geschichte betont worden. Auch nationale Symbole wurden zunehmend akzeptiert[80]. Das deutsche Fernsehprogramm endete allabendlich mit einem Bild der deutschen Nationalflagge, die über dem Hambacher Schloss wehte, im Hörfunk waren zum Sendeschluss die deutsche National- und die Europahymne zu hören. Zapfenstreiche, Gelöbnisse junger Rekruten und der am 3. Oktober jeweils in einer Länderhauptstadt gefeierte Tag der deutschen Einheit ließen symbolische Manifestationen zunehmend als »normal« und »üblich« erscheinen.

Dieses Argument bezog seine große öffentliche Kraft vielmehr aus Unterstellung, die aus den »Umerziehungsdiskussionen« vertraut war. Der Vorwurf: Die in öffentlichen Diskussionen immer häufiger und kritiklos unterstellte Reduktion der deutschen Geschichte auf die NS-Zeit sei eine unbestreitbare Tatsache und von Historikern intendiert gewesen, die nicht nur an den Stammtischen Rechtsgesinnter als »Erfüllungsgehilfen« einer angeblichen »Umerziehung« bezichtigt wurden, wahlweise auch einer Scham, Deutscher zu sein, oder gar eines »Selbsthasses«. Besonders gern berief man sich dabei auf Kritiker eines angeschlagenen deutschen Selbstwertgefühls, die zugleich als Zeugen und überdies als Vertreter des Judentums galten: etwa Franz Oppenheimer[81] oder Michael Wolffsohn[82].

Die Kritik an der Form des Erinnerns und an der wissenschaftlichen Zeitgeschichte wurde auch in die Gestalt einer politischen Diagnose gekleidet. Besonders Arnulf Baring und Hans Peter Schwarz nutzten diese Art der historisch gefärbten politischen Argumentation und versuchten sogar den Eindruck zu wecken, gerade die Berufung auf politische Geschichte hätte ein neues Realitätsgefühl zu fördern und der Kritik des »Zeitgeistes« zu dienen. Auch diese Argumentation hat ihre eigene Tradition und muss im Zusammenhang mit der regelmäßig versuchten Relativierung deutscher Geschichtsdeutung gesehen werden, die den Hintergrund für die Debatte über die angeblich so dringend notwendige »Historisierung der Zeitgeschichte« abgab.

Die »Historisierung des Dritten Reiches« war zunächst ein Konzept, dass der damalige Direktor des Instituts für Zeitgeschichte in die Diskussion geworfen hatte,

80 Vgl. Peter Reichel: Schwarz-Rot-Gold. Kleine Geschichte deutscher Nationalsymbole, München 2005.
81 Vorsicht vor falschen Schlüssen aus der deutschen Vergangenheit: Die Verführungen einer kollektiven Schuldbesessenheit, in: Frankfurter Allgemeine Zeitung vom 14.5.1986
82 Dabei wurde Wolffsohns Kritik an der Form des Erinnerns an den Holocaust in Israel nicht selten umgedeutet in die These, dass von Juden die Erinnerung der Deutschen an den Holocaust als Politikum gedeutet werde.

um das Gefühl für die Zeitbedingtheit der historischen Urteilsbildung zu wecken[83].
Andere Historiker nahmen es auf und machten es, wie Rainer Zitelmann[84], in Kooperation mit »Think Tanks«, wie dem von Armin Mohler inspirierten Münchener Siemens-Forum, zu einem Schlagwort derjenigen, die eine Relativierung des deutschen »Selbstvergessens« anstrebten.

»Historisierung« meinte zunächst ja nichts anderes, als historische Ereignisse in geschichtliche Zusammenhänge einzufügen, sie aus den historischen Zusammenhängen, nicht aber aus dem Blickwinkel der Nachgeborenen zu deuten. Wer dies im Hinblick auf die NS-Zeit als Möglichkeit verneinte, machte Geschichte nicht zur Dienstmagd der Gegenwart, sondern mühte sich an der Frage ab, welchen »historischen Ort« Auschwitz in der deutschen und in der europäischen Geschichte einnehmen könnte. Dieser Frage hatten sich mit der Jahrhundertwende viele europäische Politiker gestellt, als sie empfahlen, den 27. Januar zu einem europäischen Erinnerungstag zu machen und dem Holocaust zu widmen.

Auf diese Frage wollten Historiker, die Noltes Vorstoß im Historikerstreit stützten, eine Antwort geben, indem sie schlechthin ablehnten, die überzeitlich »gültige« Bedeutung des sich in diesem Namen niederschlagenden Ereignisses zu reflektieren. Wortführer dieser Diskussionen waren linksliberale Publizisten und Historiker, die zugleich ein Zeichen gegen die gouvernementalen geschichtspolitischen Akzente setzen wollten. Sie strebten allerdings wie Jürgen Habermas und Hans-Ulrich Wehler, die zu den Wortführern im Historikerstreit auf der linken Seite gehört hatten, keine Relativierung der nationalsozialistischen Vergangenheit an.

Die Forderung einer Historisierung der NS-Zeit wurde bald jedoch als Synonym einer geschichtspolitisch intendierten Relativierung verwendet. Sie war geeignet, lang gehegten Vorbehalten der deutschen Öffentlichkeit entgegenzukommen. Immer wieder hatten Kritiker der wissenschaftlichen Zeitgeschichte, die nach 1945 als Teildisziplin der Geschichtswissenschaft eine beachtliche Blüte erlebt hatte, auf die angebliche Anpassung der Historiker an die Erwartungen der »Sieger« verwiesen und den Eindruck hervorgerufen, zeitgeschichtliche Forschung sei primär positionsabhängig, Ausdruck des römischen Grundsatzes »Wehe den Besiegten!« und der geistigen Umerziehung.

Vorboten dieser Auseinandersetzung waren unübersehbar: Kritik an der Wiedergutmachungspolitik gegenüber Israel, »den Juden« und »den Polen«, wie man zunehmend ungeschminkt sagte, war zuvor lediglich von Einzelnen offensiv

---

83 Vor allem Martin Broszat hatte die Historisierung des Nationalsozialismus früh gefordert und dadurch versucht, die politisch-pädagogische Instrumentalisierung durch Moralisierung möglicher Urteile zu schwächen.

84 Uwe Backes u. a. (Hg.): Die Schatten der Vergangenheit: Impulse zur Historisierung des Nationalsozialismus, Frankfurt am Main 1990.

artikuliert worden. Nun machten sich sogar Bundestagsabgeordnete zu Vertretern dieser Position, um ihre Profilierung voranzutreiben und ihre Bekanntheit zu erhöhen. Ihre Terminologie erinnerte zuweilen an die Behauptungen damaliger rechtsextremistischer Zeitungen wie der »Jungen Freiheit« und an die Propagandareden der Funktionäre der Partei der Republikaner, deren Vorsitzender Schönhuber einst stolz verkündet hatte: »Ich war dabei.«

Die Grenzen zwischen der politischen Rechten und der Mitte verwischten sich zusehends. Manche Autoren, die in rechtsextremen Zeitschriften publizierten, fand man sogar unter den Beiträgern der »Frankfurter Allgemeinen«[85], die mit dem Spruch für sich einzunehmen suchte, hinter ihr stecke »immer ein kluger Kopf«. Bemerkenswert waren nicht einzelne Thesen, sondern vor allem die Tatsache, dass sich die Bewertungsmaßstäbe der Zeitgeschichte verschoben. Was bis dahin als semantische Entgleisung verpönt wurde, galt nun als durchaus akzeptable Äußerung, die durch die Meinungsfreiheit gedeckt sei. Zunehmend und unübersehbar machten sich Neigungen zu populistischen geschichtspolitischen Gefälligkeiten bemerkbar. Das Meinungsklima wandelte sich augenscheinlich, wie sensiblere Zeitgenossen verspürten und kritisierten, die wegen ihrer Kritik angegriffen wurden.

Besonders spürte dies der Publizist Ralph Giordano, der einen geschichtspolitischen Rechtsstreit mit Franz Josef Strauß[86] gewann und dessen Buch über die »zweite Schuld«[87] bewusst zum Dokument einer angeblich fortwährenden Kollektivschuldthese gestempelt wurde. Dabei musste jedem klar sein, dass Giordano lediglich den falschen und verlogenen Umgang der ersten gegenüber der zweiten Generation mit der nationalsozialistischen Vergangenheit angegriffen hatte. In der Kritik an Giordano wurde deutlich, dass auf der Rechten zunehmend die geradezu gewünschten Gegner der eigenen Position präpariert wurden.

Zugleich wurde in der Öffentlichkeit immer wieder die Frage nach dem Selbstverständnis der Deutschen aufgeworfen, die die Kriegsjahre überlebt hatten. Vor allem die Generation der aktiven Kriegsteilnehmer artikulierte sich vielleicht letztmalig. Hatte Zitelmann den Nationalsozialismus als eine Bewegung geschildert, die keineswegs rückwärtsgewandt war, sondern Deutschlands Veränderung maßgeblich vorangetrieben hatte, so beanspruchten ehemalige Kriegsteilnehmer nun sogar, durch ihre Unterstützung des NS-Regimes einen Beitrag zur Modernisierung Deutschlands geleistet zu haben.

---

85 So fanden sich viele Beiträge von Alfred Schickel in der Frankfurter Allgemeinen Zeitung. Schickel kooperierte u. a. mit Diwald, Mohler u. a.

86 Ralph Giordano: Die Traditionslüge. Vom Kriegskult in der Bundeswehr, Köln 2000.

87 Ralph Giordano: Die zweite Schuld oder Von der Last Deutscher zu sein, Hamburg 1987.

So spitzte sich die Frage nach der Rolle der deutschen Armee zu, die keineswegs einen Verteidigungskrieg geführt hatte, wie man immer wieder hörte, sondern einen Angriffskrieg, der in engstem Zusammenhang mit der Entschlussbildung zum Völkermord an den Juden gesehen werden muss. Wer dies nicht akzeptierte, behauptete weiterhin unverdrossen und kaum beeinflussbar, mit dem Angriff auf die Sowjetunion sei Hitler nur einem Angriff der Roten Armee Stalins auf das Deutsche Reich zuvorgekommen. Sogar Mitarbeiter des Militärgeschichtlichen Forschungsamtes verbreiteten, unterstützt von einem ebenso meinungsfreudigen wie polemischen Leitartikelschreiber der »Frankfurter Allgemeinen«, der in Mainz Publizistik lehrte, unter Berufung auf angebliche sowjetische Quellen, dass Hitler im Juni 1941 nur dem Angriff Stalins auf Deutschland zuvorgekommen sei[88].

Man fragte zunehmend weniger nach den Tatsachen der deutschen Zeitgeschichte als nach individuellen Befindlichkeiten, Wahrnehmungen, Gefühlen und immer wieder nach Stimmungen der Zeitgenossen. Geschichte wurde erneut in Meinungen aufgelöst. Befürchtet hatte dies erstmals Hannah Arendt, als sie unmittelbar nach dem Krieg Deutschland besucht hatte. »Betroffenheit« wurde zu einer immer wichtigeren politischen Kategorie deutscher Geschichtsdiskussionen, deren Ambivalenz trotz dieses Begriffs nur langsam durchschaut wurde. Denn »betroffen« konnte jeder Täter und jedes Opfer sein, jeweils auf seine ganz spezifische Art.

Derartigen Gleichsetzungen der Befindlichkeiten mancher »Ewiggestriger« war der Historikerstreit früh entgegen gekommen. Das setzte sich in den Neunzigerjahren fort. Die Selbstrechtfertigung ehemaliger deutscher Soldaten, weniger für Hitler als vor allem gegen die Herrschaft Stalins gekämpft zu haben, berührte in der ersten Hälfte der Neunziger vor allem das Urteil über den Widerstand und heizte die Kontroverse über den Widerstand[89] an, in die sich Politiker massiv eingeschaltet hatten.

Franz Josef Strauß hatte sich gegen die Erwähnung des »Nationalkomitees Freies Deutschland«, andere gegen die Schilderung des kommunistischen Widerstands in der Berliner Ausstellung gewandt. Kohl wandte sich unmittelbar an den Regierenden Bürgermeister Diepgen, um Einfluss auf die Ausstellungsgestaltung zu nehmen. Christdemokraten forderten einen »roten Faden« für die Widerstandsgeschichte und wollten dabei nur den Widerstand berücksichtigen, der programmatisch auf den Kern des Grundgesetzes verwies.

Entschieden flankierte die konservativ orientierte Presse dieses Anliegen. Dies machte deutlich, dass ausgewählte Medien und Regierungspolitik eng aufeinander

88 Dies betont Reinhard Kühnl (Hg.): Vergangenheit, die nicht vergeht, Köln 1987.
89 Peter Steinbach: Widerstand gegen den Nationalsozialismus in der zeitgeschichtlichen Auseinandersetzung, Berlin 1995.

bezogen wurden. Die Vorstöße wurden zwar zurückgewiesen. Dennoch machten viele Argumente der Gegner der Ausstellung deutlich, dass die Maßstäbe, die das Urteil über den Widerstand während der Fünfzigerjahren bestimmt hatten, weiterhin virulent blieben. Eid, Kameradschaft, Antibolschewismus wurden beschworen und immer wieder wurde auf die Würdigung des kommunistischen Widerstands in der DDR verwiesen.

Diese Selbstrechtfertigung, Hitler aufgrund eines Eides gefolgt zu sein, entsprach den Klischees vieler Deutscher in den Fünfzigerjahren, die deutsche Gesellschaft habe sich durch den nationalsozialistischen Einfluss entscheidend den deutschen Nachkriegsverhältnissen angenähert – und das heißt: modernisiert[90]. Im Historikerstreit fanden die älteren Generationen auch in dieser Hinsicht durch vielfache Deutungs- und auch Rechtfertigungsmuster die Möglichkeit, den Eindruck zu wecken, selbst in der NS-Zeit für die Gegenwart gestritten zu haben: neuer Stoff für die Politik des Gedenkens.

Nolte selbst war bei seiner phänomenologischen Darstellung des nationalsozialistischen Selbstverständnisses allerdings nicht so weit gegangen. Er wollte in der nationalsozialistischen Praxis vor allem eine als »Kausalnexus« gedeutete Reaktion auf die bolschewistischen Vernichtungsdrohungen sehen und deutete so den Völkermord an den Juden als einen Versuch der Nationalsozialisten, der eigenen Vernichtung zuvorzukommen. Als Beschreibung abstrus anmutender Selbstbilder von Nationalsozialisten könnte man diese Interpretation immerhin nachvollziehen. Sie jedoch als stringenten Kausalzusammenhang zu deuten, musste heißen, die wahnhaften Projektionen der Nationalsozialisten zu verallgemeinern und als angemessenen Ausdruck vergangener Wirklichkeit zu begreifen.

Hier stimmte Ernst Nolte mit Andreas Hillgruber überein, der in einem Vortrag vor der nordrhein-westfälischen Akademie der Wissenschaft nach dem Selbstverständnis deutscher Wehrmachtsangehöriger gefragt hatte und den Durchhaltewillen vieler Soldaten in den letzten Kriegstagen erklären wollte. Er hatte diesen Vortrag gemeinsam mit einem zweiten Text, der die Entscheidung für den Völkermord an den Juden untersucht hatte, in einem »corso-Bändchen« des Siedler-Verlags mit dem missverständlichen Titel »Zweierlei Untergang« publiziert und auch im Untertitel[91] des Buches die Selbstwahrnehmung der Deutschen in den letzten Kriegsmonaten programmatisch an die Seite der »Endlösung der Judenfrage« gerückt.

Der Kölner Politikhistoriker, der auch für die historische Bildung angehender deutscher Diplomaten verantwortlich war, weckte die Erinnerung an Gefühle der

---

90 Michael Prinz u. a. (Hg.): Nationalsozialismus und Modernisierung, Darmstadt 1991.
91 Dieser Untertitel lautete: »Die Zerschlagung des Deutschen Reiches und das Ende des europäischen Judentums.«

Deutschen an deren Durchhaltewillen. Von Andreas Hillgruber war eine bestimmte nationalsozialistische Deutung der Überlegungen zu Deutschlands »Re-Agrarisierung und De-Industrialisierung« befeuert worden, die der amerikanische Staatssekretär Morgenthau anstellte und die Reichspropagandaminister Goebbels als antideutschen Vernichtungsplan wertete. Hillgruber erinnerte an die Übergriffe der sowjetischen Soldaten gegenüber der deutschen Zivilbevölkerung und schien noch einmal den gewaltsamen Antibolschewismus zu beschwören, der aus dem Zweiten Weltkrieg vor allem einen Rassen- und Weltanschauungskrieg gemacht hatte.

Die Erforschung des Selbstverständnisses und der Motive historisch Handelnder gehört zu den zentralen Aufgaben einer Geschichtswissenschaft, die nicht nur die Strukturen und die Ereignisse, sondern auch den einzelnen Menschen in das Zentrum ihres Interesses rückt. Insofern wurde Hillgruber Unrecht getan, als ihm Kritiker unterstellten, er hätte den Völkermord an den Juden mit der angeblichen Vernichtungsabsicht der Alliierten gleichgesetzt. Das geschichtspolitisch gravierende Problem ergab sich aus der Tatsache, dass Gesellschaften von Menschen gebildet werden, die jeweils eigene Traditionen verkörpern und nicht zuletzt auch aus unterschiedlichen Erfahrungen als Individuen oder als Angehörige von Gruppen, Generationen, Konfessionen und Regionen, schließlich als Funktionsträger Vergangenheit deuten.

Diese Vielfalt lässt sich niemals auf einen gemeinsamen Nenner bringen. Hinzu kommt, dass Bilder von der Geschichte, die sich Einzelne und Gruppen machen, zumindest teilweise ihre Entsprechung in der erinnerten Wirklichkeit finden müssen. Erinnerte Realität ist oftmals das Ergebnis einer »Erfindung«[92] und das Produkt von medialen Inszenierungen, öffentlich verbreiteten und konsequent vermittelten Thesen, von Behauptungen, die nicht nur auf Stimmungen reagieren, sondern sie zu einem wesentlichen Teil erst erschaffen. Dabei konkurrieren Erfahrungsbereiche, wie sie etwa in den Diskussionen über Täter und Opfer spürbar werden, miteinander. Auch in dieser Überlagerung der Erinnerung wird die Begrenzung historischer Sinnstiftung in der pluralistischen Gesellschaft sichtbar. Dies haben die Kontrahenten des Historikerstreit und der anschließenden Kontroversen übersehen: Begriffe lassen sich weder »besetzen« noch schaffen – sie müssen sich in einer pluralistischen Gesellschaft bewähren, indem sie überzeugen.

Den Geschichtspolitiker und den Historiker unterscheidet, dass sich der Geschichtswissenschaftler entscheiden muss zwischen der Darstellung eines komplexen und im Zeitverlauf wandelbaren Selbstverständnisses seiner Zeitgenossen und der Erforschung historischer Faktizität. Es geht dabei um die Differenz zwischen

---

92 Peter Reichel: Erfundene Erinnerung. Weltkrieg und Judenmord in Film und Theater, München 2004.

einer vergangenen Wirklichkeit und dem Bild, das sich der Einzelne häufig erst nach Jahren von dieser Realität gemacht hat.

Diese Unterscheidung ist für das Verständnis der Geschichte und die grundsätzliche Bedeutung der Erinnerung außerordentlich wichtig. Sie erklärt nicht nur den »Historikerstreit«, der mehr war als ein »Grabenkampf um die Geschichtskultur«[93], und die meisten anderen geschichtspolitisch relevanten Kontroversen der Neunzigerjahre, die um Geschichte und Moral kreisten, immer auf die Öffentlichkeit zielten und stets mehr im Auge hatten als politische Moral. Große Bedeutung erhielt dieser Streit nicht zuletzt, weil sich die Kontroverse auf höchst unterschiedliche Erfahrungen nachlebender Generationen bezog. Deshalb war er niemals allein eine Fachdebatte, wie zunächst die Fischer-Kontroverse, sondern vorrangig ein »Publikumsstreit«[94]. Im Zuge der Debatte, die sich über einen vergleichsweise langen Zeitraum erstreckte, musste eine generationsgeprägte Färbung der Geschichtswahrnehmung und -darstellung mit der wissenschaftlich erforschten Wirklichkeit in Einklang gebracht werden.

Dabei zeigte sich, dass die Empfindungen und Erfahrungen eines Wehrmachtssoldaten sich nicht mit denen eines Widerstandskämpfers, eines Deserteurs oder eines Häftlings in einem Konzentrations- oder gar mit den Erlebnissen eines Überlebenden aus einem Vernichtungslager in Einklang bringen lassen – man muss sie nebeneinander stehen lassen. Deshalb kommt es im Zusammenhang mit der Erinnerung besonders darauf an, Vielfältigkeiten der Empfindungen zu erschließen, hingegen Eindeutigkeiten als schlichtes Resultat exklusiver Deutungen durch Historiker zu vermeiden.

Politische Interessen und geschichtspolitische Perspektiven

Die geschichtspolitischen Kontroversen der Neunzigerjahre machten deutlich, dass es bei den vorangegangenen geschichtspolitischen Auseinandersetzungen der Achtzigerjahre stets um mehr als nur um einen fachwissenschaftlichen Streit gegangen war. Jede der Kontroversen vermittelte einen geschichtspolitischen Subtext und hatte deshalb eine stellvertretende Funktion für die Rezeption der Streitigkeiten in der Gesellschaft, bei der es zugleich um vieles andere ging: War der Streit für den einen eine Auseinandersetzung um das Geschichts- und Gegenwartsbewusstsein in den Achtzigerjahren[95], so stand für den anderen die Möglichkeit

93 Klaus Große Kracht: Zankende Zunft, Göttingen 2005, S. 91.
94 Ebda., S. 47
95 So der Untertitel des Buches der Landeszentrale für politische Bildung Nordrhein-Westfalen (Hg.): Streitfall Deutsche Geschichte, Essen 1988.

»historischer Aufklärung« schlechthin zur Diskussion[96]. Dritten ging es um eine historische Unterfütterung einer politischen Neuorientierung, vierten um den Hinweis auf politische Irrtümer, die Korrekturen eines geschichtspolitischen Fehlverhaltens politischer Führungsschichten oder um die letztmalige Mobilisierung der eigenen Anhängerschaft, die sich noch an den Krieg erinnerte oder unmittelbar ihre Beteiligung an den Kriegshandlungen rechtfertigen wollte.

Die thematische Prägung der Themenfelder, die umstritten waren, wurde zunehmend bestimmt durch Vielfalt, Beliebigkeit und raschen Wechsel der Inhalte. Ging es dem einen um die Behinderung der angeblichen »Entsorgung der Vergangenheit«[97], dem anderen um die Verhinderung des »Versuchs, die Vergangenheit zu verbiegen«[98], dem dritten um die Verhinderung der »Geschichtswende«[99], so war doch deutlich, dass die Vorstöße einzelner Historikers Ausdruck eines Symptoms waren. Noltes Argumente waren in seinen vorangegangenen Arbeiten vielfach angelegt, und wenn – gegen heftigen Protest seines Kollegen Heinrich August Winkler – der Direktor des Instituts für Zeitgeschichte Horst Möller einen Festvortrag anlässlich der Übergabe einer Festschrift für Nolte hielt, dann war dies seine persönliche Entscheidung, nicht Ausdruck offizieller Geschichtspolitik. Deren Bezugsrahmen verschob sich von den Inhalten zu der Beeinflussung der Forschungsstrukturen. Zunehmend weniger ging es um das Spannungsverhältnis von »Normalität und Normalisierung«[100] und um die Bedingungen der Faschismusanalyse[101], wichtiger war die Besetzung politischer Positionen in den zahlreichen Beiräten, die berufen wurden.

Die knapp skizzierten Schlagworte zur Bewertung dieses grundlegenden Streits um die Rechtfertigung einer Beschäftigung mit der nationalsozialistischen Zeit hatte gezeigt, dass die Auseinandersetzung der deutschen Historiker einerseits zwar unter dem Einfluss einer sich politisierenden Geschichtswissenschaft standen, die teilweise sogar noch die Studentenunruhen der späten Sechziger- und Siebzigerjahre reflektierte. Andererseits ging es immer deutlicher um den Versuch, die Entwicklung der deutschen Gesellschaft und ihrer Identität im »Schatten Hitlers«[102] zu

96 Jörn Rüsen u. a.: Die Zukunft der Aufklärung, Frankfurt am Main 1988.
97 Hans-Ulrich Wehler: Entsorgung der deutschen Vergangenheit?, München 1988.
98 Hilmar Hoffmann (Hg,): Gegen den Versuch, Vergangenheit zu verbiegen, Frankfurt am Main 1987.
99 Gernot Erler u. a. (Hg.): Geschichtswende? Entsorgungsversuche zur Deutschen Geschichte, Freiburg im Breisgau 1987.
100 Heide Gerstenberger u. a. (Hg.): Normalität oder Normalisierung? Geschichtswerkstätten und Faschismusanalyse, Münster 1987.
101 Eike Hennig: Zum Historikerstreit: Was heißt und zu welchem Ende studiert man Faschismus, Frankfurt am Main 1988.
102 Richard J. Evans: Im Schatten Hitlers? Historikerstreit und Vergangenheitsbewältigung in der Bundesrepublik Deutschland, Frankfurt am Main 1991.

erfassen. Dieses Interesse schlug sich in wichtigen und soliden Arbeiten über die Fünfzigerjahre nieder, die vor allem Axel Schildt und Arnold Sywottek[103] verantworteten, prägte aber auch eine geschichtspolitische Tendenz, die sich kritisch mit der historischen Kontinuität gerade dieses Zeitraums auseinandersetzte. Norbert Frei lenkte den Blick auf die Elitenkontinuität, die »Vergangenheitspolitik«, Ulrich Herbert begann, die Nachwirkung kultureller Muster am Beispiel von Zwangs-, Fremd- und Gastarbeit zu untersuchen. Wiedergutmachung und Arisierungspraxis wurden gemeinsam untersucht. Nun schienen Historiker wieder viel stärker die Initiative in der Geschichtspolitik ergreifen zu können: Politiker reagierten auf ihre Ergebnisse und wollten daraus politische Konsequenzen ziehen. Sichtbares Ergebnis war die Gründung einer Stiftung, die sich um den Ausgleich der Opfer bemühte, die Zwangsarbeitern abverlangt worden waren.

Dies zeigte, dass in den geschichtspolitischen Kontroversen stets mehr auf dem Spiel stand als eine medial vermittelte Auseinandersetzung um das historisch begründete Selbstverständnis der Deutschen, nicht selten im Stil einer Debatte, die wenig mehr als eine unterhaltende oder erregende »Talk-show« war. Denn der geschichtspolitische Konflikt berührte auch methodische Fragen, etwa das Problem der Vergleichbarkeit von nationalsozialistischer und bolschewistischer beziehungsweise stalinistischer Diktatur und ihrer Verbrechen, die Frage eines Zusammenhangs zwischen diesen Verbrechen, also um die Bestimmung möglicher Kausalität der Ursachen des nationalsozialistischen Völkermords an den Juden, schließlich die Realität dieses Völkermordes selbst und die Bewertung der Zeugnisse, die den Mord an den europäischen Juden belegen.

Der Streit um die Vergangenheit blieb dabei auch ein terminologischer Streit. Deshalb ging es oftmals um angemessene Begriffe und ihre Verwendung in der politischen Sprache, um Stil, um unterstellte zeithistorische Tabus und um die angeblich bedrohte Wissenschaftsfreiheit. »Wörter der Umgangssprache« hatte Emile Durkheim schon Ende des 19. Jahrhunderts als »mehrdeutig« erkannt. Er sah in »verschwommenen Vulgärvorstellungen« die Ursache vieldeutiger Begrifflichkeit[104], der Missverständnisse, auch der bewussten Fehldeutungen. In den geschichtspolitischen Auseinandersetzungen ist eine Mehrdeutigkeit von Begriffen und Phänomenen geradezu konstitutiv und erklärt sich aus der Tatsache, dass emotional belastete Begriffe unterschiedliche Erfahrungen spiegeln.

103 Axel Schildt / Arnold Sywottek: Modernisierung im Wiederaufbau: die westdeutsche Gesellschaft der 50er Jahre, Bonn 1998. Vgl. jetzt auch Axel Schildt: Annäherungen an die Westdeutschen: sozial- und kulturgeschichtliche Perspektiven auf die Bundesrepublik. 14 Beiträge zur Geschichte der alten Bundesrepublik, Göttingen 2011.
104 Emile Durkheim: Der Selbstmord, Frankfurt am Main 1983, S. 23.

Historische Begriffe berühren Emotionen, Gefühle und Stimmungen. »Flucht, Vertreibung, Aussiedlung« bedeutet für denjenigen, der die Wirklichkeit dieser Begriffe mit Leiden, Unsicherheit, Angst, seelischer Verletzung verbindet, etwas anderes als für den, der diese Begriffe als »Sachbegriffe« verwendet, sie differenziert, in unterschiedliche historische Kontexte oder gar in völkerrechtliche Zusammenhänge stellt. Die Vieldeutigkeit »begriffener Geschichte« (Koselleck) ist die Voraussetzung für die emotionalisierende Wirkung von Begriffen und somit die Grundlage für Missverständnisse, Fehlmeinungen oder Unterstellungen, die politische Sprengkraft enthalten, weil sie die Verbalisierung von Gegensätzen gestatten.

Der Historikerstreit ist deshalb nicht nur die bislang wichtigste geschichtspolitische Kontroverse in der Geschichte der Bundesrepublik, sondern auch exemplarisch. Er machte deutlich, dass nachhaltige Geschichtsbilder durch Akteure in Kontroversen geformt werden können. Umstritten sind sie, weil sie als sogenannte »kategoriale« Ereignisse unterschiedliche Altersgruppen, die eine Gesellschaft bilden, ansprechen, aber durch den Zeitverlauf nicht mehr gleichsinnig empfunden werden. Denn jede Generation schafft sich eigene generationsspezifische Erinnerungsbilder aufgrund von Erfahrungen, die sie unterschiedlich intensiv prägen und an die sich auf eine jeweils besondere Weise erinnern.

Die Erfahrungen des Kalten Krieges wurden Mitte der Fünfzigerjahre durch die Niederschlagung des ungarischen Aufstands und die zweite Berlin-Krise geprägt. In den Sechzigerjahren bestimmten die politischen Aufbruchgefühle, die die Ära Adenauer abschlossen, Lebensgefühl und Weltbild. Die Siebzigerjahre prägten sich durch den Ölschock und die Erfahrungen mit dem Terrorismus ein. Die Auseinandersetzungen mit der Nachrüstungsfrage und der Friedensbewegung schloss sich an und brachte mit der Partei der Grünen sogar ein neues, sich politisch artikulierendes Lebensgefühl hervor. Mauerfall, der Zusammenbruch des bipolaren Weltsystems um 1990 und der Anschlag auf das World Trade Center prägten neue Dimensionen von Weltsicht und Weltverständnis und beeinflussten auch das Europa-Gefühl der Nachkriegsgeneration.

Welche Stimmungen, Einsichten und Deutungen aber langfristig prägend sind und die Gefühle, die Empfindungen und das emotional gefärbte Zukunftsverständnis einer Gesellschaft bestimmen, ist nicht nur situativ, gleichsam unmittelbar fundiert, sondern wird im Nachhinein kommunikativ und medial vermittelt. Die Frage ist also Jahrzehnte nach dem Krieg nicht mehr: »Was dachten und empfanden Menschen bei Kriegsende?«, sondern: »Wie bewältigten sie die anschließenden Herausforderungen, Ängste, Befürchtungen und Einschnitte?«

»Kategoriale« Ereignisse sind daran erkennbar, dass sie noch nach langer Zeit in der Erinnerung mit den alltäglichen Verrichtungen verbunden werden können, die Menschen verübten, als sie die Nachricht über die prägenden und nachwirkenden

Ereignisse erreichten. Immer wieder wird deshalb berichtet, wo man sich befand und womit man gerade beschäftigt war, als man erstmals mit einem »kategorialen« Ereignis wie dem Mauerbau, dem Mauerfall oder dem Anschlag vom 11. September 2001 konfrontiert wurde. Kategoriale Ereignisse werden in der Regel lange Zeit als epochaler Einschnitt wahrgenommen. Aktualisiert, zur Gegenwart, werden sie durch Erinnerungsrituale, durch Gedenktage, durch Fernsehsendungen und Zeitungsartikel, die Ereignisse im Rückblick zugleich neu in das Gedächtnis rufen. Rituale, Gedenkfeiern und mediale Vermittlungen revitalisieren die Erinnerung – in den Fernsehinterviews mit »Zeitzeugen«, die das Geschichtsbild inzwischen mehr als der Geschichtsunterricht prägen, wird so wieder und wieder der Alltag in das Gedächtnis gerufen und vor das Auge der Nachlebenden gestellt. Jeder erinnert sich an das Ereignis, wenn die Fragen gestellt wird: »Womit waren sie beschäftigt, als die Nachricht vom Mauerbau über den Äther ging? Was empfanden sie beim Mauerfall, was beim Anschlag vom 11. September 2001?« Die Erinnerung daran ist präziser als an den Tag der Einschulung, des Abiturs, der Hochzeit.

Weil Gesellschaften immer durch generationsspezifische Ereignisse geprägt werden, etwa die Europabegeisterung der unmittelbaren Nachkriegsgeneration, den Schock der Kuba-Krise, die Ereignisse von 1968 oder die Debatten um Nachrüstungsbeschluss und Friedensbewegung, ist es für Politiker so verlockend, Erinnerungen zu beschwören. Sie haben sogar eine wichtige Funktion bei der Bewahrung der Erinnerung, denn »kollektive Erinnerungen« an tiefgreifende Ereignisse schwächen sich im Laufe der Zeit als Folge veränderter Alterszusammensetzung der Gesellschaft ab. Weil neue »Alterskohorten« nachwachsen, erinnert man sich nicht mehr unmittelbar an Ereignisse und gerät unter den Einfluss derjenigen, die sie deuten, und – dichterisch oder rhetorisch – formen. Zugleich konfrontieren sie die ältere Generation mit ihren Erfahrungen. Im Laufe vieler Jahrzehnte schleifen sich »kollektive« Erfahrungen also ab.

Erst wenn die Konflikte zwischen den Generationen sich als Deutungskonflikte niederschlagen, werden sie zum Politikum, weil Politiker erst dann die Möglichkeit bekommen, Altersgruppen generationsspezifisch anzusprechen und – etwa im Wahlkampf – zu mobilisieren. Kohls angebliche Bemerkung, Angela Merkel mache sein Europa kaputt, verweist auf generationsspezifische Rezeptionen, denn er spricht seine eigenen Erfahrungen an – viele seiner jüngeren Zeitgenossen erinnern sich nicht mehr an die Dramatik, mit der anfängliche Europabegeisterung politisch umgesetzt wurde.

Alle historisch-politischen Ereignisse wurden von den »politischen Generationen« unterschiedlich aufgenommen und aufgearbeitet. So prägten sich auch kulturelle Unterschiede generationsspezifisch aus. Musikalische Erfahrungen – Swing, Dixie, Rock, Protest, Beat, Reggae und Rap – werden mit Ereignissen verknüpft und – wie

Woodstock – zum Mythos. Auch Bilder können sich verfestigen, wenn sie aus sich selbst heraus verständlich sind und Emotionen wecken. Geschichtsbilder verbinden sich dann mit optisch vermittelten »Ikonen«[105], die wiederum verdeutlichen, dass es in pluralistischen Gesellschaften kein gemeinsames und schon gar nicht ein verbindliches Geschichtsbild geben kann.

1989 – der zweite Umbruch des Jahrhunderts

In seiner Untersuchung geschichtswissenschaftlicher Kontroversen sah Klaus Große Kracht die Historiker im Jahre 1968 »in der Defensive«[106]. Zwanzig Jahre später sollte sich das ändern. Die Zunft war weniger »überrascht«[107], als Große Kracht vermutete, denn sie fand schnell Worte, die sich allerdings vor allem entschieden gegen innerwissenschaftliche Kontrahenten richteten, die sich in den geschichtspolitischen Kontroversen seit Beginn der Achtzigerjahre entschieden fachlich und geschichtspolitisch positioniert hatten.

Über die DDR und die deutsche Teilung ist in Deutschland nach dem Mauerfall zuweilen so heftig gestritten worden, dass die historische Bedeutung dieses umstürzenden Tages fast verloren zu gehen drohte. Immer wieder wurden deutschlandpolitische Rechnungen aufgemacht und dabei nicht nur Verbindungen in die Fünfzigerjahre, sondern bis weit in das 19. Jahrhundert geschlagen. Wartburg- und Hambacher Fest von 1817 und 1832 wurden dabei geradezu als Vorfeiern des Mauerfalls gedeutet, um eine positive Kontinuität deutscher Geschichte zu begründen.

Bis dahin kreisten historische Diskussionen immer wieder um die Frage, ob – und wie – »Einheit und Freiheit« in der deutschen Geschichte zusammengeführt worden seien. Im Grunde war dieses Problem sogar der Kern der Debatte über die »Offenheit der deutschen Frage«, die Richard von Weizsäcker einstmals mit der Bemerkung geklärt hatte, die deutsche Frage sei so lange offen, wie das Brandenburger Tor geschlossen sei. Hatten sich die Deutschen nicht immer nur für eines dieser Ziele entschieden? Im Kaiserreich für die Einheit und mit der Hinnahme der deutschen Teilung für die Freiheit – zumindest im Westen Deutschlands? Drohte mit dem Mauerfall und der Vereinigung nicht der Rückfall in ein überbetontes Einheitsverlangen?

Das waren anregende Diskussionen, geführt vor allem in den Feuilletons. Dabei wurden politische Rechnungen aufgemacht und beglichen. Konservative

---

105 Gerhard Paul (Hg.): Das Jahrhundert der Bilder, 2 Bände, Göttingen 2008 und 2009.
106 Klaus Große Kracht: Zankende Zunft, Göttingen 2005, S. 69 ff.
107 Ebda., S. 115 ff.

behaupteten, viele, die der SPD nahe standen, hätten sich in den Siebziger- und Achtzigerjahren zu schnell mit der Teilung abgefunden und sie sogar, wie der Schriftsteller Günter Grass, als eine bereitwillig ertragene Strafe für die nationalsozialistischen Gewaltverbrechen akzeptiert, die Teilung Deutschlands also gegen »Auschwitz« aufgerechnet und »die deutsche Not« (Erika von Hornstein) geradezu als gerecht und verdient empfunden. War hingegen nicht Bundeskanzler Adenauer, den die Deutschen zu den größten Deutschen zählten, geschmäht worden, weil er die Integration der Bundesrepublik in die Europäische Gemeinschaft so engagiert betrieben und anscheinend ohne großes Zögern die Teilung Deutschlands hingenommen hatte? Hatten Politiker wie Gustav Heinemann und Johannes Rau nicht immer an diesem Einheitsziel festgehalten?

Gegen die Angriffe auf die Sozialdemokratie sollte der Hinweis auf den ehemaligen sozialdemokratischen Parteivorsitzenden Kurt Schumacher helfen, der in den Fünfzigerjahren eine politische »Magnettheorie« entwickelt hatte, der zufolge der Westen so attraktiv werden sollte, dass er den Osten Deutschlands wie einen Magnet anzog. Hatten sich die Ostpolitiker der Siebzigerjahre nicht zu schnell mit den politischen Machtverhältnissen arrangiert? Oder hatten sie mit der Menschenrechtspolitik der Konferenz für Sicherheit und Zusammenarbeit in Europa, dem KSZE-Prozess, nicht die entscheidende Schwächung des Ostblocks herbeigeführt? Hatte nicht vielmehr Franz-Josef Strauß dem SED-Staat die Frist verlängert, als er Milliardenkredite politisch durchsetzte, obwohl doch angeblich allen klar war, dass die DDR in der Agonie lag? Die Erleichterung über den Mauerfall leitete so geschichtspolitische Wechselbäder ein, Schuldzuweisungen wurden zugespitzt, das Material der Staatssicherheit benutzt, und immer wieder erlag man Fehlinterpretationen oder reicherte diese an.

Mit dem Mauerfall setzte eine in den Wahlkämpfen gut verwertbare Welle geschichtspolitischer Debatten ein, die sich von den vorangegangenen grundlegend unterschied. Denn nun ging es weniger um Einschätzungen und Bewertungen der Vergangenheit als vielmehr um die Frage, wer den entscheidenden Beitrag zur Prägung der Gegenwart geleistet hätte. Hatte Ronald Reagan 1986 mit der Aufforderung an »Mr. Gorbatschow«, die Mauer niederzureißen, einen wichtigen Impuls vermittelt? Waren die polnischen und tschechischen Protestbewegungen der Solidarność oder der Charta 77 entscheidend, wirkten in der Erosion der Sowjetunion Andrej Sacharow und Alexander Solschenizyn nach? Oder war die Politik Gorbatschows, seine Proklamation von Glasnost und Perestroika, im Zusammenhang mit der Schwächung der Sowjetunion durch Nachrüstung und Afghanistan-Krieg verantwortlich?

Hatte deshalb vielleicht sogar Helmut Schmidt mit dem Doppelbeschluss und der Einleitung der Nachrüstung einen wichtigen Beitrag zur Schwächung des

Ostens durch verteidigungs- und sicherheitspolitische Überforderung geleistet? Welche Bedeutung kam dem KSZE-Prozess mit dem zunächst als illusionär verspotteten Korb 3, den Menschenrechten, beim Zusammenbruch des Ostblocks zu? Oder hatte nicht vielmehr die Opposition in der DDR die entscheidende Wende gebracht? Wie ließ sich überhaupt beschreiben, was sich vor den Augen einer zunächst ungläubig staunenden Weltöffentlichkeit ereignete? War es eine Revolution, eine unblutige, samtene, friedliche gar? Oder handelte es sich um eine Implosion, eine Reform des Systems eine »Refolution« also? War die DDR durch diejenigen, die flohen, geschwächt und delegitimiert worden, oder hatte man den Beharrungskräften dadurch gerade das Feld überlassen? Hatten vielleicht sogar diejenigen, die nicht über Ungarn und Prag im Sommer 1989 geflohen waren, den entscheidenden Anteil am Zusammenbruch des SED-Staates?

Diese Debatten lenkten von der Befindlichkeit großer Teil der westlichen Bevölkerung ab. Denn ebenso gut konnte man fragen, ob die westlichen Regierungen in der Teilung nicht eine Schwächung des unruhigen Deutschlands in der Mitte Europas gesehen hatten? Hatten sie nicht, wie Maggie Thatcher, sogar versucht, sich der Vereinigung der beiden deutschen Staaten zu widersetzen? Und wie stand es mit der Einheitsbegeisterung der Westdeutschen? Hatte die westdeutsche Bevölkerung nicht ebenso gleichgültig auf die politischen Veränderungen im Osten reagiert wie manche ihrer Politiker, die eher auf die Reformfähigkeit der SED-Führung als auf die verändernde Macht der Oppositionsgruppen setzen wollten?

Dabei ging es zugleich latent immer um die Bewertung derjenigen, die in den Fünfzigerjahren vom Ziel einer deutschen Wiedervereinigung nicht abgelassen hatten, wären sie auch belächelt worden. Sie hatten sich nicht nur um alternative Wege deutscher Politik bemüht, sondern immer betont: »Auch drüben ist Deutschland!« Am Ende dieser Entwicklungen stand vielfach die Gewöhnung an die Nachkriegszeit mit der deutschen Teilung und der europäischen Blockbildung. »Drüben« – das galt als ein nicht nur fernes, sondern auch fremdes Land, das nicht einmal mehr in geographischer, geschichtlicher und kultureller Hinsicht zur Allgemeinbildung gehörte. So muteten die rückwärtsgewandten Geschichtskontroversen über angebliche Weichenstellungen der Deutschlandpolitik ein wenig bemüht an.

Die Auseinandersetzungen um die Reaktion auf Stalins Noten von 1952 belegen das. Obwohl bestens von einem österreichischen Zeithistoriker erforscht[108], wurde

---

108 Rolf Steininger: Eine vertane Chance. Die Stalin-Note vom 10. März 1952 und die Wiedervereinigung. Eine Studie auf der Grundlage unveröffentlichter britischer und amerikanischer Akten, Berlin/Bonn 1985; ders.: Eine Chance zur Wiedervereinigung? Die Stalin-Note vom 10. März 1952. Darstellung und Dokumentation auf der Grundlage unveröffentlichter britischer und amerikanischer Akten, Bonn 1985.

nun behauptet, mit dieser Initiative hätte die westdeutsche Regierung nur verlockt werden sollen, einen »dritten Weg« europäischer Neutralität zwischen den Blöcken zu beschreiten.

Es schien urplötzlich nicht mehr um eine weit zurückliegende, umkämpfte Geschichte zu gehen, sondern um eine sehr gegenwärtige politische Option. Die »deutsche Frage«, bis dahin Gegenstand der Debatten politischer Pädagogen, wurde noch einmal zu einer politischen Existenzfrage historisch erhärteter Glaubwürdigkeit und stellte fast ein Signum dar für den Versuch, den historischen, geographischen und politischen Ort Deutschlands in Europa und in der Welt in einer Umbruchphase zu bestimmen, in der gerade die »Zwei-plus-vier«-Verhandlungen deutlich machten, dass die Verantwortung »für Deutschland als Ganzes« bei den Alliierten lag. Sie mussten der Wiedervereinigung zustimmen.

Deutschlands Rolle in Europa und in der Welt war viele Jahrhunderte nicht nur durch seine Mittellage bestimmt gewesen, sondern vor allem durch die Unruhe, die es immer wieder in das »Gleichgewicht« der europäischen Mächte brachte. Die deutsche Vereinigung schien so ein neues deutsches Schwergewicht in der Mitte Europas und in der internationalen Politik zu schaffen. Die Furcht vor einem neuen deutschen Nationalismus schien die deutschen geschichtspolitischen Diskussionen stärker als die internationale Diskussion zu beeinflussen. Diese ging davon aus, dass Deutschland gerade durch den europäischen Integrationsprozess und durch die Nato gut eingebunden sei.

Neue politische Debatten, die vor allem regierungsfreundliche Historiker prägten, erstreckten sich auf Versuche, Deutschlands Rolle in der Welt zu fixieren. Forderten die einen, Deutschland möchte seine »Machtvergessenheit« überwinden und selbstbewusst seine stärkere Präsenz in der Weltpolitik akzeptieren, so betonten die anderen, dass außenpolitische Zurückhaltung geboten sei, dass Deutschland nur abgestimmte außenpolitische Initiativen ergreifen und sich in der selbstbewussten Machtrhetorik zurückhalten solle. Deutlich wurde in diesen Debatten, welchen Einfluss Historiker inzwischen auf die Ausbildung deutscher Diplomaten nahmen. Andreas Hillgruber, Klaus Hildebrand und schließlich Gregor Schöllgen hatten entsprechende Kurse ausgearbeitet und durchgeführt, die Teil der Attaché-Ausbildung waren. So gesehen waren die geschichtspolitischen Debatten über die deutsche Außenpolitik auch gut und heilsam, denn durch sie setzte sich unter jungen Diplomaten ein Deutungspluralismus durch, der ihr politisches Weltbild prägte.

Die verfassungspolitische Spannung, die zwischen »Einheit und Freiheit« bestand, lenkte den Blick nach dem Mauerfall noch einmal auf die Reichsgründung von 1871. Hatten hundert Jahre nach der »Reichseinigung« anspruchsvolle historische Sammelbände[109], die in beiden Teilen Deutschlands erschienen waren, eine Art Schlussstrich gezogen, so knüpfte man durch die Wiedervereinigung scheinbar wieder an den Nationalstaat an, den Bismarck angeblich geschaffen hatte. Er war verspätet, unvollendet und von inneren Konflikten gezeichnet, die der Historiker Wolfgang Sauer sogar als Ausdruck eines nach innen gerichteten »Kampfkurses« bezeichnet hatte. Erneut rückten nach 1990 Integrationsprobleme in den Mittelpunkt. Würde eine ostdeutsche Teilgesellschaft entstehen? Welche Zukunft hatte der Föderalismus?

Die zentrale erste geschichtspolitische Debatte berührte die Hauptstadtfrage. Sollte Bonn Bundeshauptstadt bleiben? Hatte Berlin nicht immer als eine Art Hauptstadt im Ruhestand gegolten, die nun reaktiviert werden konnte? Waren die Konflikte Ausdruck der Sorge um den Zustand der Republik? Würde aus der rheinisch-gemütlichen Bonner Republik gar eine obrigkeitsstaatlich geprägte »Berliner Republik«, eine Hauptstadt mit Pickelhaube? Wie ließ sich die Einheit und der Abzug der Besatzungstruppen finanzieren? Die Hauptstadtdebatte war geschichtspolitisch sehr wichtig, weil sie an das Solidaritätsgefühl der Deutschen appellierte, aber auch historisch orientierte Folgerichtigkeit des politischen Handelns verlangte. Dies vor allem nutzte Wolfgang Schäuble aus, als er in seiner geschichtspolitisch vielleicht wirkungsvollsten Rede die Abgeordneten des Deutschen Bundestages soweit beeinflusste, dass sie sich mit knapper Mehrheit für Berlin aussprachen.

Hatte Bismarck innerhalb von zehn Jahren begriffen, dass die deutsche Einheit für die europäischen Mächte nur erträglich war, wenn es gelang, das Deutsche Reich außenpolitisch als saturiert erscheinen zu lassen, so stand dies in keiner Weise den innenpolitischen Konflikten entgegen, die mit dem Kulturkampf gegen die ultramontanen Katholiken, der Ausschaltung der angeblich am britischen Vorbild parlamentarischer Herrschaft orientierten Linksliberalen, mit der Sozialistenverfolgung, der Diffamierung der »Reichsfeinde« in den Ostprovinzen, der Dänen und französisch sprechenden Lothringer und schließlich der Juden im Zusammenhang mit dem durch Heinrich von Treitschke entfachten »Antisemitismusstreit« einen »inneren Kampfkurs« belegten, der die politische Kultur der Deutschen lange belastete. Ausgefochten wurden die politischen Gegensätze vor allem durch historische Rückgriffe und konstruierte historische Mythen. Die Reformation Luthers wurde so als »deutsche Revolution« bezeichnet, das Mittelalter als Vorgeschichte des »zweiten Kaiserreiches« verklärt und musealisiert.

---

109 Theodor Schieder / Ernst Deuerlein (Hg.): Reichsgründung 1870/71, Stuttgart 1971. Michael Stürmer (Hg.): Das kaiserliche Deutschland, Düsseldorf 1971. Rolf Weber u. a.: Die großpreußisch-militaristische Reichsgründung 1871: Voraussetzungen und Folgen, 2 Bände, Berlin 1971.

Dass Deutschlands im »Konzert der europäischen Mächte« keineswegs als befriedet und domestiziert galt oder gar als »saturiert« gelten konnte, hatten die krisenhaften Zuspitzungen in der Innen- und Außenpolitk der wilhelminischen Zeit deutlich gemacht. So gingen im 20. Jahrhundert von Deutschland zwei Weltkriege aus, sie dezimierten nicht nur das Reichsgebiet, sondern beendeten weltgeschichtlich das europäische Zeitalter. Bei den kriegerischen Konflikten ging es weniger um Freiheit und auch nicht um Einheit, denn im Zuge der innenpolitischen Konflikte standen nicht Praktiken der politischen und gesellschaftlichen Integration im Mittelpunkt, sondern solche der Ausgrenzung ganzer Bevölkerungsteile aus dem nationalen Konsens.

»Reichsbürger«, die nicht die deutsch, sondern polnisch, französisch und dänisch sprachen, wurden als Angehörige einer »fünften Kolonne« betrachtet. Sie standen den »Reichsdeutschen« nicht so nahe wie die »Auslandsdeutschen« und wurden nicht in die vielfach beschworene nationale Gemeinsamkeit einbezogen, die durch Kultur, Sprache und Geschichte bestimmt schien. Für Deutschland als »verspäteter« (Helmuth Plessner) und »unvollendeter« Nation (Theodor Schieder) blieben innergesellschaftliche Konfliktlinien prägend, die wichtiger waren als die territoriale Konsolidierung. Sie waren durch konfessionelle Gegensätze, durch landsmannschaftliche Abgrenzungen und politische Konflikte gekennzeichnet und beeinflussten die »politische Kultur« nachhaltig.

Dennoch kann der Rückblick nicht erklären, weshalb sich nach 1989 im vereinigten Deutschland Verlierer und Gewinner der Einheit gegenüberzustehen schienen. Deutlich wurde, dass Geschichte auf lange Sicht vergleichsweise wenig erklärte, sondern nur argumentative Versatzstücke lieferte, die in geschichtspolitischen Kontroversen illustrativ genutzt werden konnten, um Emotionen zu wecken oder zu stärken.

Die Anknüpfung an die Reichseinigung war 1989 so wenig ein historisch legitimiertes Ziel, wie 1871 die Reichseinigung im Spiegel mittelalterlicher Reichsbildung zu rechtfertigen war. Es handelte sich um historische Konstruktionen der Geschichtsdeutung, die die Herausforderungen tatsächlichen Zusammenwachsens nur garnieren, aber nicht empirisch verdeutlichen konnten. So gesehen, erschreckten die »Reichskriegsflaggen«, die vor allem die Demonstrationen und Aufmärsche der Rechtsextremisten zierten. Es war wichtig, in der Phase der Wiedervereinigung europäische Ziele zu setzen, die KSZE zur OSZE umzubauen und die Nato zu erweitern, vor allem aber mit dem Lissabon- und Maastricht-Prozess, mit der Einführung der gemeinsamen europäischen Währung und dem Schengener Abkommen neue Perspektiven der europäischen Integration zu entfalten.

Dennoch prägen immer noch negative historische Erinnerungen die Feierlichkeiten zum 3. Oktober 1990. Euphoriker und Skeptiker der »Wiedervereinigung«

tauschten ihre Argumente aus. Der Blick auf die Geschichte der Teilung, des Kalten Krieges und der Entstehung zweier Blöcke, die in Deutschland hart aufeinander stießen, beeinflusste zunächst die Bewertungen des Für und Wider der Vereinigung. Dabei wurde bewusst, dass Geschichte niemals nur schwarz oder weiß gezeichnet, sondern viel häufiger in Grautöne gefärbt wird.

Die Instrumentalisierung der Geschichte in den politischen Kontroversen steigerte sich in den Neunzigerjahren weniger auf außen- als vielmehr auf innenpolitischem Gebiet und wurde nicht zuletzt in Wahlkämpfen zum Ersatz für inhaltlich-programmatische politische Argumente. Dabei ging es um mehr als um die Erinnerung an ein sehr weitsichtiges Wahlversprechen Willy Brandts aus dem Jahre 1961, der forderte, der Himmel über dem Ruhrgebiet solle wieder blau werden. In der Adenauer-Zeit wurde dieser Spruch belächelt – heute ist er Realität. Denn geschichtspolitisch gravierend waren die deutsch-deutschen geschichtspolitischen Kontroversen, die nahezu ausnahmslos gegen die PDS gerichtet waren und übersahen, dass mit ihnen zugleich viele der Ostdeutschen belastet wurden. Dass die SED-Führung versagt hatte, sich auf Zwang und Terror stützte, wurde nicht bezweifelt. Verübelt wurde die Diskreditierung des Alltags, die Behauptung belastender Mentalitäten, die Übertragung der Kritik am DDR-System auf Berufsgruppen und Einzelne.

Langfristig wirkender politischer Nutzen lässt sich aus vergangenheitsorientierten politischen Parolen selten ziehen. Ein Zeitraum von fünfzig Jahren ist sehr lang; frühere Konflikte wirken über einen derartig langen Zeitraum kaum nach, wenn sie nicht politisch gedeutet werden. Die Erinnerung an Wahlplakate und Wahlparolen verblasst überdies sehr schnell. Rückwärtsgewandte Propheten gelten wenig im Lande und werden rasch mit dem Ruf eines Oberlehrers, wenn nicht eines Besserwissers, belegt. Hinzu kamen politische Ereignisse, die tiefer wurzelten als ideologisch anmutende Kontroversen. Tschernobyl 1986, die Proteste gegen Endlagerungs- und Wiederaufbereitungsanlagen, schließlich der Schock von Fukushima: Sie signalisierten das Ende der Versuche, durch geschichtspropagandistische und -ideologische Deutungsversuche Stimmungen zu erzeugen, die von den Integrationsproblemen einer kulturell, konfessionell und ethnisch immer differenzierter werdenden Gesellschaft ablenkten.

Denn die Herausforderungen, vor denen Menschen stehen, wie beispielsweise die Folgen von Naturkatastrophen, von Reaktorhavarien, von Banken-, Finanz- und Konjunktur-Krisen, machen bewusst, dass die Zukunft nur selten durch Herkunft geprägt wird. Es ist die Bewältigung der Gegenwart, die über die Zukunftsfähigkeit entscheidet.

Medien und Geschichte

Die Bedeutung der Medien für die Vermittlung historischer Kenntnis ist nicht zu bestreiten. Fraglich ist, ob sie geeignet sind, historische Urteilskraft zu stärken. Das Unterrichtsfach Geschichte hatte diesem Ziel zu dienen, denn die menschliche Existenz galt stets als geschichtlich bedingt. Seit einigen Jahren wird die Stellung des Faches Geschichte in bildungspolitischen Diskussionen zur Disposition gestellt. Darin schlägt sich ein grundlegender Bedeutungswandel schulischer Bildung nieder, der auch das Universitätsfach berührt und das Geschichtsstudium in seiner Bedeutung sehr geschmälert hat.

Bildung wird vor allem als Lebensertüchtigung verstanden und soll auf das Berufs- und Wirtschaftsleben vorbereiten. Das ist kein schlechtes Ziel. Es hat die Zukunft im Blick, wenn auch ohne angeben zu können, was wirklich bestimmend für die Zukunft ist und der Bewältigung von Herausforderungen dient, die sich in einem langen Leben stellen. Wurde vor fünfzig Jahren noch beschworen, dass Herkunft Zukunft sei, so wird das heute kein Mensch mehr, nicht einmal in Sonntagsreden, ernsthaft behaupten können.

Die Bewältigung der Zukunft hängt vor allem von der Fähigkeit ab, Herausforderungen zu meistern, die sich in der Gegenwart stellen. Sie verlangt methodische Schulung, nicht die Vermittlung von Kenntnissen, die nur aufgehäuft werden. Damit sind Fähigkeiten gefragt, die das Ergebnis exemplarisch orientierter Schulungen und der Offenheit für den Transfer von Techniken zur Lebensbewältigung sind. Aber kommt dem Umgang mit Erfahrungen, Stimmungen, überstandenen und bewältigten Herausforderungen nicht eine gewisse Bedeutung zu?

Bis weit in die Sechzigerjahre hatten Politiker das Fach Geschichte verteidigt, weil sie darin die Grundlage für die Identifikation der Schüler mit ihrer Nation sahen. In den Siebzigerjahren wurde hingegen viel stärker ihre kritische, aufklärende Funktion betont. Geschichte sollte nicht mehr der Emotionalisierung, sondern der kritischen Distanzierung von Parolen dienen, die historische Eindeutigkeit suggerierten, wo Vieldeutigkeit offensichtlich war.

Inzwischen scheint eine neue Stufe des Bedeutungsverlustes erreicht zu sein, denn der Stellenwert des Geschichtsunterrichts in der Schule ist in den letzten Jahren selbst in Bundesländern wie Bayern drastisch reduziert worden, mithin sogar in einem Bundesland, das sich auf seine humanistisch-liberalen Traditionen berufen hatte und historische Kompetenz zum Bildungsziel, ja zur mentalen Grundlage abendländischen Bewusstseins erklärt hatte.

Die Folgen sind spürbar, denn der Beschränkung des Unterrichtsfachs entspricht ein starkes außerschulisches Interesse an geschichtlichen Themen in den Medien. Dies schlägt sich in der immer wieder bahnbrechenden Wirkung von Filmen nieder.

Luther, die Wikinger, Iwan der Schreckliche, Ben Hur, August der Starke, Stauffenberg und Rommel – Filme beeinflussen die Geschichtskenntnisse, nicht nur kurzfristige Interessen, sondern vor allem Wahrnehmungen und Beurteilungen. Sie stehen nicht selten am Beginn einer historisch reflektierten Entscheidung, wie die letzte Verjährungsdebatte von 1979 deutlich macht, die ohne den Fernsehfilm »Holocaust« vermutlich kaum von breiter demoskopischer Zustimmung getragen worden wäre.

In den Fünfzigerjahren herrschte das Genre des Kriegsfilmes vor. Er drehte sich um die Schlachten in Nordafrika und mystifizierte Rommel, erinnerte an heftige Kämpfe wie »Der längste Tag« (nach dem Roman von Cornelius Ryan) und das Schicksal von U-Boot-Besatzungen wie in »Das Boot«. Häufig erinnert wurde auch an das Schicksal der Kriegsgefangenen mit Spielfilmen wie »Einer kam durch«, der Hardy Krügers Durchbruch als Schauspieler brachte. Auch die Filme »So weit die Füße tragen« oder »Die Brücke am Kwai« bedienten dieses Genre und prägten zugleich nationale Stereotypen.

Die Widerstandsgeschichte wurde Mitte der Fünfzigerjahre filmisch verarbeitet mit den fast zeitgleich entstandenen Filmen wie »Der 20. Juli«, »Operation Walküre« und »Des Teufels General«. Besonders wirkungsvoll war am Ende dieses Jahrzehnts Bernhard Wickis Spielfilm »Die Brücke«, der die Perspektive der jüngeren Generation präsentierte. Er wurde heftig diskutiert und ebenso entschieden abgelehnt wie befürwortet. Diese Debatte schlug einen neuen Ton an, denn immer häufiger wurde darüber diskutiert, ob Filme für die historische Bildung bedeutsam seien und deshalb von Schulklassen gesehen und zum Gegenstand des Geschichtsunterrichts gemacht werden sollten. »Die Brücke« stand so am Beginn einer Reihe anderer Filme, die in den Geschichts- und Religionsunterricht integriert werden sollten, zu denen auch »Schindlers Liste«, verschiedene Filme über »Die weiße Rose«, schließlich sogar der Eichinger-Streifen »Der Untergang« und der Stauffenberg-Film mit Tom Cruise in der Hauptrolle zählten.

Zuweilen organisierten Bundestagsabgeordnete sogar gemeinsame Filmvorführungen und setzten so bewusst geschichtspolitische Akzente. Dies betraf auch Fernsehfilme wie »Die Flucht« und Eichingers »Untergang«, die vom Bundespräsidenten besucht und kommentiert wurden. Seine Empfehlung verstärkte die geschichtspolitische Wirkung und machte zugleich deutlich, dass der Geschichtsunterricht seine Aufgabe, die Auseinandersetzung mit der Zeitgeschichte auf eine feste Grundlage zu stellen, seit den Siebzigerjahren zunehmend eingebüßt hatte. War aber deshalb ein Spielfilm ein willkommenes Kompensationsmittel für den defizitären Geschichtsunterricht? Hätte er nicht eher ein guter Einstieg zur intensiven Beschäftigung mit den angesprochenen Problemen sein können?

Die konstatierten Defizite in der historischen Bildung waren nicht neu. Immer wieder waren sie in den vorangegangenen Jahrzehnten angesprochen worden.

Erklärt wurden sie bis weit in die Sechzigerjahre hinein durch die Verkürzung des Geschichtsunterrichts, der angeblich niemals über die Epoche des deutschen Kaiserreiches hinausgekommen sei, weil die Lehrer trotz guter Schulbücher nicht bis zur Geschichte des NS-Staates vorgedrungen seien.

Wenige Jahrzehnte später lautete das Argument ganz anders: Nun hieß es, die weiter zurückliegende Geschichte sei nur rudimentär vermittelt worden, weil zu großes Gewicht auf die NS-Zeit, auf die Geschichte des »Holocaust« und des Widerstands gegen den Nationalsozialismus gelegt worden sei. Wiederum schienen Filme die Defizite in der historischen Bildung zu kompensieren. Dies begründete den Erfolg der zeithistorischen Filme, die das Zweite Deutsche Fernsehen ausstrahlte, in der Regel in mehreren Folgen, wie zuletzt die umfangreiche historische Dokumentation zur »Geschichte der Deutschen«.

Erstmals wurden dem Schulfach Geschichte Schranken durch die »Hessischen Rahmenrichtlinien« gewiesen, die Anfang der Siebzigerjahre diskutiert wurden. Diese Auseinandersetzung entwickelte sich rasch zu einem symbolisch hochgradig aufgeladenen Kulturkonflikt. Er wurde geradezu als Kulturkampf inszeniert, bei dem das konservativ gesinnte Bildungsbürgertum noch einmal seinen angeblichen Bildungskanon verteidigen wollte. Weil der Konflikt in Hessen stattfand, schlug sich der Kampf um die Rahmenrichtlinien besonders in der überregionalen Frankfurter Tagespresse nieder und wurde zu einer gesamtdeutschen Auseinandersetzung. Das Für und Wider der neuen Ansätze erörterte man gar nicht, es ging in Kampagnen unter, die kräftig befördert wurden vom »Bund Freiheit der Wissenschaft«, der auf diese Weise die engen Grenzen universitärer Auseinandersetzung überwand und eine überregionale Bedeutung erlangte. Er veranstaltete Kongresse, in denen die kultur- und bildungspolitischen Umbrüche – die gemessen am Bologna-Prozess, der das deutsche Universitätswesen völlig umkrempelte, geradezu harmlos erscheinen – gegeißelt und abgewehrt werden sollten.

Das Fach Geschichte wurde durch den hessischen Konflikt aber nur für einen kurzen Zeitraum stabilisiert. Denn seit den Achtzigerjahren haben die Schulfach-Historiker zunehmend ihre Stellung räumen müssen. Sozial- und Lebenswissenschaften traten an ihre Stelle und werden inzwischen durch Wirtschaft, Informatik sowie die neuen und finanziell bestens geförderten Nano-Wissenschaften abgelöst. Die Folgen sind spürbar, denn die Auseinandersetzung über geschichtliche Themen findet zunehmend in den Medien statt, die so die Vermittlung historischer Kenntnisse übernehmen.

Dies scheint die skeptische These von Geschichtstheoretikern zu bestätigen, die in Geschichtsdarstellungen vor allem ein narratives Konstrukt sehen[110]. Die

---

110 Hans-Jürgen Goertz: Unsichere Geschichte. Zur Theorie historischer Referentialität, Stuttgart 2001.

vergangene Wirklichkeit lasse sich niemals präzise, realistisch, gleichsam im Verhältnis »1:1« darstellen; die gedeutete Geschichte sei stets das Produkt einer Annäherung, die Widerspruch herausfordere und vor allem durch strittige Diskurse Fortschritte erziele – im besten Fall. Oftmals sei die Darstellung der Vergangenheit auch nur das Ergebnis einer Erzählung.

Falls dies zutrifft, wäre zu fragen, ob der Geschichtsunterricht nicht gerade die Funktion hätte, derart konstruierte Geschichten auf ihre Entstehungszusammenhänge, die damit verbundenen weltanschaulichen oder politischen Interessen und die kulturellen Folgen kritisch zu sichten, zu bewerten und zu »hinterfragen«. Zugleich wäre es falsch, die Bedeutung der Medien überkritisch als ein Phänomen des kulturellen Niedergangs zu deuten. Medial vermittelte Geschichte ist hingegen eine Chance, weiterhin Geschichtsbewusstsein zu schaffen. Längst sind die Weichen für eine Vermittlung von Geschichte in die Öffentlichkeit gestellt. Das Universitätsfach, so meinten vor allem die Vertreter einer modernen Geschichtsdidaktik, hätte noch nicht angemessen reagiert. Denn es komme vor allem darauf an, den Umgang mit den einfach gegebenen und nicht aus der Welt zu schaffenden medialen Vermittlungsbedingungen zu erlernen. Wenn es »viele Geschichten« gäbe und alle »im Kontext falsch und unvollständig« seien, komme es darauf an, sich durch Unübersichtlichkeit nicht verwirren, sondern herausfordern und anregen zu lassen.[111]

Indem die Auseinandersetzung mit der Vergangenheit in die Medien verlagert wurde, bot sich auch der Politik eine neue Möglichkeit, Politik, Öffentlichkeit und Geschichte miteinander zu verbinden. Politiker versuchten sich bei Ausstellungseröffnungen oder auf Historikertagen als Interpreten der Vergangenheit. Sie konnten auch die Filmförderung nutzen, um Geschichtsbilder zu propagieren oder zu pflegen. Dies zeigte sich in der Diskussion über den Stauffenberg-Film, denn immer wieder wurde während der umstrittenen Dreharbeiten, die manche Kritiker als Teil einer neuen Strategie der Scientologen deuteten, betont, in Zukunft würde das Attentat auf Hitler vom 20. Juli 1944 weltweit bekannt und schaffe so einen besonders wichtigen Bezugspunkt für ein neues und geläutertes geschichtspolitisches Selbstverständnis der Deutschen nach 1945.

Parallel zu der abnehmenden Bedeutung von Geschichte als Bildungsfach entwickelte sich die thematische Vielfalt, die in den Medien ihren Niederschlag fand. Dies zeigten nicht nur die Erfolge historischer Spielfilme, die sich immer öfter

111 Dies in Fortführung eines Gedankens von Jan Füchtjohann, der angesichts der nicht mehr vorstellbaren Vermehrung von Informationsdaten, die sich angeblich alle zwei Tage verdoppelten, erklärte, man könnte versucht sein, sich mit einem Stapel Bücher in den Wald zurückziehen, um diesen Gedanken sofort zu verwerfen: »Ignoranz ist keine Lösung«. Vgl. Süddeutsche Zeitung vom 23./24.7.2011.

halbdokumentarisch gaben. Ob es sich um Spielbergs Remake des »längsten Tages« – einen Film über den »Roten Baron« und hochdekorierten Kampfflieger aus dem Ersten Weltkrieg Manfred von Richthofen – handelte, ob es um Spielfilme mit geschichtlichen Inhalten wie »Schindlers Liste«, »Das Leben ist schön«, um »Das Leben der Anderen«, den »Baader-Meinhof-Komplex« oder »King's Speech« ging – das Interesse an medial vermittelter Geschichte ist auffällig, selbst dort, wo es um reine, historisch lediglich verpackte Fiktion wie in Tarantinos »Inglorious Bastards« geht.

Halbdokumentarische Mehrteiler, die das deutsche Fernsehen über dramatische Tage im Leben von Helmut Kohl, Willy Brandt, Herbert Wehner und Helmut Schmidt, über den Mauerfall oder die Kuba-Krise ausstrahlte (wobei sie sich in der Regel auf sehr überzeugende Recherchearbeit stützten) fanden viele Zuschauer, und die opulenten Lebensbilder von Thomas Mann, Napoleon oder der Unternehmer-Dynastie Flick bewegten Millionen von Fernsehzuschauern. Immer wieder wurden Dokumentationen und Spielfilme publizistisch begleitet oder motivierten Publikationen, die einen neuen Publikationszweig begründeten: das Buch zum Film.

Damit wurde die Chance deutlich, die medial vermittelte Geschichtsdarstellungen boten. Sie riefen Historiker auf den Plan, entzündeten neue Debatten, lenkten den Blick auf vergangene Ereignisse. Jahrestage wurden inszeniert, nicht mehr, wie noch in den Achtzigerjahren, durch Mittel, die die öffentliche Hand für Tagungen[112] oder großangelegte Forschungsprogramme[113] zur Verfügung stellte, sondern durch Feierlichkeiten, durch Gedenkstunden und Gedenkreden, die in anschließenden öffentlichen Debatten ihre Wirkung mit Diskussionsrunden und Feuilletondebatten entfalteten und von Fernsehdokumentationen und Spielfilmen, etwa über Mauerfall und Mauerbau, flankiert wurden.

Ausstellungen zogen die Aufmerksamkeit Hunderttausender auf sich, beflügelten nicht selten die Forschung und verschafften ihr – trotz der immer knapperen Universitäts- und Forschungsetats – projektbezogene Mittel. So wurde das lange Zeit negative Preußen-Bild durch eine große Preußen-Ausstellung korrigiert. Ausstellungen über Bismarck und die Bedeutung Berlins schlossen sich an, korrigierten das Bild vom deutschen Obrigkeitsstaat. Der brandenburgische Ministerpräsident entwickelte sich zu einem Preußen-Anhänger und belebte

---

112 1984 wurde die Widerstandsgeschichte durch einen großen Kongress, den das Land Berlin finanzierte, in eine neue Richtung gelenkt; wenige Monate zuvor war die Machtergreifung Anlass für eine Tagung, die anlässlich des 50. Jahrestages der Machtergreifung im Reichstag stattfand.

113 Das umfangreichste mittelalterliche Forschungsprogramm wurde im Umfeld der Salier-Ausstellung des Jahres 1991 in Speyer in Angriff genommen.

sogar das Ordenswesen seines Landes, als er den Adlerorden wiederbelebte – eine Form preußischer Anerkennung öffentlichen Wirkens. Eine propreußische Grundhaltung, die vor allem in Brandenburg gepflegt wurden, beeinflusste sogar jene Volksabstimmung, die die Fusion von Berlin und Brandenburg ermöglichen sollte; allerdings scheiterte sie, vielleicht auch deshalb, weil die Anhänger dieser Fusion die Vision eines »christlichen Preußen« sogar auf Plakatwänden beschworen. Der Erfolg von Regional- und Landesausstellungen motivierte auch süddeutsche Landesregierungen, mit Ausstellungen geschichtspolitische Akzente zu setzen.

Die Geschichte gilt schon lange nicht mehr als die Lehrmeisterin des Lebens, sondern scheint die Menschen eher durch ihre Fehlentwicklungen herauszufordern. Ein Blick in die Feuilletons zeigt, dass die Beschäftigung mit der Vergangenheit nicht zuletzt ästhetische Bedürfnisse befriedigt. Vielleicht erklärt dies die Erfolge historischer Filme – nicht nur solcher Monumentalstreifen wie »Ben Hur« oder »Cleopatra«, sondern auch zeitgeschichtlicher Produktionen, die nicht selten Wahrnehmungen verändern oder Tendenzen aufnehmen, die Geschichtsbilder verändern.

Geschichtspolitisch besonders folgenreich war ein Zweiteiler über »Flucht und Vertreibung«. Ohne die bahnbrechende Bedeutung des Spielfilms »Die Flucht«, den die ARD ausstrahlte, wäre kaum zu erklären, dass dieses Thema auf der politischen Agenda der Bundesrepublik auftauchte. Das Drehbuch hatte Gabriela Sperrl, eine ehemalige Assistentin von Thomas Nipperdey, verfasst, die immer wieder bemerkenswerte geschichtspolitische Akzente mit ihren Filmen zu setzen verstand[114]. In ihrem Versuch, nicht nur historische Vorgänge, sondern einen kulturgeschichtlichen Wandel verständlich zu machen, orientierte Sperrl sich an den Erinnerungen der langjährigen Herausgeberin der Wochenzeitung »Die Zeit«, Marion Gräfin Dönhoff.

So wurden Veränderungen im Geschlechterverhältnis zugleich durch die beherzte Weise, mit der Frauen die Flucht vor den russischen Truppen aus Ostpreußen bewältigten, illustriert. Der Film distanzierte sich entschieden von den Nationalsozialisten und entging jeder Nähe zu den Positionen der Vertriebenenverbände. Vor allem beeindruckte er durch seine Besetzung und die Detailtreue der Bilder. Mit der kongenial besetzten Maria Furtwängler, die als Tatort-Kommissarin

114   Sie hatte auch das Drehbuch für den ersten modernen Stauffenberg-Film realisiert, das Jo Baier verfasst hatte. Jo Baier führte bei diesem Film ebenso Regie wie bei dem Film »Nicht alle waren Mörder«, in dem die Jugenderinnerungen von Michael Degen nicht nur verfilmt wurden, sondern auch die Wahrnehmung der unbesungenen Helden auf eine bessere Grundlage gestellt wurde. Dabei handelte es sich um Deutsche, die bedrohten Juden geholfen hatten. Inzwischen erinnern Gedenkstätten an die »unbesungenen Helden« und »stillen Helfer«.

einen großen Verehrerkreis aufweist, und den beeindruckenden Landschaftsaufnahmen und Massenszenen brach bei manchen Zuschauern eine lange verdrängte Erinnerung wieder auf. Lange beschwiegene Ereignisse wurden angesprochen wie die Vergewaltigung von Frauen durch sowjetische Soldaten. Zugleich wurde auch die Grundlage der deutsch-französischen Verständigung im Schicksal eines französischen Zwangsarbeiters angedeutet, der sich um deutsche Flüchtlinge kümmerte.

Der Zweiteiler brachte es – sogar in der Konkurrenz zu einer wichtigen Begegnung zwischen dem 1. FC München und Real Madrid – auf weit mehr als 10 Millionen Zuschauer und beeinflusste die politisch höchst brisante damalige Debatte über die Einrichtung eines Zentrums für Vertreibung. Ähnlich wie der Fernsehfilm »Holocaust« im Jahre 1978/79 das öffentliche Meinungsklima beeinflusste und eine lange Zeit nicht für möglich gehaltene Diskussion über die Geschichte von Schuld, Verbrechen, Verstrickung und Wiedergutmachung anstieß, machte der Film »Die Flucht« deutlich, dass Geschichtsunterricht endgültig nicht mehr durch die jahrzehntelang behauptete Funktion gerechtfertigt werden konnte, Nationalbewusstsein zu schaffen und Nationalgefühle zu stärken, mithin Vaterlandsliebe zu wecken und politische Identität auszubilden.

Dieser Ansatz ist im 20. Jahrhundert angesichts der immer wieder missbrauchten »Geschichte« mehr als obsolet geworden. Zugleich aber ist unbestreitbar, dass die Beschäftigung mit der medial vermittelten Geschichte nicht nur in diktatorischen und obrigkeitsstaatlichen Systemen der Emotionalisierung dient, sondern dass Filme auch in demokratischen Systemen Weltsicht, Weltverständnis, Wertvorstellungen und politische Optionen beeinflussen können. Der Unterschied liegt vor allem darin, dass eine Diktatur niemals auf Geschichtspropaganda verzichtete, während in der demokratischen Gesellschaft das aufklärende Potential der Geschichtswissenschaft betont und in publizistischen Debatten realisiert werden kann. Dies erklärt, weshalb in einem demokratischen Gemeinwesen vor allem die kritische, die aufklärende, distanzierende Funktion von Geschichte hervorgehoben und gutgeheißen wird. Die Kehrseite dieses Anspruchs ist das Bekenntnis zur verflüssigenden Funktion einer aufgeklärten Vergangenheit. Sie sollte Skepsis und ideologiekritisches Bewusstsein stärken, Vergangenheit in ihrer Bedingtheit und in ihrem »Werden« und nicht zuletzt in ihrem »Gewordensein« durchsichtig machen.

Auch dieser Ansatz hatte Nebenwirkungen, denn wer »verflüssigen« will, verfolgt politische Ziele und neigt dazu, das historische Argument zum illustrierenden Schlagwort in den politischen Auseinandersetzungen zu machen. An die Stelle der historisch orientierten Praxiswissenschaft tritt dann nicht nur die Reflexionswissenschaft Geschichte, sondern das Beispiel der Vergangenheit wird zum historisch-politischen Argument. Der Hinweis auf die »Geschichte« suggeriert

Plausibilität und verleitet dazu, Begründungen zu ersetzen. Das Bild, das sich Zeitgenossen von der Vergangenheit machen, wird durch Akteure beeinflusst und wandelt sich niemals selbstläufig, nicht einmal durch den sozialen und kulturellen Wandel. Es wird entscheidend durch medial und politisch vermittelte Impulse in Richtungen gelenkt, in denen sich auch politische Ziele spiegeln.

Besonders deutlich wird das Zusammenspiel von Politik, Medien, Publizistik und Wissenschaft am Beispiel des entstehenden Zentrums für Vertreibung. Die Pläne waren umstritten und umkämpft, nicht nur innen-, sondern auch außenpolitisch. Dennoch waren sie nicht zu behindern durch gravierende polnische und tschechische Einwände, die schließlich den deutschen Außenminister veranlassten, sich der Ernennung der in Polen besonders umstrittenen Erika Steinbach zum Mitglied des Stiftungskuratoriums zu widersetzen. Die Überlegungen waren auch nicht zu modifizieren durch Hinweise auf eine grenzüberschreitende europäische Vertriebenengeschichte. Als entscheidend erwiesen sich schließlich die wiederholten Forderungen deutscher Vertriebenenfunktionäre, die sich überparteilich vernetzt hatten und Unterstützung von Sozialdemokraten wie Peter Glotz und Otto Schily, von Publizisten wie Ralph Giordano und Helga Hirsch erhielten. An die Stelle historischer Argumente traten politische Beschwörungen und politisch-kulturelle Vergleiche.

Politische Optionen, die bis dahin sehr umstritten waren und sogar als außenpolitische Belastung galten, wurden durch historische Argumente entschärft und verstehbar. Nicht einmal als ein Historiker in den Beirat der Stiftung berufen wurde, der in seinen wissenschaftlichen Anfangsjahren als Schüler von Horst Möller die deutschen Diskussionen über die NS-Zeit, die inzwischen international als exemplarisch gelten, geschichtspolitisch gegen den Strich gebürstet hatte[115], gab es kritische Rückfragen. Als jedoch von zwei Beiratsmitgliedern revisionistische Thesen vertreten wurden, nahm die Öffentlichkeit Kenntnis von den Entwicklungen, die dem integralen Gedenken abträglich waren.

Insgesamt zeigte sich seit den Neunzigerjahren, dass Geschichtsbilder vielfältiger, widersprüchlicher, vieldeutiger wurden. Historiker fanden wieder in eine kritische Rolle gegenüber der Geschichtspolitik zurück. So wurden die Dimensionen möglicher Deutung differenziert. Politische Deutungen motivierten die Forschung nicht mehr, sondern forderten sie heraus. Wenn etwa – um ein ex-

---

115 Manfred Kittel: Die Legende von der zweiten Schuld. Vergangenheitsbewältigung in der Ära Adenauer, Berlin 1993. Vgl. zur Vertreibungsgeschichte Manfred Kittel/ J.-D. Gauger (Hg.): Die Vertreibung der Deutschen aus dem Osten in der Erinnerungskultur, Sankt Augustin 2005; ders.: Vertreibung der Vertriebenen? Der historische deutsche Osten in der Erinnerungskultur der Bundesrepublik (1961–1982), München 2007.

tremes Beispiel konstruierter historischer Kontinuität zu nennen – Karl der Große nicht nur als Begründer des universalen Frankenreichs gefeiert wurde, sondern zum Urvater des vereinten Europa mutierte, der dem Aachener Karlspreis den Namen gab, dann war dies nichts anderes als Symbolpolitik.

Dies macht sichtbar, dass Vergangenheit in der zeitgenössischen Wahrnehmung aktuell gedeutet werden kann. Dies ist das Recht von Politikern, für die ihre »Gegenwart« weiterhin den wichtigsten Schlüssel zur Vergangenheit liefert. Verbindlich glauben muss an derart konstruierte Kontinuitäten aber keiner. Allerdings ist diese Unabhängigkeit immer zu verteidigen. So ist in Frankreich ein Gesetz angenommen worden, das verbindlich vorschreibt, auch die Segnungen europäischer Kolonialherrschaft in Schule und Universität zu vermitteln. So verfügt die ungarische Regierung Geschichtsbilder und kontrolliert ihre Umsetzung in den Medien. So bemühte sich auch Berlusconi um eine Modifikation der Vermittlung der Geschichte Mussolinis.

Bewusstseinswandel

Viele Deutsche hatte 1945 geglaubt, »noch einmal davon gekommen« und der unmittelbar lastenden Vergangenheit entronnen zu sein. Sie hatten überlebt und bekräftigten dies mit dem Slogan: »Hurra, wir leben noch.«

Die Zäsur des Kriegsendes wurde im Frühjahr 1945 von ihnen nicht als Befreiung, sondern vor allem als Niederlage empfunden. Staats- und völkerrechtliche Konsequenzen der Kapitulation waren ihnen ebenso fremd wie gleichgültig. Verantwortung der Siegermächte »für Deutschland als Ganzes« – was sollte das heißen? Alltagssorgen waren wichtiger und verstärkten einen Egoismus, der »das Leid in den Augen der anderen« nicht wahrnehmbar zu machen schien. Flüchtlinge, Kriegsgefangene, *displaced persons* bedrängten einen erst dann, wenn eigene Angehörige zu diesen Gruppen gehörten. Ansonsten galt es »durchzukommen«.

Seine »Souveränität« hatte das Deutsche Reich nicht einmal achtzig Jahre nach der Gründung des deutschen Nationalstaats mit der Kapitulation verloren. Die deutsche Geschichte erschien als ein Irrweg – von Luther über den preußischen König Friedrich II. (der Große) über Bismarck und Wilhelm II. Von ihnen ging – zumindest behaupteten das die Kulturoffiziere der Siegermächte – eine direkte Verbindungslinie zu Hitler, die flankiert wurde durch Wagner, Nietzsche und Treitschke.

Die »Verantwortung für Deutschland als Ganzes« nahmen künftig die vier großen Siegermächte wahr, die Anfang August 1945 mit dem Potsdamer Abkommen die europäische Neuordnung besiegelten, die sie in Jalta vorbereitet hatte. Sie proklamierten die »vier großen Ds«: Denazifizierung, Demilitarisierung, Dezentralisierung und Demokratisierung. Damit wurde im Nachhinein deutlich, dass der Verlust der deutschen Souveränität kein Nachteil war.

Im Rückblick werden Zäsuren und Epochengrenzen besser erkannt als in den Augenblicken, in denen die grundlegenden politischen und historischen Weichenstellungen erfolgen. Wie sollte man das Vakuum bezeichnen, das vor allem die Deutschen empfanden? Jahrzehntelang hatten sie sich eingeredet, aus geopolitischen Gründen in der Mitte Europas eine Schlüsselstellung zu besitzen, die sie zur Vormacht zumindest in Mitteleuropa machen sollte. Das hatte zur Niederlage im Ersten Weltkrieg geführt. Nun war Deutschland zum zweiten Mal besiegt und überdies moralisch geächtet. Es war auf Gedeih und Verderb auf die Unterstützung durch die Siegermächte angewiesen.

So prägte sich für den Sommer 1945 der neue historisch-politische Begriff der »Stunde Null« ein. Aber es ging um mehr als nur eine »Null«. Denn im Herbst 1945 wurden die Deutschen mit den Verbrechen konfrontiert, die seitdem aus der deutschen Nation eine Schuld- und eine Verantwortungsgemeinschaft machten. Geschichte schien geprägt durch die moralische Verantwortung zur Wiedergutmachung und schien die Zukunft der Überlebenden ebenso zu bestimmen wie zu belasten. Mit den Prozessen gegen KZ-Wachmannschaften und den Nürnberger Gerichtsverfahren war nicht nur die Bereitschaft zur Verantwortung gefordert, sondern auch eine politische Verantwortlichkeit benannt worden.

Erst rückblickend haben viele die Nachkriegszeit verklärt. Hamsterfahrten wurden beschworen, wobei man vergaß, dass Schwarzmarktzeiten nicht nur Zeiten des Mangels-, sondern auch des Profits waren. Man brauchte diese Geschichten, um das Wirtschaftswunder fühlbar zu machen. Übersehen wurden die neuen Verwerfungen in der Sozialstruktur. Denn wer über Konsumgüter verfügte, konnte Reichtümer anhäufen, indem er die Not anderer ausnutzte. Alltäglicher Mangel lenkte den Blick auf die Umstände des eigenen Überlebens und versperrte den Blick auf Europa und die Folgen der nationalsozialistischen Besatzungsherrschaft.

Nicht einmal das eigentlich epochale Ereignis, der Abwurf zweier Atombomben auf Hiroshima und Nagasaki im August 1945, wurde in Deutschland angemessen als Beginn des Atomzeitalters wahrgenommen. Deutschland stand im Bann alltäglicher Versorgungsprobleme und des täglich zu beweisenden Überlebenswillens. Dies macht verständlich, weshalb in den folgenden Jahren das deutsche »Wirtschaftswunder« verklärt wurde. Die im Sommer 1948 in den westlichen Besatzungszonen eingeführte neue Währung – die »Mark« – hatte allerdings zunächst fatale Folgen, denn die Sowjets riegelten die drei westlichen Sektoren der ehemaligen Reichshauptstadt Berlin ab, zementierten die deutsche und die europäische Teilung und fundierten ein Bedrohungsgefühl und Unsicherheitsempfinden, das die Werte, die Emotionen und das Geschichtsbild der Deutschen prägte.

Mit dem Korea-Krieg setzte ein politischer Wandel ein, der sich Mitte der Fünfzigerjahre dramatisch beschleunigte und vermutlich mehr als die historisch-politische Umorientierung der Deutschen ihre Einbindung in die neuen politischen Strukturen der europäisch-atlantischen Verteidigung und der europäischen Integration beförderte. Mit der »Montan-Union« war der erste Schritt zur Einheit Europas getan. Sie vollzog sich ohne Master-Plan, sondern situativ und nutzte die sich bietenden Möglichkeiten und Notwendigkeiten. Dies erklärt, weshalb die europäische Einigung in Deutschland niemals mit einem Jubiläums- oder Gedenktag gefeiert wurde.

Die »vier Ds« aber markierten einen historischen Neubeginn. Die »Denazifizierung« fand ihre symbolische Verdichtung im »Nürnberger Prozess«, der im Oktober 1945 in Berlin eröffnet und wenige Wochen später in Nürnberg fortgesetzt wurde. Die »Dezentralisierung« stärkte den deutschen Föderalismus und entsprach sowohl amerikanischen Verfassungsvorstellungen wie dem Interesse Frankreichs an einer Teilung der Macht in Deutschland. Horizontale und vertikale Gewaltenteilung wurden zum Kennzeichen deutscher Verfassungspolitik. Die »Demokratisierung« fand ihren ersten Niederschlag im demokratischen Neuaufbau: durch Kommunal- und Landtagswahlen, die die Selbstverwaltung stärkten, also »von unter nach oben«.

Umstritten war nach kurzer Zeit nicht nur die »Demilitarisierung«. Dieses Ziel wurde korrigiert, denn Mitte der Fünfzigerjahre rüstete sich die Bundesrepublik Deutschland mit Billigung der Westmächte wieder auf. Dies bedeutete keine Rückkehr zur »Wehrmacht«, sondern stützte mit der Konzeption der »inneren Führung« das neue Leitbild eines »Bürgers in Uniform«. Die Wiederbewaffnung war Mitte der Fünfzigerjahre zwar höchst umstritten und wurde politisch heftig umkämpft – sie war aber keine Remilitarisierung von Staat und Gesellschaft. Allerdings wurde die Vereidigung der ersten Rekruten als Korrektur des geradezu als historisch empfundenen Nachkriegs-Schwurs empfunden, auf immer der Neuaufstellung einer bewaffneten Macht abzuschwören. Sie eignete sich deshalb auch nicht für spätere historische Jubelfeiern. Erst Ende der Neunzigerjahre wurden die Gelöbnisse der neuen Rekruten als ein symbolischer Akt inszeniert. Dies konnte nur gelingen, weil die Vereidigung zunehmend mit der Erinnerung an das Attentat verknüpft wurde, das Claus Schenk Graf von Stauffenberg am 20. Juli verübt hatte. In diese Tradition stellte sich zunehmend die Bundeswehr und bekräftigte so eine historisch-politische Neuorientierung.

Bestimmend für das Selbstverständnis der Westdeutschen wurde die erfolgreiche Bewältigung der Berlin-Krise 1948/49 und der Aufstand von Arbeitern in der DDR, die am 16. Juni 1953 gegen Normenerhöhungen protestiert hatten und einen Tag später über die Stalin-Allee zum Haus der Ministerien zogen. »Ab morgen werdet ihr freie Menschen sein«, hatte einer ihrer Wortkünder gerufen und ein

Selbstbewusstsein ausgedrückt, das in die Zukunft wies. Am 17. Juni forderten die Aufständischen freie deutsche Wahlen und legten so ein Bekenntnis zur deutschen Einheit ab. Sowjetische Panzer erdrückten diesen Protest, der viele Menschenleben kostete und bereits 1954 im Westen Deutschlands als »Tag der deutschen Einheit« begangen wurde.[116] Es schien, als müsse sich das deutsche Selbstbewusstsein immer wieder auf Fehlschläge und Fehlentwicklungen gründen: Neben dem Scheitern der Revolution von 1848 und 1918 und des Anschlags vom 20. Juli 1944 stand nun das Scheitern des Aufstands vom 17. Juni 1953.

Aber kann sich ein politisches Selbstbewusstsein auf historische und politische Fehlschläge stützen? Wesentlich geeigneter erschien deshalb die Feier eines Erfolges, der mit dem Namen Adenauers verknüpft wurde. Ihm, so wurde behauptet, war es Ende 1955 gelungen, bei einem Staatsbesuch in Moskau die Entlassung der letzten deutschen Kriegsgefangenen aus der sowjetischen Kriegsgefangenschaft zu erreichen. Dieser Erfolg vergrößerte seinen Ruhm und den seiner Partei und machte zugleich deutlich, dass zehn Jahre nach Kriegsende manche Narben ver- heilt waren. Geschichtspolitisch ist die Entlassung der letzten deutschen Kriegs- gefangenen nicht zu unterschätzen: Adenauer war es gelungen, die letzte Last, die den politischen Alltag schwer drückte, zu beseitigen.

In den zerbombten Städten selbst ging es in den Fünfzigerjahren um Wieder- aufbau und Modernisierung. Nur selten war die Neigung der Planer zu spüren, historische Substanz zu bewahren – die beginnende Motorisierung verlangte eine autogerechte Stadt, historische Strukturen der Städte störten dabei nur. Wohnungs- bauprogramme, die vor allem den Millionen Flüchtlingen wieder eine Heim- statt bieten sollten, hatten nicht nur Wohnraum zu schaffen, sondern auch die Eigentumsbildung zu fördern und die Folgen des Umbruchs, als der das Jahr 1945 weiterhin empfunden wurde, auszugleichen.

Flankiert wurde diese Bestrebung durch eine weitsichtige Sozial- und Rentengesetzgebung, die auf Solidarität und Generationenverantwortung beruhte und sich vierzig Jahre bewährte. Sie wies in die Zukunft, nicht in die Vergangenheit. »Ärmeln aufkrempeln, zupacken ...«, das waren Parolen, die im Kabarett der Fünf- zigerjahren zu hören waren, nicht um die Nachkriegsjahre zu verklären, sondern um sie zu demaskieren. Haus- und Grundbesitzer sowie Aktionäre konnten sich zu- rücklehnen, denn ihre Sachwerte überstanden die Einschnitte, die jede Währungs- reform stets für all jene bedeuteten, die nur gespart hatten. Schulden rechneten sich wesentlich besser, denn auch sie wurden im Zuge der Währungsreform ent- sprechend dem Grundsatz »Mark gleich Mark« entwertet.

116 Edgar Wolfrum: Die geglückte Demokratie. Geschichte der Bundesrepublik von ihren Anfängen bis zur Gegenwart, Stuttgart 3. Aufl. 2007

Bald aber beschwor man das deutsche Wirtschaftswunder und begründete ein neues Geschichtsverständnis. Wachstum und Wohlstand wurden als Erfolg der »sozialen Marktwirtschaft« gefeiert. Dies verklärte im Nachhinein die Fünfzigerjahre, die irgendwann die »goldenen« genannt und mit der Adenauerzeit gleichgesetzt wurden, deren Prinzip »keine Experimente« beruhigen sollte und doch der Wirklichkeit nicht stand hielt. Denn diese veränderte sich rasch.

Im März 1957 wurde die Europäische Wirtschaftsgemeinschaft begründet. Ein Jahr später spitzte sich die Berlin-Krise zu. Im August 1961 wurde die Mauer errichtet und teilte Deutschland nicht nur geographisch, sondern zunehmend auch mental. Die DDR galt bald nicht nur als »zweites Deutschland« und als Staat, nicht sein darf, sondern auch als ein – wie die Wochenzeitung »Die Zeit« titelte – nicht nur »fernes«, sondern zunehmend fremdes Land.

Die Kuba-Krise machte 1962 schlagartig deutlich, wie nah die Welt immer am Abgrund eines alles vernichtenden atomaren Krieges gestanden hatte. Dies tauchte die Fünfzigerjahre mit Ungarn-Aufstand, Suez-Krise und dem Indochina-Krieg in ein die Zukunft verdunkelndes Licht. Die Spiegel-Affäre im selben Jahr 1962 bewies schließlich, dass weiterhin Misstrauen der Bürger gegenüber dem Staat angebracht war. Vier Jahre später, 1966, wurde mit den Wahlverlusten der CDU ein politischer Wechsel eingeleitet, der weitere drei Jahre später die Sozialdemokraten unter Willy Brandt in die Regierung einer sozialliberalen Koalition führte. Die Sechzigerjahre erscheinen im Rückblick als tiefer politisch-kultureller Bruch, der sich nicht zuletzt im Zuge einer heftigen Auseinandersetzung um die Deutung der Zeitgeschichte vollzog.

Das in den Fünfzigerjahren inszenierte Gedenken war unübersehbar auf die alltäglichen Herausforderungen und Belastungen bezogen: Erinnerungen an Kriegsgefangenschaft und Vertreibung beschwerten politische Stimmungen, prägten den Alltag und belasteten die Zukunft.

Dies spiegelte sich nicht zuletzt in der Literatur, die den anspruchsvollen und zugleich beißenden deutschen Gegenwartsroman schuf, der umstrittenen war, aber die kollektive Wahrnehmung beeinflusste. Wenn er um die jüngste Vergangenheit kreiste, entstanden heftige kulturpolitische Kontroversen. Das spürten Gottfried Benn, Gerd Gaiser, sogar Thomas Mann. Heinrich Böll, Siegfried Lenz, Günther Grass und Martin Walser verbanden die Zeit vor 1945 mit den Nachkriegsjahren und prägten Weltsicht und Weltverständnis[117]. Ein politisch virulentes Geschichtsbewusstsein drückte sich weniger in der Gegenwartskritik als in der Beschwörung eines angeblichen abendländisch-deutschen Bewusstseins aus, das heute als Flucht

---

117 Vgl. Axel Schildt/Detlef Siegfried: Deutsche Kulturgeschichte: Die Bundesrepublik 1945 bis zur Gegenwart, München 2009.

aus der Geschichte und Folge der nationalsozialistischen Vergangenheit gedeutet wird.

Nur in den Sonder-Briefmarken schien sich eine kulturpolitische Tiefendimension zu spiegeln. Dafür sorgte eine Kommission des Postministeriums, die über die Gestaltung der Briefmarken entschied und ihren Einfluss nutzte, um das historische und kulturelle Selbstverständnis der Deutschen abzubilden und zu festigen. Besonders wichtig war die Erinnerung an deutsche Dichter, an »Helfer der Menschheit« und an Zeichen wiedererlangter Souveränität. Europamarken unterstützten den Gedanken der europäischen Integration. Aber auch Kriegsgefangene, Vertriebene und Kriegsgräberhilfe fanden sich auf Briefmarken. Die ersten Widerstandskämpfer wurden übrigens erst 1964 auf Briefmarken geehrt.[118]

Dabei hätte es mancherlei Anlässe für geschichtspolitisch markante Gedenktage gegeben. Der hundertste Jahrestag der Revolution von 1848 konnte noch nicht mit der verdoppelten deutschen neuen Staatlichkeit verknüpft werden. In Ost-Berlin erinnerte man jedoch mit politisch eindeutigen Zielen in Gedenkveranstaltungen an den Ausbruch der »sozialen« deutschen Revolution, in deren Tradition sich die DDR-Regierung stellte. Im Westen feierte man zurückhaltender. Immerhin wurde in Berlin am 18. März die Hochschule für Politik durch Otto Suhr wiedergegründet.

Die deutsch-deutsche Kulturnation feierte sich im Goethejahr ebenfalls – getrennt und deshalb doppelt. Thomas Mann entfachte eine heftige Debatte über den Wert der Emigration und die literarischen Erzeugnisse der in Deutschland gebliebenen Schriftsteller, was vor allem seine Teilnahme an den Goethefeiern in der »SBZ« zu einer Belastungsprobe für den Kulturbetrieb west und ost werden ließ. Deutsche Geschichtsbilder begannen sich zu teilen und getrennt zu entwickeln. Schriftsteller, die die Einheit der Nation beschworen, wurden bald »non grata« gestellt wie der Träger des Friedensbuchpreises von 1956, Reinhold Schneider. Das machte deutlich, dass das Gefühl für die Einheit der Nation allen Appellen und Erklärungen zum Trotz schwand.

Ein neuer Tonfall war jedoch am 10. Jahrestag des Attentats auf Hitler vom 20. Juli 1944 zu hören. Vorbereitet wurde die Deutung dieses Tages durch ein geschichtspolitisch wichtiges und folgenreiches, zugleich auch exemplarisches Gerichtsverfahren, das der damalige Braunschweiger Generalstaatsanwalt Fritz Bauer gegen den führenden Funktionär der Sozialistischen Reichs-Partei (SRP), Ernst Remer, angestrengt hatte. Remer hatte während des niedersächsischen Landtagswahlkampfs Angehörige der Widerstandskämpfer bedroht und die Tat ihrer Väter und Ehemänner als »Verrat« bezeichnet, für den die überlebenden Regimegegner in

---

118 Allerdings hatte die Berliner Post bereits 1954 eine Sondermarke ausgegeben. Man sah das Denkmal von Scheibe, das heute im Innenhof des Bendlerblocks steht.

Zukunft noch zur Verantwortung gezogen würden, sollte er die Wahl gewinnen. Bauer legte den Strafprozess bewusst als politisch motiviertes Strafverfahren an.

Theodor Heuß setzte nach und würdigte erstmals in einer großen und weithin beachteten Rede den Widerstand gegen den Nationalsozialismus. Er sprach vor Berliner Studenten der Freien Universität, übrigens ohne Polizeischutz, und bereitete so eine politische Traditionsbildung vor, die sich auf den Widerstand bezog – aus der Aufforderung, sich zum Vermächtnis des Widerstands zu bekennen, wurde im Laufe der Jahrzehnte der Anspruch, dieses Vermächtnis eingelöst und mit dem Grundgesetz eine Verfassung verwirklicht zu haben, die dem Geist des Widerstands entsprochen hätte. Nicht nur in der DDR widersprach man dieser Deutung, sondern auch in der widerstandsgeschichtlichen Forschung, die sich immer stärker politisierte.

Dennoch wurden zeithistorische Erinnerungen immer wieder durch Politiker belebt und für eigene Zwecke benutzt. So hatte sich das Grundgesetz zum Konzept der streitbaren Demokratie bekannt und damit offensichtlich verpflichtet, den Feinden der Demokratie den Kampf anzusagen. Politiker betonten ihr Bekenntnis gegen den Totalitarismus und setzten die Auseinandersetzung mit dem Nationalsozialismus mit dem Kampf gegen den Kommunismus, gegen Stalinismus und gegen die DDR-Führung gleich, während die DDR-Geschichtswissenschaft den Faschismus als Ergebnis bürgerlich-kapitalistischer Herrschaft deutete.

Der Kampf um Begriffe konzentrierte sich immer deutlicher auf das Verständnis von »Faschismus« und Nationalsozialismus. Als »faschistisch« sollte die Herrschaft Mussolinis bezeichnet werden; als Charakteristikum der NS-Ideologie galten der radikale Antisemitismus und der Völkermord an den Juden. Dieses Merkmal sollte die Einzigartigkeit der NS-Ideologie betonen. Zunehmend überlagerte sich jedoch der politische Sprachgebrauch mit wissenschaftlichen Differenzierungsversuchen.

Politischen Niederschlag fand das Totalitarismus-Konzept vor allem in zwei Urteilen des Bundesverfassungsgerichts, das seit seiner Gründung in den frühen Fünfzigerjahren als »Hüter der Verfassung« über das Grundgesetz wachte und neue historische Debatten auslöste, als es 1952 und 1956 zwei Parteien verbot: die neonazistische Sozialistische Reichspartei und später die KPD. Gegen extremistische Parteien, die sich nicht zu den Grundwerten der Verfassung bekannten, sollte das Konzept der »streitbaren Demokratie« praktiziert und so eine Lehre aus dem Scheitern der Weimarer Republik gezogen werden.

Auch im Bundesentschädigungsgesetz von 1953 lässt sich eine entsprechende geschichtspolitische Prämisse finden. Denn Wiedergutmachung wurde allen Antragstellern verweigert, die die Weimarer Verfassungsordnung aktiv bekämpft hätten. Dazu zählten nach verbreiteter Ansicht nicht nur Anhänger der NSDAP, sondern auch ehemalige Mitglieder der KPD. In der Öffentlichkeit wurde darauf verwiesen, dass sich nur wenige Deutsche zur Weimarer Republik bekannt und sie aktiv verteidigt hätten und sogar Heuß als Mitglied der liberalen Staatspartei dem Ermächtigungsgesetz zugestimmt hätte, Grenzen also schwer zu ziehen seien.

Die Weimarer Republik sei auch durch die Anhänger jener politischen Rechten geschwächt worden, die sich nun in den Reihen der Regierungsparteien wiederfanden – im »Block der Heimatvertriebenen und Entrechteten«, in der »Deutschen Partei«, den beiden Unionsparteien und vor allem in der FDP. So prägten geschichtspolitische Debatten über die Haltung zur Weimarer Republik immer öfter die Wahlkämpfe und Diskussionen. Besonders traumatisch wirkten dabei Inflationsängste, die das Schreckensbild der Hyperinflation von 1922/23 ins das Gedächtnis riefen.

Politiker inszenierten seit den Fünfzigerjahren Formen des Gedenkens und der Erinnerung, die sich an Anhänger der eigenen Partei wandten. Die Deutschen wurden aufgefordert, zu Weihnachten als Zeichen der Solidarität mit den Kriegsgefangenen Kerzen in die Fenster zu stellen. Die Kriegsgräberfürsorge konnte mit der Unterstützung von Bildungspolitikern auf Sammelaktionen von Schülern setzen, denen ihre Schulleitungen zu diesem Zweck unterrichtsfrei gaben. Später wurde die Kerzenaktion als Protest gegen die deutsche Teilung fortgesetzt. Obwohl am 17. Juni schulfrei war, wurden die Schüler angehalten, die Gedenkfeiern zu besuchen, die man in den Schulen abhielt. Es kam sogar zu Tages-Arbeitseinsätzen von Schülern, die von Schulleitungen mit Unternehmen abgesprochen wurden. Hierzu waren die Schulen durch die Kulturverwaltungen verpflichtet; und die Unternehmen spendeten Geld für Paketaktionen zugunsten der »Mitbürger« in »Mitteldeutschland«, wie man wegen des Verzichts auf »die deutschen Ostgebiete« sagte.

Hinzu kam eine spezielle geschichtspolitische Klientelpflege. Sie war häufig konfessionspolitisch gefärbt und lieferte die deutsche Gesellschaft der Gefahr aus, im Gedenken förmlich die Erinnerung verblassen oder gar vergehen zu lassen. Rückblicke sollten der Sinnstiftung dienen – zuweilen so willkürlich, dass man sich an Theodor Lessings Diktum von der Geschichte als der Sinngebung des Sinnlosen erinnert fühlte.

»Historisch Lied« wurde zum politischen Lied. Als garstig wurden geschichtspolitisch motivierte Deutungen kaum empfunden. Dazu zielten sie zu sehr auf politische Identitätsbildung. Dies änderte sich jedoch schnell, wenn Politiker neue Akzente setzten und ein kritisches Verhältnis zur nationalsozialistischen Zeit entwickelten. Stimmungen richteten sich dann vor allem gegen die SPD, die die meisten Emigranten, etwa Herbert Wehner, Fritz Erler, Willy Eichler, Erich Ollenhauer, und Regimegegner, unter ihnen Ernst Reuter und Gustav Dahrendorf, in ihren Reihen aufwies. Auch in der CDU fanden sich Regimegegner wie Eugen Gerstenmaier, Jakob Kaiser, Andreas Hermes, Alois Hundhammer und Hans Lukaschek. Sie wurden nicht nur geehrt, sondern auch in höhere Staatsämter berufen.

Kurt Schumacher wurde nach seinem Tode von allen Parteien geehrt. Die CDU zitierte ihn gern, um die SPD zu diskreditieren, hatte er doch die Kommunisten der DDR als »rotlackierte Nazis« bezeichnet und sich als eine Art Kronzeuge der Totalitarismustheorie empfohlen. Vergessen war, dass er in den frühen Fünfzigerjahren das wohl weitestgehende Integrationsangebot an ehemalige Mitglieder der Waffen-SS gemacht hatte, als er im Wahlkampf von 1953 um die Stimmen ehemaliger Wehrmachtsangehöriger warb. Besser als durch dieses Beispiel lässt sich nicht verdeutlichen, wie ambivalent das Verhältnis zur Zeitgeschichte war und wie zwiespältig geschichtspolitische Mobilisierungsbestrebungen wirken konnten.

Willy Brandt, der als Nachfolger von Erich Ollenhauer zum SPD-Kanzlerkandidaten für die Wahl 1961 nominiert worden war, verkörperte nicht nur einen Generationsbruch, sondern auch ein neues Geschichtsbewusstsein. Die politischen Gegner wollten ihn diskreditieren und erinnerten an seine Emigration. Auch Herbert Wehner warf man Zeit seines Lebens seine weit zurückliegende Mitgliedschaft in der KPD vor. Anfang der Siebzigerjahre wurde Wehner sogar als Redner auf der Gedenkveranstaltung zum 20. Juli abgelehnt. Hans Filbinger hingegen, ein hochgradig belasteter ehemalige Marinerichter, der für Todesurteile verantwortlich zeichnete, wurde ein Jahr später als Redner akzeptiert. Nichts macht deutlicher als diese Tatsache: Die Deutung der Geschichte war zum Politikum geworden und spaltete nicht nur Parteianhänger, sondern vermittelte ihnen ein politisch fruchtbares, mobilisierendes Geschichtsbild. Nutznießer waren beide großen Parteien. Die CDU stützte sich auf rückwärts gewandte Wähler, auf Flüchtlinge, Vertriebene, Soldaten – die SPD auf Altersgruppen, die die NS-Zeit kritisch sahen.

Widerspruchslos wurden diese geschichtspolitischen Profilierungen niemals hingenommen, weder bei Anhängern noch Gegnern. Dies musste Helmut Kohl erfahren, als er sich im Frühjahr 1985 mit dem amerikanischen Präsidenten Ronald Reagan auf dem Soldatenfriedhof in Bitburg treffen wollte, um ein Zeichen der Versöhnung über Gräber hinweg zu setzen. Nicht nur in den USA machte sich Protest breit, der deutschen Kritikern an der neuen »Symbolpolitik« nützte. Auch in Frankreich und Großbritannien wurde das Geschichtsbild der Deutschen kritisch befragt.

Den Bundespräsidenten gelang es gelegentlich, in ihren Reden historische Nachdenklichkeit zu wecken. Sie vermochten, neue Bewertungen der jüngsten Vergangenheit vorzubereiten. Zehn Jahre nach dem Anschlag, den Stauffenberg auf Hitler verübte, hatte Theodor Heuß der Erinnerung an den deutschen Widerstand Geltung verschafft, als er an der Freien Universität vor Studierenden sein Bekenntnis zur Rechtmäßigkeit des Kampfes gegen das NS-System ablegte; und Gustav Heinemann deutete auf dem Höhepunkt der Studentenunruhen die Novemberrevolution von 1918/19 neu als Ausdruck des Willens, eine soziale Republik zu schaffen – er setzte auch den Protestrufen der Studentenbewegung etwas entgegen, die bei den Straßendemonstrationen skandiert hatten: »Wer hat uns verraten? Sozialdemokraten!«

Geschichtswissenschaftler antworteten auf dieses Geschichtsverständnis der Achtundsechziger und argumentierten politisch. Gerhard A. Ritter legte mit anderen eine Quellensammlung zur Novemberrevolution vor, die als Taschenbuch erschien, also ein breites Publikum erreichen sollte. Historiker wie Eberhard Kolb und Peter von Oertzen hatten ein neues Bild der deutschen Rätebewegung gezeichnet und in ihnen nicht die Imitation der Arbeiter- und Bauerräte gesehen, die in der russischen Revolution entstanden waren, sondern Versuche, das politische Vakuum auszufüllen, das 1918/1919 entstanden war.[119]

Die Rätebewegung wurde intensiv erforscht und neu gedeutet. Auch die Geschichte der Weimarer Republik wurde neu interpretiert und Chancen betont, die sie verkörpert hatte. Vergleiche der Weimarer Verfassung mit dem Grundgesetz stärkten Bemühungen, in der Weimarer Republik nicht nur einen »totgeborenen Staat«, sondern die erste deutsche Demokratie zu würdigen und so in die Vorgeschichte der Bundesrepublik einzubeziehen. So stand 1968 studentische »Seminarfolklore« gegen die universitäre Geschichtsforschung – der Weimar-Forschung gab dieser Gegensatz ebenso Impulse wie der parteigeschichtlichen Forschung. Deutlich wurde dies an den Arbeiten von Susanne Miller, die in ihrer Dissertation das Freiheitsverständnis der Sozialdemokratie herausgearbeitet hatte und die Deutung der SPD in der Novemberrevolution auf einen klaren Begriff von der »Bürde der Macht«[120] brachte.

Niemand beeinflusste das deutsche Geschichtsverständnis so wie Richard von Weizsäcker mit seiner Rede zum 40. Jahrestag des Kriegsendes 1945. Sie eröffnete endgültig eine neue Sicht auf die Auseinandersetzungen um Niederlage, Befreiung, Zusammenbruch, Stunde Null und Befreiung von der nationalsozialistischen Herrschaft, von Versagen und Bewährung, von Deutung und Reflexion. Er schlug damit einen nachwirkenden geschichtspolitischen Grundton an, den andere aufnahmen. Helmut Kohl lenkte in einer Rede zum Widerstand erstmals den Blick auf Johann Georg Elser, der auf Hitler am 8. November 1939 ein Attentat im Münchener Bürgerbräukeller verüben konnte. Dieser geschichtspolitische Akzent begründete ein öffentliches Interesse an diesem »einsamen Attentäter«, der anlässlich seines 100. Geburtstages sogar durch eine Sonderbriefmarke geehrt wurde.

Nicht nachvollziehen konnte Kohl hingegen, dass Regimegegner gewürdigt wurden, die aus der sowjetischen Kriegsgefangenschaft zum Kampf gegen die

---

119 Gerhard A. Ritter/Susanne Miller (Hg.): Die deutsche Novemberrevolution 1918/1919. Dokumente, Frankfurt am Main 1983.
120 Susanne Miller: Die Bürde der Macht. Die deutsche Sozialdemokratie 1918–1920, Düsseldorf 1978.

NS-Führung aufgerufen hatten. Vielleicht beeinflusste sein Urteil, dass die DDR-Führung diese Tradition pflegte und nutzte, um sich als der angeblich konsequent »antifaschistisch« orientierte deutsche Staat zu präsentieren. Das »Erbe« des kommunistischen Widerstands beanspruchte die DDR-Führung ebenso wie die Würdigung einer Gruppe von Regimegegnern, die die Gestapo als »Rote Kapelle« bezeichnet hatte. Es brauchte noch zwanzig Jahre, bis sich die Aufgeregtheit in dieser Debatte legte.

Moral und Geschichte

Politische Reden, die Repräsentanten eines Staates halten, wenden sich in der Regel an »Zielgruppen« und reflektieren deshalb ganz spezifische politische Kontexte. Deshalb sind geschichtspolitische Reden immer riskant, weil sie im Ausland anders wahrgenommen werden als im Inland. Schlagartig wurde dies deutlich, als Mitte der Achtzigerjahre des 40. Jahrestages des Kriegsendes gedacht wurde. Für die deutsche und französische Regierung stand die Versöhnung im Zentrum gemeinsamer geschichtspolitischer Manifestationen.

Mitterand und Kohl wechselten nicht nur einen Handschlag, sondern ergriffen die Hände des anderen und verfolgten einträchtig so die Zeremonie, mit der an die Landung der Alliierten in der Normandie erinnert wurde. Damit setzten sie ein ähnlich starkes symbolisches Zeichen wie Willy Brandt, der 1970 bei seinem Besuch in Polen vor dem Mahnmal zur Erinnerung an den Warschauer Ghetto-Aufstand von 1943 niederkniete[121]. Im Erinnern sollte der Wandel der Geschichte sichtbar gemacht werden, der seit Kriegsende ein anderes, ein geschichtsbewusstes, verantwortungsbereites Deutschland hervorgebracht hatte, das auch seine historische Schuld anerkannt und daraus Folgerungen gezogen hatten, die den Frieden in Europa stabilisierten.

Innenpolitisch hat man diese Manifestationen kritischer gewürdigt. So wurde das moralische Spannungsfeld deutlich, in dem sich Geschichtspolitik entfaltete. Das zeigte sich in Bitburg, in Bergen-Belsen, bei jedem Vertriebenentreffen und nicht zuletzt bei jedem Besuch hoher deutscher Politiker in ostmitteleuropäischen Staaten. Gleichzeitig vollzog sich seit den Sechzigerjahren innenpolitisch immer wieder eine andere geschichtspolitische Entwicklung, die von der international demonstrierten Rücksichtnahme auf die Wahrnehmungen, Empfindungen und Befindlichkeiten anderer absah. Sie bezog sich auf die Entwicklung eines neuen politischen

---

121 Vgl. Alexander Behrens (Hg.): »Durfte Brandt knien?« Der Kniefall in Warschau und der deutsch-polnische Vertrag. Eine Dokumentation der Meinungen, Bonn 2010.

Selbstbewusstseins, das sich nicht zuletzt auch auf »historische Leistungen« der Deutschen stützen sollte. Zahlreiche parteipolitisch geprägte geschichtliche Kontroversen machten deutlich, dass sich eine neue politische »Unbefangenheit« und ein als »unbelastet« geltendes deutsches »Selbstwertgefühl« entwickelte. In diesem Zusammenhang wurden neue geschichtspolitische Konzepte ersonnen. Ihre Koordination übernahm vor allem die Kulturabteilung des Innenministeriums, die auf mehr als nur die »Bundesrepublikanisierung des Bewusstseins« zielte.

Die in den Siebzigerjahren unter dem Einfluss der Debatten über die Ostverträge geführten Diskussionen über die »deutsche Frage« hatten die Öffentlichkeit weniger erreicht und einen Niederschlag vor allem in den geschichtspädagogischen Bemühungen gefunden, die gesamte deutsche Geschichte zu vermitteln. Am stärksten zu spüren ist der gesamtdeutsche Ansatz einer Geschichtsbetrachtung in den beiden Darstellungen zur deutsch-deutschen Beziehungsgeschichte von Christoph Kleßmann[122]. Allerdings ist der Autor in einzelnen Besprechungen von Historikern, die auf die Bundesrepublikanisierung des Geschichtsbewusstseins eingestimmt waren, gerade wegen der vergleichenden und beziehungsgeschichtlichen Perspektive heftig kritisiert worden. Erst nach 1989 wurde deutlich, dass sich Kleßmann über die gängigen geschichtspolitischen Deutungsmuster hinweggesetzt hatte und seine Darstellung in die Zukunft wies.

Die Akzentuierung der westdeutschen Teilgeschichte war ein Traditionsbruch. Hatte die deutschlandpolitische Parole der Fünfziger gelautet: »Dreigeteilt? Niemals!«, war daraus in den Sechzigerjahren die beschwörende Aufforderung entstanden: »Auch dort ist Deutschland«. In der Tat war die DDR bald keineswegs mehr ein fester Bestandteil der allgemeinen Bildung, denn geographisch und historisch nahmen die Kenntnisse immer mehr ab. Auch die »ehemaligen deutschen Ostgebiete« wurden zunehmend aus den Zusammenhängen deutscher Geschichtsbetrachtung gelöst. Man bediente sich immer öfter der polnischen Ortbezeichnungen und erblickte darin sogar ein Zeichen historischer Besinnung, politischer Korrektheit und politischer Akzeptanz der Folgen des Zweiten Weltkriegs.

Diese Bundesrepublikanisierung des Geschichtsbildes prägte die westdeutsche Geschichtswissenschaft immer mehr. Die Geschichte der DDR fristete zunehmend ein Nischendasein und stand ganz im Schatten einer Deutschlandforschung, die sich innerhalb der politikwissenschaftlichen Institute etablierte. Der »zweite deutsche Staat« (Ernst Richert) wurde den allgemeinen Wahrnehmungen und breiten Interessen endgültig entrückt, das politische System der DDR zu einem

---

122 Christoph Kleßmann: Die doppelte Staatsgründung: Deutsche Geschichte 1945–1955, Bonn 1991; ders. u. a. (Hg.): Deutsche Vergangenheiten – eine gemeinsame Herausforderung. Der schwierige Umgang mit der doppelten Nachkriegsgeschichte, Berlin 1999.

Forschungsfeld für Spezialisten. Die »besonderen« diplomatischen Beziehungen waren seit den Ostverträgen und der dadurch ermöglichten Aufnahme der beiden deutschen Staaten in die Vereinten Nationen die Grundlage eines neuen »empirisch-realistischen Ansatzes« der Deutschlandforschung, die ihren Niederschlag in einem »DDR-Handbuch« fand, das sich aus dem »SBZ-Lexikon« entwickelt hatte. Die DDR-Forschung der Bundesrepublik stellte schließlich in dem alljährlichen Bericht »zur Lage der deutschen Nation« Daten zusammen die »wertfrei« empirisch erhoben und interpretiert wurden. Die Teilung Deutschlands galt als Gegebenheit, mit der »man« leben musste.

Kritiker dieses Ansatzes pochten hingegen auf die Menschenrechtssituation in der DDR und die eigenen Wertvorstellungen. Die entscheidende Auseinandersetzung entbrannte an der Frage der Staatsbürgerschaft und der Menschenrechte. Hier markierte das Grundgesetz eine Grenze, die das Bundesverfassungsgericht bekräftigte. Das Wiedervereinigungsgebot des Grundgesetzes, in der Präambel fixiert, wurde nicht aufgehoben, die gemeinsame deutsche Staatsbürgerschaft nicht in Frage gestellt. Publizistische Angriffe, die vor allem im »Deutschlandmagazin« des Zweiten Deutschen Fernsehens vorgetragen wurden, verschärften zuweilen die Gegensätze zwischen den beiden deutschen Staaten und führten in der Publizistik schließlich eine Lagerbildung herbei, die an die Reaktion der Presse auf die Studentenbewegung in den Sechzigerjahren erinnerte und die Politisierung der Historiker noch einmal verstärkte.

Das Zeitungswesen war besonders betroffen, wo es zu einer geschichtspolitischen publizistischen Separierung kam. Historiker wie Michael Stürmer entwickelten sich zu Verfassern von Leitartikeln oder waren sogar, wie Arnulf Baring, als Chef des Feuilletons der Frankfurter Allgemeinen im Gespräch. Zugleich entwickelten sich die Tageszeitungen zum Sprachrohr von politischen Richtungen. Hans-Peter Schwarz und Michael Stürmer waren vor allem in der »Welt« zu lesen, Ernst Nolte in der FAZ, liberale Historiker in der »Zeit« oder in der »Süddeutschen Zeitung«. Auch die Frankfurter Rundschau veröffentliche auf ihrer Dokumentationsseite gewichtige historische Beiträge.

Historiker konnten beim Presse- und Informationsamt der Bundesregierung oder bei der Kulturabteilung des Innenministeriums Forschungs- und Tagungsmittel beantragen, die nicht mehr der kritischen Begutachtung, wie sie in Wissenschaftsförderungseinrichtungen üblich war, unterworfen wurden, sondern politische Akzente setzen sollten. Publizisten ergriffen Partei und wurden von dem Tagesschau-Moderator Hans-Joachim Friedrich daran erinnert, dass sich ein Journalist niemals an eine Sache binden dürfe, »auch nicht an eine gute«.

Weil die Geschichte der NS-Zeit in den Siebzigerjahren entgegen den öffentlichen Bekundungen, es »dürfe nicht vergessen werden«, in den Hintergrund gedrängt wurde, fiel die Entwicklung eines bundesrepublikanischen Geschichtsbewusstseins leichter. Dies schlug sich zunächst in einer sechsbändigen »Geschichte der Bundesrepublik Deutschland«[123] nieder, die explizit dem Ziel diente, die Identifikation mit der Bundesrepublik Deutschland zu stärken. Erstmals konnte man sich in diesem Werk auf unveröffentlichte Quellen stützen, da für Akten aus den staatlichen Archiven eine dreißigjährige Sperrfrist galt. Die Geschichte der Bundesrepublik rückte nun zusehends in das Zentrum zeitgeschichtlicher Forschungen. Die Forschung folgte der Öffnung der Bestände staatlicher Archive nach Ablauf der Sperrfrist.

In den Achtzigerjahren war aus dem ursprünglichen Provisorium der Bonner Republik endgültig ein stabiler Staat geworden, der sich auch nicht mehr vorrangig aus den Fehlschlägen und Katastrophen deutscher Geschichte des 20. Jahrhunderts definieren wollte, sondern beanspruchte, demokratische, freiheitliche, »weiße« Stränge der deutschen Geschichte zu verkörpern. Dunkle Linien der Vergangenheit wirkten im Bewusstsein allerdings noch nach, vor allem in der Erinnerung der älteren Wähler und Parteimitglieder.

Es war der als »Bürgerpräsident« bezeichnete Gustav Heinemann, der sich um eine neue selbstbewusste, geradezu unbeschwerte Deutung der deutschen Geschichte bemühte. Mit der »Erinnerungsstätte für die Freiheitsbewegungen der deutschen Geschichte« in Rastatt, dem Zentrum des Badischen Aufstands von 1849, sollten die positiven Traditionen der deutschen Demokratie der Revolutionszeit von 1848/49 in den Blick gerückt werden. Später gesellten sich die Revolution von 1918/1919, der Widerstand gegen den Nationalsozialismus und die Oppositionsbewegung der DDR hinzu.

Heinemann korrigierte einen Trend historischer Umdeutung, den manche als Flucht aus der deutschen Zeitgeschichte verstanden hatten. Mehrfach war seit den Sechzigerjahren von Politikern wie Ludwig Erhard das »Ende der Nachkriegszeit« verkündet worden. Auch die Erinnerung an das Scheitern der Weimarer Republik war mit dem Zug der Generationen durch die Zeit blasser geworden. »Bonn ist nicht Weimar«, hatte einst Innenminister Lücke erklärt und sich damit von Erhards Redenschreiber René Altmann abgesetzt, der die Frage stellte, ob Bonn nicht doch Weimar sei.

Innenminister Lücke wollte damit dem Krisengerede entgegentreten, das Mitte der Sechzigerjahre durch ein Wiedererstarken von Rechtsextremisten im Zuge eines verlangsamten Wirtschaftswachstums zu hören war. Dieser Krise wollte er

---

123 Verfasser waren u. a. Theodor Eschenburg, Hans Peter Schwarz, Klaus Hildebrand, Wolfgang Jäger. Den besten Überblick über die Geschichte der Bundesrepublik geben die Handbücher von Morsey, Rödder und Wolfrum. Eine einbändige Geschichte der Bundesrepublik verdanken wir Görtemaker, einen ersten wichtigen Literaturüberblick Anselm Döring-Manteuffel.

in der Übergangsphase der »Großen Koalition« zudem mit einer Wahlrechtsreform zu Leibe rücken und die verbreitete Furcht vor instabilen politischen Mehrheitsverhältnissen dämpfen. In den Sechzigerjahren waren es vor allem Wahlrechts-Propheten gewesen, die sich wegen der negativ beurteilten Auswirkungen des deutschen Verhältniswahlrechts Sorgen machten. Denn als Ergebnis der Wahlen nach diesem Wahlrecht wurden stets Koalitionen gebildet, die bei manchen ungute Erinnerungen an instabile Weimarer Verhältnisse weckten – grundlos, wie sich später zum Glück zeigte. Ganz besonders richteten sich die Pläne einer Wahlrechtsreform gegen die FDP, die als »Zünglein an der Waage« eine klare Regierungsbildung zu verhindern schien. Als aber die SPD mit der FDP 1969 eine Koalition bildete, war die Diskussion sofort vom Tisch.

Als Altmann, angeregt von der amerikanischen Vision einer neuen *big society*, in der kurzen Übergangsphase der Regierung Ehrhard (1963–1965) das Konzept einer »formierten Gesellschaft« entwickelte und Erhard dies aufnahm, diskreditierte die Presse beide durch den Hinweis auf die »Volksgemeinschaft«, die hinter diesem Konzept verborgen sei. Wieder war deutlich geworden, dass keine politische Diskussion sich aus den Schatten und Erfahrungen deutscher Zeitgeschichte zu lösen vermochte. Vor allem das Nachrichtenmagazin »Der Spiegel« lenkte immer wieder den Blick auf historische Themen und popularisierte die Geschichte in umfangreichen Serien, die keineswegs nur die deutsche Zeitgeschichte[124] berührten. Deutungen der Vergangenheit blieben umstritten, verbanden sich nicht selten assoziativ mit negativen Einwänden und waren deshalb geeignet, politische Polarisierungen und parteiische Mobilisierung voranzutreiben.

So schien seit den Sechzigerjahren der Boden für konzeptionelle geschichtspolitische Debatten über die deutsche Geschichte bereitet zu sein. Befeuert wurden sie im Zuge der Studentenbewegung, die manche als eine Spielart der »permanenten« Revolution (Trotzki) oder auch der »Kulturrevolution«[125] (Mao) empfanden. Um diese Begriffe wurde gestritten und gekämpft. Später hieß es, erst seit den späten Sechzigerjahren habe eine kritische Auseinandersetzung mit der deutschen Zeitgeschichte begonnen, die das Geschichtsbild der Nation, das bis dahin verbreitet war, erschütterte.

Dieses Urteil war zweifellos überzogen, denn bereits seit den Fünfzigerjahren gab es Publizisten, Intellektuelle, Politiker, Juristen und Wissenschaftler, denen es gelang, Auseinandersetzungen über die Vergangenheit voranzutreiben. Deshalb fragen sich heute immer mehr, ob es denn wirklich die Studentenbewegung war, die die neuen Geschichtsdebatten einleitete. Wirkten sich nicht vielmehr

---

124 Augstein publizierte sogar Artikelfolgen über Jesus und Friedrich den Großen, die anschließend als Monographien veröffentlicht wurden.
125 Hannes Heer: Vom Verschwinden der Täter, Berlin 2004, S. 27.

die Verfahren gegen NS-Gewalttäter aus? Welche Bedeutung kam dem schlichten Zeitablauf und den Veränderungen zwischen den Generationen zu? Steht nicht nach Ablauf von zwanzig Jahren immer eine Neudeutung der Vergangenheit an?

Unbestreitbar ist, dass mit den Sechzigerjahren ein grundlegender Wandel des Geschichtsbewusstsein einsetzte, der nicht nur die »politische Kultur« veränderte, sondern auch das Geschichtsbild. Dieser Wandel erfolgte nicht bruchlos, sondern erstreckte sich über einen ebenso langen Zeitraum wie der allmählich einsetzende soziale Wandel. In der Regel benötigt der Bewusstseinswandel einen Zeitraum von etwa zwanzig bis dreißig Jahren. Er entwickelt sich nicht automatisch, gleichsam selbstläufig, sondern wird von Akteuren gestaltet, die entweder Veränderungen des Geschichtsbildes vorantreiben oder abwehren wollen. Deshalb galten geschichtspolitische Ansätze im Zuge der Proklamation einer »geistig-moralischen« Umorientierung und Formierung der Gesellschaft als ebenso wichtig wie die Bestrebungen, das politische Bewusstsein neu auszurichten.

Mitte der Sechzigerjahre schienen aber vor allem im Bewusstsein der konservativen Führungsschichten diejenigen weitreichende Erfolge beim Wandel des allgemeinen »Bewusstseins« zu erzielen, die Wertvorstellungen zu verändern und überkommene Anschauungen zu kritisieren wussten. Das betraf nicht nur den Lebensstil, sondern das Bild von Politik im Allgemeinen. Hatten Abiturienten noch in den Fünfzigerjahren Besinnungsaufsätze zu schreiben über »Kritik am Staat, das steht Dir zu, doch denk daran, der Staat bist du!«, so änderten sich die Themen nun zu: »Sei Sand, nicht Öl im Getriebe der Zeit!«

Vor allem die Studentenbewegung beeinflusste die medial vermittelten Diskussionen[126] und veränderte das deutsche Meinungsklima. Sie griff kulturkritische Argumente auf, die Herbert Marcuse im »eindimensionalen Menschen« zur Verfügung gestellt hatte. Hier hatte er nicht nur die Industriegesellschaft in Frage gestellt, sondern vor allem herausgearbeitet, dass auch die Demokratie Konformität erzeuge und selbst dort, wo sie sich diskussionsbereit gebe, durch eine Art von »repressiver Toleranz« politische Auseinandersetzungen in der Sache verweigere oder wirkungslos verpuffen lasse. Alexander Mitscherlich beklagte die »Unwirtlichkeit der Städte« und konstatierte die »Unfähigkeit zu trauern«.

Jürgen Habermas lieferte mit dem »Strukturwandel der Öffentlichkeit« ein wichtiges geschichts- und kulturkritisches »Stichwort zur Zeit«. Karl Jaspers kritisierte die Entwicklung der bundesrepublikanischen Gesellschaft, Ralf Dahrendorf schließlich lenkte den Blick auf Elitenkontinuitäten. Sie alle lieferten Ansatzpunkte für eine zeitkritisch-historische Betrachtung und prägten die Geschichtswissenschaft. Autoren der »edition suhrkamp« analysierten die Bundesrepublik als

---

126 Vgl. dazu Klaus Große Kracht: Zankende Zunft, Göttingen 2005, S. 69 ff.

einen »CDU-Staat«, der – wie Urs Jaeggi in einer weithin verbreiteten Publikation schrieb – durch den Gegensatz von »Kapital und Arbeit« bestimmt sei.

Moralisch tief erschüttert wurde die studentische Generation 1969 durch den Freispruch des Beisitzers des nationalsozialistischen Volksgerichtshofs Rehse, aber auch durch Diskussionen über Politiker, die ihren Berufsweg in NS-Ministerien begonnen hatten, unter ihnen der Bundeskanzler der Großen Koalition, Kurt Georg Kiesinger, und der baden-württembergische Ministerpräsident Hans Filbinger.

Ihnen wurden in der westdeutschen Öffentlichkeit Exil-Politiker wie Willy Brandt, Fritz Erler und Herbert Wehner gegenübergestellt. Erstmals konnte die SPD aus der Emigration ihres Parteivorstands 1933 politischen Nutzen ziehen. Geschichte wurde immer seltener diskutiert, um Fehlverhalten zu erklären, sondern um politische Moralität zu begründen. Dem kamen die geradezu ritualisierten Erinnerungs-formeln entgegen, »nie wieder« dürfe sich die NS-Geschichte wiederholen, man möge »den Anfängen wehren«, »Wachsamkeit seit der Preis der Freiheit«, zumal der »Schoß noch fruchtbar« sei, »aus dem das kroch«. Diese Betonung historischer Verpflichtung legte den Grundstein für eine neue Moralisierung der Politik, für die Beschwörung von historischem Bewusstsein, zeithistorischer Erfahrung und historisch plausibel gemachter Verpflichtung zu einer Moral, die immer wieder auf die Vergangenheit verwies.

In der Verjährungsdebatte, der Auseinandersetzung um die Korrektur der Hallstein-Doktrin und die Anerkennung der »Realitäten« nach 1945 entstand ein Amalgam öffentlicher Meinung, das in der konservativen Wahrnehmung als das »Klima von 1968«, als Ergebnis der Studentenrevolte beschrieben wurde und als Aus-druck eines »kulturellen Umbruchs« galt, der zurückzudrängen sei. Kritiker dieser sich demonstrativ als »Anti-68er« profilierenden Zeitgenossen forderten zwar, die historischen Erfahrungen und Ereignisse nicht mit gegenwärtigen Empfindungen gleichzusetzen und eine Parallelisierung des studentischen Protestes mit der Machtergreifung an den gleichgeschalteten Universitäten im Jahre 1933 durch die NS-Studentenschaft zu vermeiden. Sie verlangten aber historische Differenzierung und verfingen sich so zugleich in der überdramatisierten politischen Sprache der Zeit, in Entrüstung und Empörung.

Mit der Bildung der sozial-liberalen Koalition war das Versprechen verknüpft worden, nun mehr »Demokratie zu wagen«. Sie erschien als ein »politisch-kultureller« Neubeginn, der Reaktionen provozierte. Eine erstarkende politische Rechte wandte sich gegen die neue Regierung unter Willy Brandt. Die extreme Rechte verbreitete sogar Flugblätter, auf denen ein am Galgen hängender Willy Brandt zu erkennen war. Wieder einmal wurden Sozialdemokraten als national unzuverlässig bezeichnet und unter den Generalverdacht eines »Ausverkaufs deutscher Interessen« gestellt.

Wie darauf reagieren? Zum einen wurde die Geschichte der Verfolgung von Sozialdemokraten thematisiert. Die SPD stärkte ihre »Historische Kommission beim Parteivorstand der SPD«, die Friedrich-Ebert-Stiftung baute eine sehr leistungsfähige historische Forschungsabteilung auf und machte das bereits 1961 gegründete Jahrbuch »Archiv für Sozialgeschichte« zu einer Plattform moderner Geschichtswissenschaft. Auch die anderen Parteien bauten ihre Parteiarchive aus, schufen sich historische Arbeitskreise. Einschlägige Zeitschriften pflegten ihre jeweilige Parteigeschichte. Dadurch prägten sie die Geschichtswissenschaft, denn immer öfter wurden Rückschlüsse von Themen und Forschungen auf weltanschauliche Sympathien und Befindlichkeiten der Forscher selbst bezogen. Das konnte Akzente setzen, denn Forscher wurden parteipolitisch durchaus identifizierbar. Diskussionskreise, Beiräte und Berater fügten sich schließlich zu einem Netzwerk, das aus der Geschichtswissenschaft einmal mehr eine für inhaltliche Politisierungen offene Wissenschaft machte.

Es waren nicht zuletzt Parteistrategien der SPD, die in den beginnenden Siebzigerjahren eine historisch aufgeladene Offensive starteten. Im Wahlkampf von 1972 appellierte Willy Brandt an das Nationalgefühl und forderte die Deutschen auf, sie sollten »stolz auf ihr Land« sein. Er konterkarierte so die Behauptung, Sozialdemokraten hätten mit den Ostverträgen den Interessen Deutschlands geschadet. Als »Verzichtpolitiker« waren übrigens auch schon linke Politiker der frühen Weimarer Republik verunglimpft worden, weil sie 1919 den Versailler Vertrag unterzeichnet hatten.

Nach dem Rücktritt von Willy Brandt schwächten sich die ideologisch aufgeladenen Diskussionen über die Geschichte teilweise ab. Terrorismus, Ölkrise und weltwirtschaftliche Probleme rückten die Gegenwart ins Zentrum der öffentlichen Aufmerksamkeit. Heftig gestritten wurde allerdings darüber, wie der Terrorismus zu erklären sei. War er eine Folge der Studentenunruhen und der Umwertungen? Hatten Sozialdemokraten durch ihre Gesprächsangebote eine zu »weiche Haltung« gezeigt? Hatten Bildungssysteme versagt? Keine dieser Fragen wurde eindeutig und gültig beantwortet. Sie waren geeignet, einen Dunstkreis historischen Verdachtes zu erzeugen, der geschichtspolitisch nutzbar war und zugleich die Verunsicherung spiegelte, von der die Gesellschaft im Zuge des sozialen, politischen und kulturellen Wandels zunehmend geprägt war.

Viel gravierender war, dass sich die junge »Friedensbewegung« auf das Gebot der Zivilcourage berief und zugleich behauptet werden konnte, fehlender bürgerlicher Mut hätte auch die Katastrophen des 20. Jahrhunderts mitverschuldet. So wurde die Formel »Nie wieder!« von den zeitgeschichtlichen Beschwörungen gelöst und universalisiert. Geschichte wurde zur moralischen Instanz, die rechtfertigte, aber auch gestattete, Proteste zurückzuweisen oder gar – wie Sitzblockaden – zu kriminalisieren. Historisch aufgeladene Rechtfertigungsmuster sollten den Protest gegen den Bau von Atomkraftwerken und gegen die Sperrung des Zugangs zu Kasernen oder Standorten von Abwehrraketen wie Mutlangen diskreditieren, ebenso wie die Proteste gegen die Startbahn West in Frankfurt/Main, gegen die Wiederaufbereitungsanlage in Wackersdorf/Oberpfalz oder die Endlagerstätte für »Atommüll« in Gorleben.

Geistig-moralische Wende?

Mit der Wahl von Helmut Kohl zum Nachfolger Helmut Schmidts und der schwarz-gelben Koalition machte sich seit 1982 ein neuer Argumentationsstil bemerkbar, der sich programmatisch auf das bundesrepublikanische Geschichtsbewusstsein bezog. Weil die Vergangenheit der Bundesrepublik, die europäische Integration und das wachsende außenpolitische Gewicht als Ausdruck politischen Erfolgs gewertet wurden, galt ihre Geschichte als Begründung einer neuen Tradition. Diese Akzentuierung ging mit einer weiteren Abwendung von der Geschichte der DDR einher, die vor allem von dem Mannheimer Historiker Hermann Weber immer wieder neu ins Gedächtnis gerufen wurde.

Heftige geschichtspolitische Auseinandersetzungen hatten in der Endphase der Kanzlerschaft von Helmut Schmidt die Diskussionen über den NATO-Doppelbeschluss, die Nachrüstung und die Friedensbewegung geprägt. Die sozialdemokratische Regierung verlor zunehmend ihren Rückhalt in der eigenen Partei; dies legte Vergleiche mit dem Scheitern des Weimarer Kabinetts unter dem Sozialdemokraten Hermann Müller nahe, der an der Finanzierung des Panzerkreuzers A und an gleichzeitigen Problemen bei der Finanzierung der Sozialpolitik gescheitert war. Politiker, die den Nachrüstungs- und Doppelbeschluss verteidigten, blickten auf die Vorkriegszeit zurück und kritisierten die Appeasement-Politik des britischen Premierministers Chamberlain, der Hitler in den krisenhaften Jahren 1937 bis Sommer 1939 nicht entschieden genug entgegengetreten sei. Geschichtliche Beispiele waren einmal mehr an die Stelle politischer Argumente getreten – eine Technik, die sich in den Folgejahre zunehmend durchsetzte.

Historiker gerieten allerdings viel stärker in den Bann von Fragen, die sie als Chancen deuteten. Die Museumspläne, die Kohl bereits in seiner ersten Regierungserklärung ansprach, reflektierten keine tagespolitischen Fragen, sondern zielten auf die kaum kritisch hinterfragte Stärkung der bundesrepublikanischen Identität. Generations-Erfahrungen und Generationskonflikte wurden nun vor allem angesprochen, wenn es um die Jahrestage der Studentenunruhen von 1968 ging. Das zeigte sich 1988, zu einem Zeitpunkt, an dem sich die rüstungskritischen Friedensdemonstrationen weitgehend erschöpft hatten und die Partei der »Grünen« als Resultat der Studentenbewegung gedeutet und zum Gegensatz der »bürgerlichen Parteien« stilisiert wurde. Auch andere Jugendbewegungen – von den maoistisch geprägten Gruppierungen über studentische Basisgruppen und »Rote Zellen« bis zur »Tu-nix-Bewegung« – wurden in die Tradition der »Studentenrevolte« gerückt und mit dem Terrorismus identifiziert, der in den Siebziger- und Achtzigerjahren Bombenanschläge, Raubüberfälle und Entführungen für ein Mittel der Politik hielt.

Hinzu kamen bedrohliche Szenarien der internationalen Politik: Der Sturz des Schah-Regime, gegen das die Studenten im Juni 1968 demonstriert hatte, brachte ein Ayatollah-Regime an die Macht, das den westlichen Werten einen »Gottesstaat« entgegensetzte. Die Invasion sowjetischer Truppen in Afghanistan verstärkte das Gefühl der Bedrohung mehr als die Kooperation des Westens mit den Taliban. Einen tiefen Einschnitt in das Bewusstsein brachte die Reaktorkatastrophe von Tschernobyl 1986. Wie sollte man diesen Umbruch deuten? Als Beginn einer »Risikogesellschaft« (Ulrich Beck) oder als Ausdruck einer »zynischen Vernunft« (Peter Sloterdijk)[127] Angesichts dieser Ernstfälle erwiesen sich die geschichtspolitischen Kontroversen als das, was sie geworden waren: Feuilletondebatten und Ausdruck einer »sterilen Aufgeregtheit« (Jürgen Engert).

Der Geschichtsphilosoph Odo Marquard erklärte die deutliche Hinwendung von Politik und Gesellschaft zur Geschichte als Ausdruck der Verunsicherung und des Kompensationswunsches. Mit den ausufernden Museumsplänen, Gedenkfeiern und Denkmalskontroversen wurde die Auseinandersetzung der deutschen Politik mit der Vergangenheit zum Anlass eines Intellektuellen-Diskurses. Damit war die Brücke geschlagen zu den Auseinandersetzungen um die kulturelle Hegemonie, die bereits in den Siebzigerjahren die politische Strategie des »Begriffe-Besetzens« bestimmt hatte. Gedenken und Erinnerung sollten auf politischer Bühne gestaltet, Weltsicht und Weltverständnis beeinflusst werden.

Diese Bemühung nahm nach dem Fall der Mauer und dem Ende des Systemkonflikts an Heftigkeit und Intensität zu. Der Schock, der das Geschichtsverständnis beeinflusste, war rasch überwunden. Zwar schlug ein amerikanischer Politikberater vor, vom »Ende der Geschichte« auszugehen. Wenn aber fast gleichzeitig ein anderer den »Crash der Kulturen« prophezeite, dann war klar, dass es mit der Geschichte weiterging. Es war dann entscheidend, die Erinnerungen zu gestalten, sei es, um Substanz zu sichern, sei es, um die Verantwortlichen für Fehlentwicklungen verantwortlich machen zu können. In Deutschland verlagerte sich die geschichtspolitische Auseinandersetzung auf die DDR, deren Bürger daran gegangen waren, im Zuge des Zusammenbruchs des SED-Staates Akten zu sichern und so Grundlagen der

---

127   Peter Sloterdijk: Kritik der zynischen Vernunft, Frankfurt am Main 1983.

Erinnerung zu verteidigen. So stiftete das Bekenntnis zur Geschichte eine Identität, die ganz anders beschaffen war als die Beschwörungen der Vergangenheit, die nun wie der geistige Bestand eines »Geisterhauses« (Isabel Allende) anmuteten.

Die in West wie Ost nahezu einmütig geforderten und zügig durch politische Initiativen, aber auch durch oppositionell-bürgerschaftliches Engagement geschaffenen Erinnerungsstätten für die Beschäftigung mit der Geschichte der DDR rückten bis dahin unbekannte Akteure geschichtspolitischer Auseinandersetzungen in das Zentrum. Die Oppositionsbewegungen arbeiteten ihre Geschichte auf, begründeten Archive, erinnerten an einzelne Oppositionelle und wurden dabei von Westdeutschen unterstützt, die die DDR stets kritisch analysiert hatten, in der Regel viel kritischer als die Bonner Politiker. Karl-Wilhelm Fricke und Manfred Wilke wurden zu Förderern von Geschichtsinitiativen, die sich schließlich auch als Forschungsgruppen wie der aktive Berliner Forschungsverbund SED-Staat institutionalisierten und die Auseinandersetzung mit denen führten, denen sie »Blauäugigkeit« und politische Kompromissbereitschaft vorwarfen.

Erstes Opfer des politischen Scheiterns wurde das »Ministerium für gesamtdeutsche Fragen«. Ob es auch ein Ministerium für Antworten gebe, fragten Kabarettisten. Auch das Gesamtdeutsche Institut wurde rasch aufgelöst. Gleichzeitig entstanden neue Institutionen zeitgeschichtlicher Forschung aus den Staats- und Partei-Archiven der DDR. Die Organisationsstruktur war lange umstritten, bis die Federführung an das Bundesarchiv in Koblenz überging, das immer ein Garant der Forschungsfreiheit gewesen war und eines der freiheitlichsten Archivgesetze überhaupt initiiert hatte.

Die bis dahin entwickelten Bonner und Westberliner Museumspläne wurden modifiziert. In Bonn sollte die Geschichte der DDR in das Haus der Geschichte integriert werden, dessen Planungen sich zunächst ganz auf die Bundesrepublik konzentriert hatten und lediglich die unmittelbare Vorgeschichte mit Nationalsozialismus und Widerstand sowie die Besatzungszeit berücksichtigten. In Westberlin gerieten die Ausbaupläne noch schneller unter den Einfluss der deutschen Wiedervereinigung. In der ursprünglichen Planung der Bundesregierung hatte hier auf dem Gelände der ehemaligen Kroll-Oper ein neues historisches Museum entstehen sollen – nicht zuletzt als Gegengewicht zum »Museum für die deutsche Geschichte«. Denn man wollte dem SED-Staat »nicht die deutsche Geschichte« überlassen. Bereits im Jahre 1952 hatte die damalige DDR-Regierung das »Zeughaus« und auch die »Neue Wache« zu einem wichtigen Instrument ihrer Geschichtspropaganda und zugleich zum Leitinstitut der DDR-Geschichtswissenschaft ausgebaut.

Kohl wünschte, das neue Museum für die deutsche Geschichte sollte die Nationalgeschichte vom frühen Mittelalter bis zur Gegenwart in ihrer ganzen Vielfalt spiegeln. Seine Initiative beeinflusste Museumspläne vieler Landesregierungen, die für ihre Länder ähnliche »Häuser« anstrebten oder aus temporären historischen Landesausstellungen entwickelten. Diese Zielsetzung, ein bundesrepublikanisch orientiertes nationalgeschichtliches Museum zu konzipieren, wurde heftig diskutiert. Manche unterstellten der Bonner Regierung die Absicht, Geschichtsbilder zu prägen und politisch zu instrumentalisieren. Dem sollten Beiräte entgegenwirken. Mitglieder der Stiftungs- und wissenschaftlichen Beiräte wurden allerdings ausdrücklich »politisch ausgewogen« berufen. Ihre Zusammensetzung folgte einem Proporzmodell, das an Rundfunkräte erinnerte, in denen Vertreter »gesellschaftlicher Kräfte« zugleich auch politisch verortet werden konnten. Dies schien die Vermutung zu bestätigen, unter dem Mantel breiter Unterstützung aus den Gremien solle eine Art neue »Konsensgeschichte« durchgesetzt werden.

In den wissenschaftlichen Beirat wurden Fachleute berufen, der wissenschaftliche, nach »Schulen« unterscheidende und immer auch der politische Proporz dabei aber berücksichtigt. Die vorangegangenen geschichtspolitischen Kontroversen hatten die Identifizierung und Zuordnung der Historiker erleichtert. Gerhard A. Ritter hatte deshalb früh vor den Folgen gewarnt, die diese Auseinandersetzungen für das Fach bringen würden: »Fahnen seien hochgezogen worden, um die sich sogar angehende Wissenschaftler geschart hätten.«

In der Öffentlichkeit aber wurden immer wieder Zweifel an einem übergreifenden musealen Konzept angemeldet. Die beiden Direktoren der Häuser nutzten die Kontroversen zur Profilierung. Christoph Stölzl wurde zum wichtigsten Gesprächspartner bei inhaltlichen Auseinandersetzungen, Hermann Schäfer setzte das modernste historische Ausstellungskonzept um, das schließlich auch außerhalb Deutschlands verdiente Wirkungen entfaltete. Viele der Einwände erwiesen sich auf lange Sicht als unbegründet. Die beiden Häuser verkörperten schließlich unbestreitbar eine beachtliche Erfolgsgeschichte.

Jährlich kommen heute fast eine Million Besucher allein in das Bonner Haus, wo neben der Politik- auch die Kulturgeschichte berücksichtigt ist. In der Tat wurde dort keine Regierungs-, sondern eine komplexe Erfolgsgeschichte der Bundesrepublik präsentiert. Wechselausstellungen behandelten sehr kontroverse Themen, die in einigen Fällen zur Entschärfung geschichtspolitischer Diskussionen beitrugen.

Besonders deutlich zeigte sich dies mit der Ausstellung zur Vertriebenengeschichte, die europäische Dimensionen erschloss und zudem notwendige Akzente auf die Integration von Flüchtlingen, Vertriebenen und Zwangsausgesiedelten legte. Andere Ausstellungen konnten zwar nicht verhehlen, dass sie das Ergebnis politischer Anstöße waren – hier fiel eine Ausstellung über die Kriegsgefangenschaft ins Auge, die vor allem das Schicksal deutscher Kriegsgefangener präsentierte, das Schicksal sowjetischer Kriegsgefangener jedoch weitgehend überging. Diese Ausstellung war ein Zugeständnis an Erwartungen und Forderungen der Heimkehrerverbände, die die Auswertung der Moskauer Archivbestände zur Geschichte der deutschen Kriegsgefangenen durch gewisse Ministerialbeamte beeinflussen konnten.

Die Kritik am Bonner Museum konzentrierte sich weniger auf politische Eingriffe in die Programmarbeit, als vor allem auf seine museale Konzeption und den fest ins Auge gefassten »Event-Charakter«. Dabei wirkten sich ohne Zweifel auch Animositäten von Forschern aus, die ihre ganz persönliche Kritik verallgemeinerten. Das Bonner Haus der Geschichte der Bundesrepublik Deutschland stellt sich heute mit seinen Dependancen als ein überzeugend gestaltetes geschichtliches Museum dar, das vielfältige politische, soziale, kulturelle und alltägliche Erinnerungsbezüge für eine pluralistische Gesellschaft entfaltet, das ständig auf neue Diskussionen reagiert und vor allem Alltags-, Medien- und europäische Beziehungsgeschichte einbezieht. Ausstellungen über die Schlagerkultur, Loriot und Schönheitsköniginnen zogen Zigtausende Besucher an. Ausstellungen über Marktwirtschaft, über »Bilder, die lügen« und den Protest in der DDR oder die Geschichte des Sports im Wettkampf der Systeme waren weniger attraktiv, profitierten aber von einer klugen museumspädagogischen Begleitung.

Das in Berlin ansässige Museum deutscher Geschichte hatte hingegen größere Startschwierigkeiten, bekam durch den Mauerfall und die Vereinigung der beiden deutschen Staaten aber unerwartet eine außerordentlich günstige Ausgangssituation für die Überformung des Ostberliner Museums im beeindruckenden Zeughaus, mit dem das »Museum für deutsche Geschichte« in den Besitz eines sehr umfangreichen Fundus kam.

Wechselausstellungen, die Christoph Stölzl exemplarisch konzipierte, erschlossen immer wieder Teilsammlungen und festigten den Eindruck, dass der auf Eigenständigkeit bedachte Leiter des Museums sich politische Spielräume geschaffen hatte, die anfängliche Befürchtungen einer gouvernementalen Einflussnahme als unbegründet erscheinen ließen. Obwohl unverkennbar als Nationalmuseum konzipiert und deshalb dem Verdacht ausgesetzt, in eine längst überwundene ausstellungsgeschichtliche Phase zurückzufallen, die eher auf das 19. als auf das 20. Jahrhundert deutete, erwies sich das Haus als attraktiv und auch standfest. Mit der Ausstellung von Protestbannern der DDR-Opposition wurde der Anspruch erhoben, die gesamte deutsche Geschichte zu präsentieren.

Dies war wichtig, weil die Ausgangsphasen beider Museumspläne im Spannungsverhältnis zu einer belasteten Zeitgeschichte der NS-Zeit und zunehmend auch der DDR standen. Nun ging es um vier deutsche Teilgeschichten: Die deutsche Geschichte vor 1945, die westdeutsche und die ostdeutsche Teilungsgeschichte und die Geschichte seit der Vereinigung. Kontenpunkt dieser Teilgeschichten blieb

die NS-Zeit. Ihre bestimmende Schwerkraft schlug sich seit Mitte der Neunziger-
jahre in den Debatten über das Mahnmal zur Erinnerung an die Ermordung der
europäischen Juden nieder, das mit dem Mauerfall ein Gelände an exponierter
Stelle, in unmittelbarer Nähe zum Brandenburger Tor, zugewiesen bekam. Die
Idee war aus einer Dokumentarserie erwachsen, die Lea Rosh gemeinsam mit dem
Stuttgarter Zeithistoriker Eberhard Jäckel über die Vernichtung des europäischen
Judentums konzipiert hatte. Sie ergriffen die Initiative, warben für ihre Idee und
nutzten Paralleldiskussionen wie die Debatten über ein neues Berliner »Museum
für jüdische Geschichte«, das von dem bedeutenden Architekten Daniel Libeskind
errichtet und nicht nur allgemein gelobt, sondern von der Berliner Öffentlich
spontan angenommen worden war, sowie über die Pläne einer »Topographie des
Terrors« des Schweizer Architekten Zumthor. Die Voraussetzungen für diese Diskussionen waren durch den Historikerstreit begünstigt worden, denn die deutsche
Politik konnte so demonstrieren, dass sie andere Akzente setzen und sich »der
Geschichte stellen« wollte.

Zugleich aber setzte eine intensive Diskussion über die KZ-Gedenkstätten
ein, die mit der Vereinigung in den Verantwortungsbereich der Bundesrepublik
fielen und die Museumspläne beeinflussten. Konnten die Bundesländer sie aus
eigener Kraft erhalten? Diese Frage stellte sich vor allem für die neuen Länder,
deren Etats notleidend waren. Deshalb wurde es unumgänglich, ein erinnerungs-
und gedenkstättenpolitisches Gesamtkonzept zu entwickeln. Es verknüpfte alle
deutschen Denkmals- und Gedenkstättenpläne und machte Berlin zum Schwerpunkt deutscher Gedenkpolitik.

Neben dem »Holocaust-Mahnmal«, wie es bald verkürzend genannt wurde, dis-
kutierte man auch sehr kontrovers über das Projekt einer »Topographie des Terrors«
auf dem Gelände der ehemaligen Gestapo-Zentrale in der Berliner Prinz-Albrecht-
Straße. Hinzu kamen die Gedenkstätte Deutscher Widerstand, zu der auch die Hin-
richtungsstätte Plötzensee zählte, ferner die »Wannsee-Villa«, wo im Rahmen einer
Besprechung am 20. Januar 1942 der Völkermord an den Juden koordiniert worden
war, und schließlich eine Gedenkstätte zur Erinnerung an die Menschen, die als
»unbesungene Helden« oder »stille Helfer« bedrohten Juden ihre Unterstützung
gewährt hatten, um im Untergrund zu überleben.

Durch den Mauerfall hat sich geradezu schlagartig das gesamte Spannungsfeld deutscher Geschichte und Zeitgeschichte geöffnet. Dieses Ereignis initiierte
die geschichtspolitischen Debatten in einer Breite und Widersprüchlichkeit, wie
dies niemals zuvor spürbar gewesen war. Es ging um die Hinterlassenschaft des
Krieges, um die sowjetischen Ehrenmale, um den Umgang mit Orten der DDR-Geschichte und Verfolgung, um die Rekonstruktion des Berliner Schlosses, den Abriss
des asbestverseuchten Volkskammer-Gebäudes in Berlin, die Rekonstruktion der

Museumsinsel, den Umgang mit dem Mauergelände, die Nutzung des Staatsrats-
gebäudes, die Nutzung des Kapitulationsmuseums in Berlin-Karlshorst und das
Alliierten-Museum in Berlin-Dahlem, um die Sicherung einer Erinnerung an den
Verlauf der Mauer, um die Gestaltung bestehender Gedenkstätten der deutschen
Teilung an der »Zonengrenze« und um die Erschließung historischer Orte wie die
Grenzdurchgangslager in Berlin-Marienfelde, die Gefängnisse in Berlin-Hohen-
schönhausen und Bautzen, die zentralen Gebäude der Staatssicherheit – und dies
alles vor dem Hintergrund ideologisch hochgradig aufgeladener und politisch sehr
sensibler Verlagerungs- und Umzugspläne, die Bonn und Berlin, kurzfristig sogar
Karlsruhe als Sitz des Bundesverfassungsgerichtes betrafen.

Neue Behörden wie der Beauftragte der Bundesregierung für die Unterlagen des
Ministeriums für Staatssicherheit und des Amtes für Nationale Sicherheit mussten
geschaffen, neue Institutionen wie die Stiftung Archiv der Parteien und Massen-
organisationen (SAPMO) begründet, andere wie der RIAS umbenannt und in die
neuen Strukturen des DeutschlandRadio Kultur eingefügt werden.

Blickt man auf die Vielzahl von Projekten, Initiativen und Vorschlägen, dann
wird deutlich, dass sich die Methoden und Themen der Geschichtspolitik grundlegend gewandelt hatten. Politisierend wirkte eigentlich nur noch die Deutung der
DDR-Geschichte. Dies war ein Reflex der politischen Auseinandersetzungen mit
den Nachfolgeparteien der SED, mit PDS und der Partei »Die Linke«.

Geschichtspolitische Kontroversen verwiesen auf Richtungs- und Inter-
pretationskontroversen, die nicht mehr wissenschaftlich geführt wurden. Kaum
waren geringe Kenntnisse von Schülern über den SED-Staat konstatiert worden,
konnte man hören, diese Geschichte müsse stärker im Schulunterricht behandelt
werden. Das erinnerte an Forderungen der Sechzigerjahre, nachdem mangelhafte
Kenntnisse der NS-Geschichte sichtbar geworden waren.

Wenn den Lehrern Verantwortung für Bildungsdefizite zugewiesen wurde, erinnerte das wiederum an die früheren Diskussionen über die Abneigung älterer
Lehrer, sich mit der NS-Zeit zu beschäftigen. Geschichtspolitisch ließ sich die Klage
über fehlende Kenntnisse und pädagogischen Unwillen bestens nutzen, um die
kritische Stimmung gegenüber den angeblich »Unbelehrbaren« zu verstärken.
Umso verwirrender aber wurden diese Diskussionen, wenn im Gegenzug ein ost-
deutsches Lehrerbildungsinstitut feststellte, dass die Beschäftigung mit der DDR-
Geschichte an den westdeutschen Universitäten ebenfalls defizitär sei.

Mit der richtungs- und wissenschaftspolitisch geprägten Berufung von Stiftungs-
räten und Wissenschaftlichen Beiräten für die beiden großen Museumsprojekte,
dem Haus der Geschichte in Bonn und dem Deutschen Historischen Museum in
Berlin, war ein Modell gesellschaftlicher Beteiligung an geschichtspolitischen Entwicklungen vorgezeichnet, die bürgerschaftliches Mit-Engagement erforderten,

aber auch geschichtspolitische Interventionen von Interessenverbänden und Parteien nach sich zogen.

Den Verantwortlichen beider anfangs so umkämpften Museen ist es weitgehend gelungen, sich aus dem parteipolitischen Fahrwasser fernzuhalten. Dass in Bonn viel häufiger politische Prominenz auftritt, entspring dem Charakter des Ortes. Dass eine Leipziger Außenstelle, das »Forum für Zeitgeschichte«, stärker Themen der DDR-und Oppositionsgeschichte behandelt, hat die Akzeptanz des Bonner Hauses in den neuen Ländern vergrößert, wenngleich auch gerade in Leipzig manche der geschichtspolitischen Kontroversen spürbar bleiben, die das West-Ost-Verhältnis in der Wahrnehmung durch Zeitgenossen besonders berühren.

Das Berliner Museum tangiert mit der Verantwortung für den »Tränenpalast« und die ehemalige Transit-Übergangsstelle am Bahnhof Friedrichstraße, auch die Teilungsgeschichte, die mit der Gedenkstätte an der Bernauer Straße ebenso einen Schwerpunkt besitzt wie die Verfolgungsgeschichte mit der Gedenkstätte Hohenschönhausen und jener in der Lichtenberger Normannenstraße.

Ein wichtiger Effekt der Museums- und Denkmalsdiskussion der Neunziger war die legitimatorische Überhöhung vieler Pläne. Immer neue Diskussionen entstanden und spiegelten den Wertewandel seit den Achtzigerjahren, in dem sich neue Denkmalspläne mit den Versuchen, die bestehenden Museen zu beeinflussen, überlagerten. An die Stelle der schlichten Präsentation trat die geschichtspolitisch überladene Legitimation nicht nur durch die geschichtlich-musealen Deutungen und Darstellung, sondern durch Denkmäler. Vielfach ging es um eine Art von »Erinnerungsproporz«, um parzelliertes Gedenken von Gruppen, die dadurch den Blick auf die Gesamtgeschichte aus den Augen verloren.

Gefordert wurde nicht nur ein Denkmal zur Erinnerung an die Verfolgung der Homosexuellen, an die Deserteure, an Sinti und Roma, sondern auch für weitere Gruppen und Menschen. Berlin reagierte mit einem Gedenktafelprogramm, mit Denkmälern im Stadtraum, mit neuen Denkmalkonzepten wie einer Spiegelwand, in der sich der Betrachter selbst sah und sich zum Denkmalsobjekt machen konnte. Diese Denkmäler beeinflussten das Geschichtsverständnis, weil ihre Konzeption umstritten war und immer wieder kontrovers diskutiert wurde, wie es der »Concept Art« entspricht.

Geschichtsdebatten, die lange Zeit als Fachkontroversen ausgetragen worden waren, beschäftigten deshalb weiterhin eine breite Öffentlichkeit – nicht als Fach-, sondern als Orientierungskontroversen. Sie führten zu Appellen an die Politik, beeinflussten Bundestagsbeschlüsse und erwiesen sich als Voraussetzung und Begleitumstand vielschichtiger geschichtspolitischer Diskussionen.

Gerade diese Vielschichtigkeit hatte aber auch zur Folge, dass sich die Aufmerksamkeit auffächerte, weil es nicht mehr um Inhalte, sondern um Haltungen ging, die auf das »kollektive Erinnern« verwiesen. Geschichtsdebatten benötigten ein fokussierbares Thema, sollten sie zu einer kulturpolitischen Herausforderung werden, die Feuilletonkontroversen beflügelte. Denkmalsdebatten berührten Konzepte, Absichten, ästhetische Fragen und wirkten so weiter auf die Öffentlichkeit ein. Das hatte sich etwa bei der heftigen Auseinandersetzung um die Verhüllung des Reichstagsgebäudes durch das Künstlerehepaar Christo gezeigt, die mit der »Verpackung« ein neues Bewusstsein für die Bedeutung des Wallot-Baues wecken konnten.

Auch die Errichtung des »Holocaust-Mahnmals« war vor allem das Ergebnis einer gelungener geschichtspolitischer Inszenierung. Eine derartige Konzentration der öffentlichen Aufmerksamkeit, wie bei diesem Denkmals-Projekt, wurde noch einmal bei der Debatte über die Berliner Schlosspläne angestrebt. Aber selbst die Debatte über das Denkmal zur Erinnerung an die deutsche Vereinigung, das auf den Fundamenten des ehemaligen Standbilds mit Kaiser Wilhelm I. (den sein Enkel Wilhelm II. »den Großen« genannt wissen wollte) errichtet werden soll, erregte die Öffentlichkeit kaum.

So haben die Debatten über die Museumspläne der schwarz-gelben Regierungskoalition zu einer Pluralisierung geführt, die neben der unübersehbaren historischen Beliebigkeit auch eine neue Offenheit der geschichtspolitischen Diskussion nach sich zog. Heute ist die Aufgeregtheit der Achtziger- und Neunzigerjahre weitgehend vergessen. Vielleicht kann diese Erlahmung des Interesses an geschichtspolitischen Zuspitzungen mit den Auswirkung der Pluralisierung der Medien seit den Achtzigerjahren verglichen werden: Debatten finden statt, aber fesseln zunehmend weniger die Aufmerksamkeit, so wenig wie die Illustrierten, deren freizügige Bilder in den Fünfziger- und Sechzigerjahren an den Zeitungskiosken verstohlene Blicke der Jugendlichen auf sich zogen, heute aber gleichgültig ignoriert werden.

Moralisierung der Geschichte

Reflexionen über die Vergangenheit verfolgen in der Regel Ziele. Sie können Erinnerungen wecken, um sie weiterzutragen. Sie können Emotionen wecken, mobilisieren oder auch sehr ernsthaft Grundlagen des menschlichen Zusammenlebens als Konsequenz einer jeweils durchdachten Erfahrungs- und Lerngeschichte vor das Auge rücken. Sie können als Mittel der Weltaneignung und Zielbestimmung benutzt – und missbraucht – werden.

Immer beeinflusst gedeutete Geschichte die »politische Kultur« – also die »geistig-seelisch-moralische Verfassung eines Landes…, die die Grundlage allen

Denkens, Fühlens und Handelns abgibt«[128]. Politische Kultur kann verstanden werden als Ergebnis eines historischen Prozesses, in dem auch die Erinnerung unter Aspekten geformt wird, die für das Verständnis der Welt und die Prägung des Verhaltens relevant sind.

Den meisten Menschen, die über Geschichte nachdenken, geht es bei der historischen Reflexion mithin allein um vergangene Fakten – doch muss es auch um das »kollektive Gedächtnis« gehen. Es beeinflusst das Weltbild und das Weltverständnis durch die »Rekonstruktion der Vergangenheit mit Hilfe von der Gegenwart entliehenen Gegebenheiten«[129]. In der Auseinandersetzung mit Geschichtsbildern streben Menschen zugleich an, über den ganz persönlichen Klärungsprozess hinaus auch das eigene Selbstbewusstsein zu klären und das Selbstverständnis einer Gesellschaft zu beeinflussen.

Es geht dann bei dem Blick auf die Geschichte um die Begründung der Prinzipien und Maximen, denen sich eine Gesellschaft verpflichtet fühlen will oder soll. Erinnerungen, Vergleiche zwischen dem Gestern und dem Heute und auch das öffentliche Gedenken dienen einer politisch-moralischen Selbstverortung, der Akzentuierung von Identitäten.

Politiker stellen eine Gruppe dar, die Diskussionen zuspitzt und Klärungen vorantreiben soll, die zugleich Gesellschaften auf Ziele verpflichtet, Herausforderungen bewältigt und die Macht erhalten hilft. Sie richten dann auch den Blick auf Selbstverpflichtungen und Identifikationen – zielen also auf kollektive Festlegungen. Sie stellen, wie der Dresdener Politikwissenschaftler Werner Patzelt in Anlehnung an Max Weber herausstellte, »Verbindlichkeiten« her[130].

Geschichtspolitische Argumente stellen deshalb keineswegs nur spielerisch zu absolvierende intellektuelle Übungen dar, sondern zielen auf den Kern kollektiver Selbstverortung und Selbstverpflichtung. Das muss angesichts der Differenzierung von Gesellschaft immer problematisch und umstritten sein, wie etwa die Rechtfertigung der militärischen Intervention im Kosovo zeigte, die der damalige Außenminister Joschka Fischer mit der Willensbekundung rechtfertigte, nie wieder »Auschwitz« zuzulassen. Hätte nicht auch der Hinweis auf Volksgruppenkonflikte, gewaltsame ethnische Säuberungen und Menschenrechtsverletzungen als Rechtfertigung gereicht?

Historische Vergleiche machen nicht selten mundtot. Zugleich aber ziehen sie enge Grenzen durch die Moralisierung von Entscheidungskonstellationen

---

128 Hans-Georg Wehling: Oberschwaben – Umrisse einer politischen Kultur, in: ders. (Hg.), Oberschwaben, Stuttgart 1995, S. 13.

129 Maurice Halbwachs: Das kollektive Gedächtnis, Stuttgart 1967, S. 35.

130 Werner J. Patzelt: Einführung in die Politikwissenschaft. Grundriss des Faches und studienbegleitende Orientierung, Passau 1992.

und belasten das politische Urteilsvermögen. Denn historische Argumente und Begründungen verkürzen zu oft komplizierte Überlegungen durch eine emotionalisierende Chiffre. Damit belasten sie nicht nur die Politik, sondern auch das Geschichtsbewusstsein.

Ihr besonderes Gewicht scheinen geschichtspolitisch begründete Grundsätze vor allem dadurch zu bekommen, dass sie sich aus einer Vorgeschichte ableiten lassen. Damit öffnet sich ein großes Arsenal historisch anmutender politischer Erklärungsmuster, die die Funktion politischer Rechtfertigung übernehmen. Vor allem die deutsche Zeitgeschichte gilt als belastete und belastende Geschichte. Dies macht den Jahrhundertkonflikt zwischen Demokratie und Diktatur, Menschenrechten und Verletzungen dieser Rechte, individueller Verpflichtung zur Zivilcourage und staatlichen Makroverbrechen deutlich.

Die jüngste deutsche Geschichte ist reich an Katastrophen, die Ausdruck des Fehlverhaltens von Menschen sind. Sie verwerfen zweimal eine Demokratie, akzeptieren die Konsolidierung einer Diktatur, lehnen sich nicht gegen Unrecht, gegen Verfolgung Andersdenkender auf, unterwerfen und unterdrücken europäische Staaten, verhindern keine systematisch betriebenen Massenmorde oder die Errichtung von Vernichtungslagern und nutzen die Vorteile, die ihnen Zwangsarbeit verschafft[131]. Sie folgen verbrecherischen Befehlen bis in den eigenen »Untergang«, der nicht nur moralisch, sondern auch faktisch den Bestand der deutschen Nation »aufs Spiel setzt«. Alternativen zu ihrem verhängnisvollen Fehlverhalten zu würdigen, fällt ihnen schwer. Deshalb brauchen sie Jahre, um zu erkennen, dass einige das verbrecherische System früh durchschauten, sich empörten und im Widerstand zu handeln wussten. Als der Widerstand in seiner Moralität und Rigidität anerkannt wurde, konnte unter Berufung auf Regimegegner eine neue Tradition begründet werden.

Allein im Rückblick schien sich die Möglichkeit zu bieten, den Willen zu einer Neuordnung zu bekunden, mithin »aus der Vergangenheit gelernt« zu haben. Das schlug sich in Gedenkorten und Gedenkveranstaltungen nieder, die belegten, dass Erinnerung nicht nur eine Geschichte hat, sondern auch durch Akteure aktiv gestaltet wird. Erinnerung und Gedenken komplizierten sich jedoch durch die Nachkriegsgeschichte, denn diese bringt mit der Teilung zugleich konkurrierende politische Geschichtsbilder und neue Unterdrückung und Verfolgung. Die Diffamierung anderer, die als Feinde des Systems geächtet waren, die Hinnahme von Befehlen der Staatsführung, die sogar, wie im Falle der DDR, Entführung, Unrechtsjustiz, willkürliche Verhaftungen und Bestrafungen und schließlich auch

---

131 Götz Aly: Hitlers Volksstaat. Raub, Rassenkrieg und nationaler Sozialismus, Frankfurt am Main 2005.

Todesschüsse anordnete – dies ist der Stoff einer erneuten geschichtspolitischen Auseinandersetzung nach dem Mauerfall. Die Verbrechen, die dem SED-Regime angelastet werden, werden vielfach mit dem Verbrechen des NS-Staates verglichen.

Dieser Vergleich provoziert Widerspruch, der geschichtspolitische Reaktionen nach sich zieht. Das vereinigte Deutschland muss sich zur Wiedergutmachung des »SED-Unrechts« bekennen und sie als politische Verpflichtung übernehmen. Es muss Überlieferungen der Unterdrückung sichern und die Geschichte der DDR in das eigene Geschichtsbild integrieren. Zugleich muss sich ein gemeinsames Geschichtsverständnis entwickeln. Das fordert heraus und verletzt nicht selten. Wie aber lässt sich in einer pluralistischen Gesellschaft, zu der 16 Millionen ostdeutsch Sozialisierte und mehr als 60 Millionen westdeutsch Sozialisierte gehören, auch mental vereinigen? Die einen forderten von allen ein »antitotalitäres Bekenntnis« und übersahen die Warnungen des der CDU nahestehenden Berliner Politologen Otto Heinrich von der Gablentz, der bereits in den Sechzigerjahren zu erkennen meinte, es gäbe auch einen »totalitären Antitotalitarismus«. Die anderen verlangten Respekt vor der »Freiheit des Andersdenkenden« und beriefen sich dabei auf einen Ausspruch von Rosa Luxemburg, strebten aber die Festigung eines neuen Regionalbewusstseins der ostdeutschen Landsleute an, um es politisch nutzen zu können.

Die Auseinandersetzung mit den vielfältigen Unterdrückungs- und Unrechtsgeschichten provozierte neue geschichtspolitische Kontroversen und belastete jeden Versuch, Geschichte moralisch zu deuten. Die zeithistorische Erforschung der DDR-Geschichte verfängt sich seitdem immer wieder in den Fallstricken einer politisch instrumentalisierbaren und nutzbaren Geschichtspolitik. Dabei wird immer klarer, dass geschichtspolitische Reflexionen scheitern, wenn sie gleichbedeutend sind mit Anklagen, Ausgrenzungen oder der Anprangerung kollektiven Fehlverhaltens. Die Auseinandersetzung mit der Diktaturgeschichte nach 1933 und nach 1949 mündet zunächst nicht in die versöhnende Bekundung von Besserung und Umkehr, sie steigert sich nicht automatisch zum freiwillig bekundeten kollektiven Versprechen, die Wiederholung einer neuen politischen Katastrophe zu verhindern. Sie manifestiert sich zunächst ebenso oft in den trotzigen Beschwörungen ehemaliger Wertvorstellungen durch diejenigen, die »Ewiggestrige« genannt werden und dennoch, wie Antje Vollmer deutlich machte, im Laufe von Jahrzehnten auch zu Demokraten wurden, die sich zu den Werten des Grundgesetzes bekennen.

Zum symbolisch aufgeladenen Gedenktag wird so neben dem 3. Oktober in einer mental gespaltenen Gesellschaft auch der 15. Januar werden, der Jahrestag der Ermordung von Rosa Luxemburg und Karl Liebknecht im Jahre 1919 durch Freischärler. Daneben existieren zahlreiche andere Gedenktage, die grundsätzlich Reflexionsmöglichkeiten bieten, etwa

- der 27. Januar als Erinnerungstag an die Befreiung des Vernichtungslagers Auschwitz im Jahre 1945,
- der 18. März als Erinnerung an die Revolution von 1848,
- der 26. April als Jahrestag der Katastrophe von Tschernobyl 1986,
- der 5. Mai als Europatag,
- der 23. Mai als Tag des Grundgesetzes von 1949,
- der 17. Juni als Tag des Arbeiter- und Volksaufstandes 1953 in der DDR,
- der 20. Juli als Tag des Attentatsversuchs, den Stauffenberg 1944 unternahm und der zugleich an den gesamten Widerstand erinnert,
- der 6. und 9. August als Erinnerungstag an die ersten Atombombenabwürfe auf Hiroshima und Nagasaki 1945,
- der 1. September als Ausbruch des Zweiten Weltkriegs 1939, der von Anbeginn als Rassen- und Weltanschauungs-Krieg geführt wurde,
- der 9. November als Jahrestag der Exekution des Revolutionärs Robert Blum 1849, der Novemberrevolution 1918, des gescheiterten Hitler-Putsches 1923, des Partei- und Novemberpogroms 1938 und des Mauerfalls 1989,
- der 10. Dezember, der an die Menschenrechte erinnert, zu denen sich die Vereinten Nationen 1948 bekannten.

Sobald die Maßstäbe, die aus der Reflexion über die Folgen überwundener diktatorischer Herrschaft erwachsen sollen, politisch umstritten sind, tritt ein Effekt ein, der die Auseinandersetzungen über Geschichtsbilder in der pluralistischen Gesellschaft befördert: Es lässt sich eine geschichtspolitische Diskussion über die Umstände einer Würdigung von Ereignissen und die tieferen Ursachen verweigerter Anerkennung und abgelehnter Würdigung führen. Sie könnte die »Selbstaufklärung« (Fritz Bauer) der Gesellschaft vorantreiben.

Die Konkurrenz von historisch belastbaren und erinnerungspolitisch festgelegten Wertvorstellungen prägt dann geschichtspolitische Debatten über die Vergangenheit und belegt, dass historisch abgeleitete Thesen häufig Ausdruck von Konstruktionen, von Sinngebung, von interpretierender Willkür sein können, dass sie sich aber hinterfragen lassen. Ihre Konstatierung bewirkt Widerspruch – in der Geschichtswissenschaft gilt dieses Gegeneinander von Meinungen geradezu als Grundlage eines Erkenntnisfortschritts, der niemals mehr als nur eine ungefähre Annäherung an eine vergangene Wirklichkeit bewirken kann[132].

In politisch-ethischen Debatten, die Geschichte illustrierend nutzen, um politische Entscheidungen zu begründen, geht es niemals nur um die Fixierung von edlen Grundsätzen »humaner Orientierung«, sondern viel häufiger um eine

---

132 Hans-Jürgen Goertz: Unsichere Geschichte. Zur Theorie historischer Referentialität, Stuttgart 2001, S. 20 f.

klientelorientierte Stimmungs- und Gefühlspolitik, die nicht nur soziologisch, sondern vor allem emotional definierte Gruppen der Öffentlichkeit oder Anhängerschaften bedienen sollen.

Diktaturen fordern in der Auseinandersetzung mit ihrer Geschichte das moralische Urteil der Nachlebenden heraus, die sich als Opfer empfinden, als Täter verleugnen und auch nicht nur angepasste Mitläufer sein wollen, sondern im Rückblick zumindest das Ende des Regimes herbeigesehnt haben wollen. »Opa war kein Nazi«, mit dieser Formel beschrieb der Sozialpsychologe Harald Welzer früh den historisch orientierten Selbstbetrug der Nachlebenden, die sich ihre Erinnerungsbezüge schaffen und erwarten, dass diese sich in den öffentlichen Reden über geschichtliche Ereignisse niederschlagen.[133]

Irgendwann aber geht es nicht mehr um den geliebten Opa, der als jemand wahrgenommen wird, der moralisch versagte, weil er sich anpasste und durchkommen, überleben wollte. Sondern es geht um die Bewertung des eigenen Verhaltens. Dies erklärt die Herausforderung, die Jonathan Littels Roman über die »Unbedingten«[134] darstellt. Es ging um die Möglichkeit, nicht nur über andere, sondern auch über sich selbst nachzudenken. Dieses Ziel brachte Dietrich Bonhoeffer auf den Begriff, als er seinen Freunden die Frage stellte, ob »wir noch brauchbar« seien, hätten wir doch die Verstellung gelernt, uns »mit allen Wassern gewaschen.« Vielleicht müssen Geschichtspolitiker, Historiker, Publizisten nicht nur erzählen, sondern wirklich und ernsthaft darüber nachdenken, »wie und was«[135] sie erzählen?

Um das Verhalten des Individuums in diktatorischen Systemen zu erklären, müssen nicht nur höchst unterschiedliche, sondern auch quälende Fragen gestellt werden. Antworten verlangen vielschichtige Erklärungen: Wer hat diese diktatorische Herrschaft vorbereitet, gewollt, unterstützt und für eigene Interessen zum Nachteil anderer genutzt? Wie steht es um die Empörungsfähigkeit, wie um Einsicht in den verbrecherischen Charakter der Systeme? Welche Form und welches Maß für Wiedergutmachung gibt es? Wie lassen sich Entstehungsursachen mit Verantwortungsgefühl und Schuld verbinden? Handelt es sich um historisch-politische Reaktionen des Systems auf angebliche Ungerechtigkeiten, die Gegen- oder Mitspielern diktatorischer Schuld möglicherweise sogar eine Mitverantwortung geben? Wie haben sich diejenigen verhalten, die das verhasste diktatorische Regime bekämpften? Sind ihnen Rechtsverletzungen anzulasten, haben sie sich möglicher-

133   Harald Welzer: ›Opa war kein Nazi‹ – Nationalsozialismus und Holocaust im Familiengedächtnis, Frankfurt am Main 2002.

134   Jonathan Littell: Die Wohlgesinnten, Berlin 2008.

135   Hans-Jürgen Goertz: Unsichere Geschichte. Zur Theorie historischer Referentialität, Stuttgart 2001, S. 18

weise dieselbe Schuld zuschreiben zu lassen wie die Regime, die sie bekämpften? Und schließlich: »Wer sind wir, dass wir sagen können: eine heroische Tat?«

Diese Fragen verweisen auf Interessen, auf Vor- und Nachteile, auf Gewinne und Beraubungen und prägten seit der Mitte der Neunzigerjahre eine geschichtspolitische Gegenbewegung, die sich gegen die Proklamation der Nachkriegszeit wandte. Sie sind zugleich sehr selbstkritisch und beziehen uns, die über Geschichte nachdenkenden Subjekte, in den versuchten Erkenntnisprozess ein. Ihren Niederschlag fand diese selbstaufklärerische Tendenz Mitte der Neunzigerjahre in Ausstellungen über die »Verbrechen der Wehrmacht«, in den öffentlichen Debatten über die vergessenen Vermögen der Opfer des Völkermords und über die Wiedergutmachung der Leiden von Fremd- und Zwangsarbeitern.

Begonnen hatte diese selbstkritische Auseinandersetzung mit der heftig umstrittenen und geschichtspolitisch umkämpften Monographie von Daniel Goldhagen[136], der den »eliminatorischen Antisemitismus« der Deutschen mit der Gleichgültigkeit vieler Deutscher in den letzten Monaten verknüpfte, die die Todesmärsche der KZ-Häftlinge hatten vorbeiziehen sehen. Es war eine moralische, keine an den Fakten allein orientierte Diskussion, in der die Historiker deshalb auch einen hilflos anmutenden Part übernahmen, weil sie sich wie Oberlehrer der Geschichtswissenschaft verhielten und die politisch-moralischen Chancen nicht nutzten. »Nichts von dem, was wir im anderen verachten, ist uns selbst ganz fremd«, hatte Bonhoeffer sich selbst charakterisiert und in der Auseinandersetzung mit seinen eigenen persönlichen Erfahrungen und Gefährdungen eine rigorose moralische Folgerung gezogen.

Wer nach materiellen Vorteilen der »Täter« fragt, wird auch Benachteiligungen »der Opfer« benennen wollen und müssen. Zwangsarbeit bedeutete für die beteiligten Unternehmen, dass sie vom Wirtschaftsverwaltungshauptamt der SS billige Arbeitskräfte zu günstigsten Bedingungen gestellt bekamen und Gewinne erzielten, die in das Betriebsvermögen der Unternehmen eingingen und nach der Währungsreform deren wirtschaftlichen Erfolg mit erklärten. Die Forderung einer kompensatorischen Wiedergutmachung war die moralische Konsequenz. Diese wurde über eine Stiftung realisiert, die programmatisch »Vergangenheit und Zukunft« verknüpfen, Zahlungen an überlebende Zwangsarbeiter leisten und zukunftsorientierte Bildungsprojekte finanzieren sollte.

In der Diskussion über die Wehrmachtsausstellung, die sogar den Bundestag beschäftigte[137], brachen vielleicht letztmalig Generationskonflikte auf, die

136 Daniel J. Goldhagen: Hitlers Willige Vollstrecker: Ganz gewöhnliche Deutsche und der Holocaust, Berlin 1996.
137 Hans-Günther Thiele (Hg.): Die Wehrmachtsausstellung. Dokumentation einer Kontroverse, Bremen 1997.

sich als ein Nachhutgefecht der Jahrgangskohorte der Weltkriegsteilnehmer erklären lassen. Wie in der Debatte über die Aufhebung der Gerichtsurteile gegen Deserteure und schließlich generell aller »Unrechtsurteile der Nazi-Justiz«, ging es nicht nur um die Einschätzung eines verbrecherischen Regimes, sondern um die moralische Entlastung der Zeitgenossen, die im öffentlichen Urteil immer öfter als »Tätergeneration« bezeichnet wurden. Dagegen wurde die »Gnade der späten Geburt« betont, auch um auszudrücken, dass der nachgeborenen Generation moralische Herausforderungen der Kriegsgeneration erspart geblieben seien. Zugleich aber wurde so unter der Hand die Lebensbewältigung unter der NS-Herrschaft zu einer Art generationsspezifischer Leistung stilisiert.

Die Auseinandersetzung um die Geschichte wurde am Beispiel der ersten Wehrmachtsausstellung zu einem Moralkonflikt, der zuvor nur in den Auseinandersetzungen um die endgültige Aufhebung der Verjährung für Mord – auch als eine Folge des Fernsehfilms »Holocaust« – in vergleichbarer Intensität ausgetragen worden war. Dieser Konflikt entlud sich in der Debatte über eine Wehrmachtsausstellung, die ebenso wie der Historikerstreit eine geschichtspolitische Weichenstellung verkörperte und den Einfluss der Politiker auf die Deutung der Vergangenheit beschnitt. Sie wurde in der Öffentlichkeit zunächst weithin akzeptiert als Endpunkt einer Geschichtsdebatte, die fünf Jahrzehnte lang durch Kriegsteilnehmer mitbestimmt worden war.

Der Streit konzentrierte sich auf einige falsch zugeordnete Ausstellungsobjekte, die zu einer Entschärfung der Thesen und keineswegs nur zum Austausch besonders intensiv diskutierter Fotos führten. Er zog zugleich eine dokumentarische Neukonzeption nach sich. Die zweite Streitphase erregte die Öffentlichkeit weniger als die erste, die in der Entschiedenheit, mit der sie geführt wurde, an die Jahrzehnte zurückliegende »Fischer-Kontroverse« erinnerte. Allerdings hatte der Hamburger Historiker Fritz Fischer die deutsche Politik als mitverantwortlich für die historischen Katastrophen dargestellt, während in den Diskussionen der Neunzigerjahre die Deutschen zunehmend als Opfer erschienen.

So wurde über die Opfer der Angriffe alliierter Bomber[138] und die Verantwortung der Alliierten für die Bombardements deutscher Städte mit Begriffen diskutiert, die bis dahin nur verwendet wurden, um den Völkermord an den Juden zu beschreiben und zu bewerten. Eine weitere Debatte lenkte den Blick auf die »Holocaust-Industrie«[139] und zielte auf die angeblichen »Profiteure« einer Erinnerungspolitik, die bei den »Tätervölkern« ein »schlechtes Gewissen« verursachen sollte, um die Regierungen der Täterstaaten zur Erfüllung finanzieller Forderungen

138 Jörg Friedrich: Der Brand. Deutschland im Bombenkrieg 1940–1945, Berlin 2002.
139 Norman Finkelstein: Die Holocaust-Industrie. Wie das Leiden der Juden ausgebeutet wird, München 2001.

zu bewegen. In diesem Zusammenhang wurde von deutscher Seite zunehmend über die Kriegsverbrechen der anderen Seite, auf Vergewaltigungen und Vertreibungsverbrechen verwiesen. Schließlich wurde die Forderung erhoben, auch die Leiden der deutschen Vertriebenen durch eine »Vertreibungs-Stiftung« und eine Ausstellung zur Erinnerung an die Leiden der Deutschen zu würdigen.

Insgesamt hatte sich damit das geschichtspolitische Klima der Achtzigerjahre gewandelt. Politiker hatten sich in die geschichtspolitischen Debatten der Achtziger- und frühen Neunzigerjahre immer wieder eingeschaltet. Zur öffentlichen Reizfigur wurde – nicht nur in Deutschland, sondern vor allem in Polen – die Vorsitzende des Bundes der Vertriebenen, Bundestagsabgeordnete und ihres Zeichens Mitglied des Präsidiums der CDU, Erika Steinbach. Sie forderte nicht nur ein deutsches Zentrum zur Geschichte von Flucht und Vertreibung, sondern betrieb eine aktive Geschichtspolitik, indem sie einen unverfänglich wirkenden Rückhalt in der Öffentlichkeit durch Unterstützer ihres Anliegens wie Peter Glotz und Ralph Giordano organisierte. Vor allem aber nutzte sie ihre ausgezeichneten Verbindungen in die Politik.

Mit der Bildung der Großen Koalition 2004 erreichte sie ihr Ziel, denn nun unterstützten auch Sozialdemokraten ihre Pläne. Gestritten wurde vor allem über negative außenpolitische Folgen und die Zusammensetzung von Stiftungsrat und wissenschaftlichem Beirat, wie schon bei den beiden großen historischen Museen.

Die Diskussionen der Neunziger über die Spätfolgen der nationalsozialistischen Herrschaft rückten die Folgen der Vergangenheit noch einmal kurz in das Zentrum politischer Auseinandersetzungen. Denn noch einmal ging es um die Bewertung der DDR-Geschichte. Hubertus Knabe, Direktor der Gedenkstätte Hohenschönhausen, schockierte die Öffentlichkeit mit der These, das Ministerium für Staatssicherheit hätte großen Einfluss auf deutsche Medien ausgeübt und über Perspektivagenten die westdeutsche Politik beeinflusst.

In der Tat stellt die Frage nach den Umständen politischer Wahrnehmung, Bewertung und Empörungsfähigkeit eine geschichtspolitische Herausforderung von großer Bedeutung dar. Deshalb wurde mit gleichem Engagement seit den Neunzigerjahren über die NS-Zeit und die DDR-Geschichte gestritten. Dieser Vergleich hätte mehr Möglichkeiten der Selbstreflexion bieten können, wenn der Zusammenhang zwischen Wahrnehmung, Empörungsbereitschaft und Handeln reflektiert worden wäre. Denn in der Tat ist ein Vergleich sinnvoll, wenn man sich bewusst macht, dass erst der »Maßstab« die zu vergleichenden Phänomene »schafft« (Emil Lederer).

»Moralisten« – Erich Kästner wusste es – »leben gefährlich«. Sie können zwar die historische Phantasie beflügeln und die Bereitschaft zur historischen Einsicht verändern. Zugleich aber definieren sie für sich einen – höchst umstrittenen und nicht fixierbaren – Maßstab, an dem sie gemessen werden können oder sogar wollen. Jüngstes Opfer derartiger hyper-moralisierender Diskrepanz war Karl-Theodor Freiherr von und zu Guttenberg, dem sein Vetter Florian Henckel von Donnersmarck nur wenige Wochen vor seinem Rücktritt im Zusammenhang mit einer betrügerisch verfassten Dissertation im Magazin der »Süddeutschen Zeitung« bescheinigt hatte, sich von vielen anderen zu unterscheiden, weil sie als Angehörige des Adels in der Erziehung so etwas wie Anstand vermittelt bekommen hätten.

Geschichtspolitisch motivierte Beschwörungen der Vergangenheit können aber auch geschichtspolitische Perspektiven parteilich verhärten. Das geschieht, wenn eigentlich unvergleichbare Situationen und Konstellationen in Beziehungs- und Begründungszusammenhänge gerückt werden. Das zeigte sich deutlich nach dem Anschlag auf das Word Trade Center am 11. September 2001, aber auch während der Finanz- und Bankenkrise, die viele Assoziationen mit der Weltwirtschaftskrise der Dreißigerjahre des 20. Jahrhunderts hervorbrachte, Inflationsängste verstärkte und sogar wieder als bevorstehender Zusammenbruch des demokratischen Systems gedeutet wurde.

Erinnern und Gedenken: Das »11. Gebot«?

Gedenken ist als inszenierte Erinnerung auf Öffentlichkeit angewiesen und damit Gegenstand der »politics oft memory«. Die Grenzen politischer Beeinflussung sind in den vergangenen Jahren unverkennbar geworden. Mit öffentlichen und in Gedenkveranstaltungen oftmals rhetorisch geradezu ritualisierten Deutungsversuchen der Geschichte sollen der Bevölkerung zwar Dimensionen der Vergangenheit erschlossen und auch Identifikationsmöglichkeiten geboten werden. Weil aber individuelle Erinnerung nicht vergeht, sondern immer wieder neu und immer wieder anders erzählt wird – gleichsam als Reflex auf Lebensumstände und politische Rahmenbedingungen, auf Veränderung von Lebensentwürfen und Lebensstilen – wandelt sich auch ständig das Bild von Geschichte. Sie wird nicht vergehen, solange sie in der Erinnerung lebendig ist.

Diese Lebendigkeit ist nicht die Folge politischer Auseinandersetzungen, sondern der Tatsache, dass sich Menschen immer erinnern werden. Mehr noch: Sie müssen mit ihren vielfältigen Erinnerungen leben und ahnen, dass sie diese nicht ohne Schaden verdrängen können. Im Zuge der Wanderung von Generationen durch die Zeit verlagern sich die Gewichte der Erinnerung immer neu. Sie sind nicht nur sprichwörtlich eine »Last der Vergangenheit«, sondern Ausdruck menschlicher Existenz und existentieller Besonderheit. Deshalb beneidete Nietzsche – wie oft kolportiert wurde, ohne jedoch dabei sein Anliegen wirklich zu erfassen – die Kühe auf der Weide. Denn sie lebten ohne das Gefühl für Geschichte und damit auch ohne die Last rückwärtsgewandter Argumente. Diese Ambivalenz macht jede öffentlich inszenierte Erinnerung deutlich. Erinnerungen sind frei, Gedenken ist unmittelbar beeinflussbar, spiegelt immer auch eine Entscheidung darüber, was erinnert werden soll, was das erinnte Ereignis bedeutet, welchen Verlust das Vergessen mit sich bringt. Das machen die Kontroversen deutlich, die der »Historikerstreit«, die Goldhagen-Kontroverse, die Walser-Debatte, die Proteste gegen die Wehrmachtsausstellung oder die Polemik gegen die Geschichte des Alltags in der DDR genannt wurden. Sie markierten stets Bezugspunkte eines vergegenwärtigenden Gedenkens, bei dem historische Ereignisse wie der Völkermord an den Juden, die Behandlung sogenannter »Fremdvölkischer« oder von Minderheiten wie den Homosexuellen mit der Frage verknüpft wurden, wie »man« es denn heute mit Juden, ausländischen Lohnabhängigen, Schwulen und Lesben halte. Es geht immer um die Bewertung politischer und ethischer Koordinaten und ihre Begründung in der geistigen Auseinandersetzung mit der Geschichte als »geronnener Erfahrung«.

Diese Prozedur kann nur gelingen, wenn das aktuelle Selbstverständnis und das kollektive Selbstbewusstsein zum Bezugs- und Zielpunkt geschichtlicher Deutung gemacht werden. Verschieben sich dabei Gewichte, bleibt unübersehbar, dass es neben einer analytischen Orientierung auf die Vergangenheit, wie sie als Aufgabe der Geschichtswissenschaft besteht, auch noch andere Perspektiven gibt. Ob die Bedeutung der Geschichte für die politische Entscheidungsbildung wirklich abnimmt, hängt von den jeweiligen Handlungsfeldern ab. Bei der Bewältigung von Finanz- und Schuldenkrisen kann der Rückblick nur Schuld zuweisen, aber keine Probleme lösen. Diese sind nur durch Entscheidungen zu bewältigen, die zuweilen so rasch gefällt werden müssen, dass kaum Zeit zum Nachdenken bleibt, nach dem Motto: »Eine Entscheidung ist besser als keine Entscheidung!«

Unkenntnis der Geschichte wirkt sich allerdings verhängnisvoll in der Außenpolitik und in den Internationalen Beziehungen, aus. In den Sechzigerjahren versuchten Außenpolitiker, die die Konfrontation der Blöcke überwinden wollten und eine neue Ostpolitik vorbereiteten, die Welt mit den Augen ihres Gegenübers zu sehen. Dies war notwendig, um die Motive, Prägungen und Vorurteile zu verstehen, die die Komplexität der Welt reduzieren und Antipathien wie Sympathien erklären. Auch der demokratische Neuaufbau nach kriegerischen Interventionen ist ohne einen entwickelten Sinn für politisch-kulturelle Prägungen von vornherein zum Scheitern verurteilt. Vorstellungen außenpolitischer Gesprächspartner verweisen ebenso häufig auf zeithistorische Erfahrungen, die ihre Empfindungen und Sichtweisen erklären konnten, wie Fremd- und Eigenbilder von Ethnien. Politik, so schien es, bleibt also historisch fundiert, wer sie verstehen und gestalten will, muss ein Gefühl für »historische Grundlagen der Politik« entwickeln und pflegen. Innenpolitisch kommt der Geschichtspolitik eine ganz andere Funktion zu. Sie kann innere Gegensätze verschärfen, aber auch gemeinsame Bezugspunkte politischer Identität in das Bewusstsein heben. Ausgangsbedingung eines Nachdenkens, in dem sich das Selbstverständnis eines Gemeinwesen niederschlägt, ist die Öffnung für die Vielfalt lebensgeschichtlicher Perspektiven. Ob es dabei immer angemessen ist, zwischen Tätern und Opfern deutscher Zeitgeschichte zu unterscheiden, ist fragwürdig. Vaclav Havel hatte in seinem Essay »Versuch, in der Wahrheit zu leben« daran erinnert, dass der Riss zwischen Täter und Opfer mitten durch den Menschen hindurch geht. Hier wird deutlich, was einen Ausweg aus den überpolitisierten Debatten über die Deutung der Geschichte bieten könnte: Selbstaufklärung von Individuum und Gesellschaft.

Diese Aufforderung, mit der Fritz Bauer immer wieder die deutsche Gesellschaft konfrontierte, in der er lebte »wie in einem feindlichen Land«, verbietet eine selbstgerechte, auf Exklusion und politische Mobilisierung zielende Geschichtspolitik. Sie wird in einer pluralistischen Gesellschaft immer Deutungsdilemmata produzieren und regelmäßig das Begehren scheitern lassen, historischen Sinn zu stiften. Nur eine präzise, zeitlich genau differenzierende Beschreibung von Situationen und Lebensschicksalen der lebensgeschichtlichen Vergangenheit wäre geeignet, jene Missverständnisse zu vermeiden und jenen Respekt zu beweisen, der Zeitgeschichtsschreibung charakterisieren sollte. Es geht um die *conditio humana*, nicht um Rechthaberei im Gewand der historischen Argumentation.

Das macht die exemplarische Bedeutung des »Historikerstreits« aus, der bewusst das nicht Vergleichbare relativieren wollte. Denn er bezog die Verbrechen des Völkermords an den Juden auf die Selbstrechtfertigungen, die Weltbilder und auch das Selbstverständnis der für dieses Verbrechen verantwortlichen Nationalsozialisten. In seiner Argumentation wechselten immer wieder die Bezugsebenen der begrifflich gefassten Wirklichkeit: Ging es vorwiegend um das Selbstverständnis der Nationalsozialisten, um ihr Bild von der Vergangenheit, um ihre Konstruktion von Erklärungen und Rechtfertigungen ihres Handelns? Oder ging es nicht auch darum, ihr überholtes Selbstverständnis letztmalig zum Ausgangspunkt von Entwicklungen und Verhaltensweisen zu machen, die die Nachkriegszeit prägten, den Antibolschewismus, den latenten Antisemitismus, die Aversionen gegen europäische Nachbarn, mit denen Deutschland möglicherweise viel fragiler verbunden ist, als es sich die Euphoriker der europäischen Integration bewusst gemacht haben? Sollte gar unterstellt werden, das Bild der Nationalsozialisten von ihrer Geschichte bestimme auch unser Geschichtsbild, unser Zukunftsgefühl und unser Gegenwartsbewusstsein?

Bereits die genannten Begriffe belegen, wie schwer es ist, den Kern wechselhafter historischer Kontroversen zu benennen, die auch die geschichtspolitische Deutung der Vergangenheit beeinflussen. Zu oft scheint es darum zu gehen, den Nationalsozialismus als Spielart europäischer Totalitarismen oder als Einzelbeispiel moderner Diktaturen zu bestimmen, ihn so zu relativieren und zugleich andere Diktaturen mit seiner Last auszustatten. Aber auch die Frage einer plakativen Kausalität steht im Zentrum kritischer Reflexion über die Fruktifizierung von Geschichte für die politische Auseinandersetzung.

Wenn die Frage erörtert wird, ob der NS-Staat primär eine Reaktion auf die Russische Revolution oder ein spezifischer Ausdruck deutscher Entwicklungen seit dem späten 19. Jahrhundert war, dann kann die Konsequenz nur sein, der deutschen Politik eine Art Notwehr zuzubilligen, die die absurde These vom Überfall der Wehrmacht auf die Sowjetunion als Präventivkrieg nach sich zog. Denn selbst, wenn es so wäre, könnte dies nicht von der Verantwortung für den Tod von über 30 Millionen Russen entlasten, die zwischen dem 21. Juni 1941 und dem 8. Mai 1945 Opfer von Kriegshandlungen und Massenerschießungen wurden.

Richtig still ist es seit den Achtzigerjahren um die vielschichtige Auseinandersetzung mit der deutschen Geschichte niemals geworden. Kontroversen wechselten sich ab und hatten ein Gutes: Die Erinnerung blieb. Freya Klier, Bürgerrechtlerin der DDR, hat anlässlich der Eröffnung der neuen Ausstellung über die deutsche Teilung und den Mauerbau im Berliner Tränenpalast am Bahnhof Friedrichstrafe ihr »11. Gebot« formuliert: »Du sollst erinnern.« Wer ein derartiges Gebot formuliert, hat sich bewusst gemacht, dass es oftmals darum geht, das »Vergessen« zu verhindern oder zumindest zu erschweren.

Deshalb bleiben einige der zurückliegenden geschichtspolitischen Kontroversen bedeutsam. Wenn unmittelbar nach dem Mauerfall manche Beteiligte unter dem Eindruck der offen diskutierten stalinistischen Verbrechen erklärten, der SED-Staat sei ebenso schlimm wie der NS-Staat, machten sie Nachwirkungen zurückliegender Auseinandersetzungen um eine angemessene Wahrnehmung der nationalsozialistischen Vernichtungspraxis deutlich: Das Bild der NS-Zeit im Bewusstsein hat sich allmählich gewandelt – damit relativiert sich allerdings nicht nur die Vergangenheit, sondern es verändern sich auch die Voraussetzungen für eine Begründung zivilisierter politischer Umgangsformen aus der geschichtlichen Erfahrung.

Wie jüngere Auseinandersetzungen um die Strafbarkeit einer Leugnung des Völkermords in Auschwitz und anderen Vernichtungslagern zeigen, sind viele zeitgeschichtliche Kontroversen auch heute noch höchst virulent. Es geht dabei schon lange nicht mehr um die Bestimmung des Verhältnisses zwischen Bolschewismus und Faschismus, um die »Vergleichbarkeit« der stalinistischen und der nationalsozialistischen Diktaturen oder um die kausale Deutung der NS-Verbrechen als Reaktion auf die stalinistischen Herrschaftsexzesse, sondern es geht im Kern um die Frage, inwieweit zeitgeschichtliche Erfahrung die Gefährdungen der menschlichen Existenz und des politischen Zusammenlebens sichtbar machen kann.

Das hat nichts, aber auch gar nichts mit der Erschütterung nationalen Selbstbewusstseins als Folge einer »Selbstbezichtigung« zu tun und zielt auch nicht auf »Selbstzerstörung« des deutschen »Selbstbewusstseins« durch »Selbsthass«. Es geht nicht um die Vergangenheit allein, sondern um den historischen Ort der Deutschen, um die Überwindung einer angeblichen »Selbstzerknirschung« durch eine Trauerarbeit, die – Freud lehrte es und Hermann Glaser wurde es bei seiner Kritik der deutschen »Spießerideologie« nicht müde zu betonen – stolz machen kann.

Über den Autor:

PETER STEINBACH geb. 1948, Dr. phil., Historiker und Politikwissenschaftler, Professor für Neuere und Neueste Geschichte an der Universität Mannheim sowie wissenschaftlicher Leiter der Gedenkstätte Deutscher Widerstand in Berlin.